物価動乱

ウクライナ侵攻「2・24後」の世界

Soaring Price
The World after the February 24 Invasion

日経ヴェリタス＝編

日本経済新聞出版

プロローグ

2022年2月24日午前6時前（日本時間同日正午前）、ロシアのプーチン大統領は国営テレビでの演説で、ウクライナへの軍事侵攻を宣言した。「特別軍事作戦を実行することを決定した。ウクライナ政権によって8年にわたり虐待やジェノサイド（集団虐殺）を受けてきた人々を保護することが目的だ。ウクライナの非軍事化を目指す」

演説の直後、ロシアは親ロシア派武装勢力が一部地域を占領していたウクライナ東部だけでなく、首都キーウを含む複数の都市をミサイルで無差別攻撃。間髪を入れず、ウクライナ北部と国境を接するベラルーシなどからロシアの地上軍がウクライナ領に侵入し、キーウに向けて進軍した。

第二次世界大戦以来、欧州で最大規模の戦火がウクライナを覆った。しかし、同国のゼレンスキー大統領は国民に徹底抗戦を呼びかけ、キーウを守り抜く。米欧は最新鋭の武器をウクライナに供与して支援する一方、ロシアに厳しい経済制裁を科した。経済制裁には日本など西側諸国が加わった。

冷戦の終結で一つになったはずの世界経済は、東側諸国と西側諸国に再び分断された。分断された世界を覆ったのは、急激なインフレだ。米欧の消費者物価指数の上昇率は約40年ぶりの水準に達し、インフレの波は慢性的なデフレに苦しんでいた日本にさえ押し寄せた。ロシア産のエネルギーやウクライナ産の穀物などの輸入が困難になったことがきっかけだが、それだけではない。20年に始まった新型コロナウイルスの世界的大流行（パンデミック）で寸断された世界的なサプライチェーン（供給網）、各国が金融緩和や財政拡大でばらまいたマネー、コロナが収束に向かい急回復する需要……。ロシアのウクライナ侵攻は、あちこちでくすぶっていたインフレの火種に油を注いだ格好だ。そして記録的なインフレは世界の株式、債券、外国為替、商品市場を大きく揺さぶった。

日本経済新聞社が発行する週刊投資金融情報紙の日経ヴェリタスは、ウクライナ侵攻直後から、海外総支局とともに取材を開始。地政学リスクの高まり、インフレに対応した利上げ、企業の値上げ戦略、食料危機、スタグフレーション（インフレと景気後退の同時進行）、エネルギー不足などのテーマで巻頭特集を編集し、「物価動乱」との企画名をつけて連載した。

その巻頭特集をベースに、日経ヴェリタスに掲載された関連記事やインタビューを加えて再構成したのが本書だ。その時々の出来事や相場の動きを書き留めた「記録書」という体裁のため、株価や金利、経済統計、戦況、登場人物の肩書などは日経ヴェリタス掲載時のままとした。約40年ぶりの大イベントを振り返り、今後の投資や資産運用法を検討する一助になれば幸いだ。

2023年1月

日経ヴェリタス

目次

第3章
インフレファイター

第4章 食料が足りない　103

◆中家徹氏　全国農業協同組合中央会（ＪＡ全中）代表理事会長

第7章 動く企業、上がる物価

第8章 エネルギーが足りない

第9章 物価動乱、終息遠く

第1章 ロシア、ウクライナに侵攻

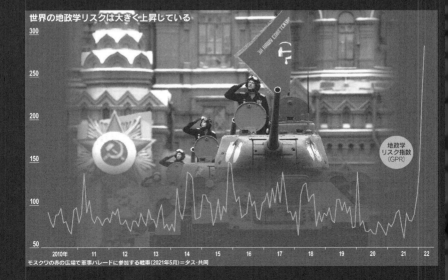

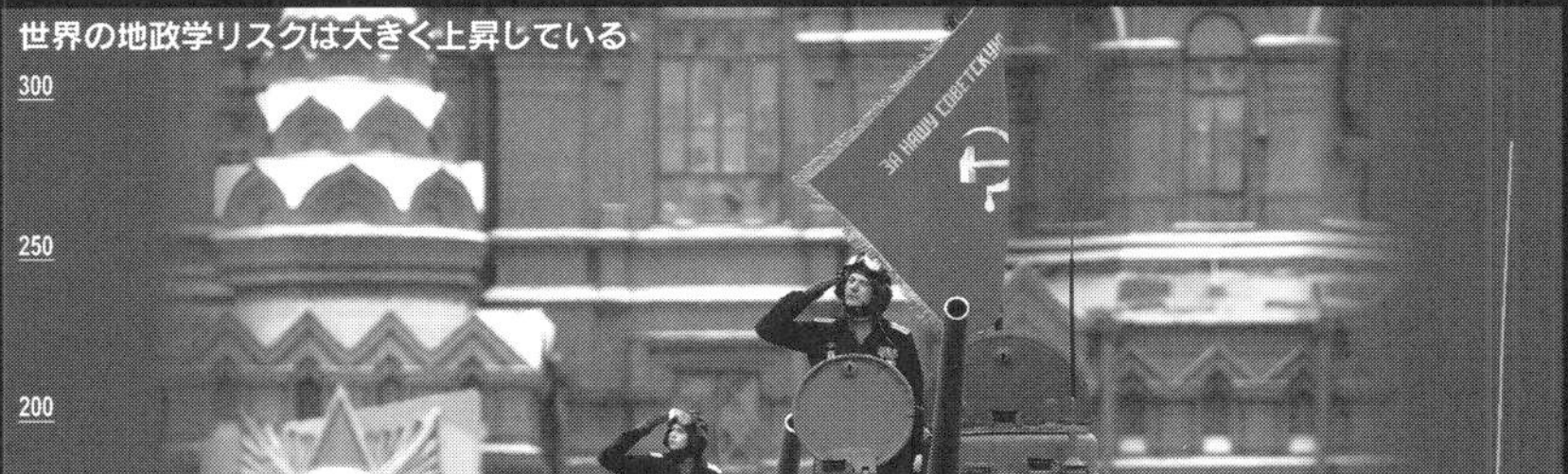

モスクワの赤の広場で軍事パレードに参加する戦車(2021年5月)=タス・共同

地政学が揺るがす市場
2・24の先に待つ世界

「地政学が『運転席』にいる」

ロシアのウクライナ侵攻の開始直後、英バークレイズの新興国クレジット戦略統括責任者、アンドレアス・コルビー氏は動揺する市場をこう表現した。

地政学リスクという言葉がかつてないほど市場で飛び交っている。国家間の政治的な勢力争いと地理的条件から特定の地域の緊張が高まる危険性を指す。典型的な例がウクライナだ。

大陸国家のロシアにとって、ウクライナは黒海に続く「戦略的要衝（チョークポイント）」で、仮想敵である欧州各国との緩衝地帯でもある。そのウクライナが欧州に接近することをロシアはためらいもなく武力で妨げようとしている。

米1強時代の終幕

地政学リスクへの注目が近年高まっているのは「米国が世界の安定を支えていた時代が

終わりを迎えたことの表れだ」（経済産業研究所の渡辺哲也副所長）との分析がある。米国は冷戦終結後、圧倒的な経済力と軍事力でリスクを抑え込んでいたが、中国の台頭などを背景に「世界の警察官」の座を返上。「各国や企業は自らリスクを見極める必要が出てきた」（渡辺氏）

米連邦準備理事会（ＦＲＢ）のエコノミスト、ダリオ・カルダラ氏とマテオ・イアコビエッロ氏がつくった「地政学リスク（ＧＰＲ）指数」。ロシアのウクライナ侵攻を受けて２０２２年３月の月次指数は２８６・２２に跳ね上がり、イラク戦争が始まった03年３月（３５８・７１）以来、19年ぶりの高水準に達した。

両氏によると、指数の上昇は「現在の状況が悪化することや、将来への脅威を反映している」という。４月に発表した論文では「起業家や市場参加者、中央銀行関係者は、地政学リスクを投資や市場の重要な決定要因として捉えている」と指摘。実際、金融市場では地政学リスクの高い国への投資を厳しく査定する動きが始まり、「投資地図」が変わりつつある。

米運用会社のベアリングスはＥＳＧ（環境・社会・企業統治）に関する投資判断のうち、「ガバナンス（Ｇ）では『法の支配』を最重要視している」（債券・為替責任者のリカルド・アドロゲ氏）。そこには政治体制も含まれ、ロシアの侵攻を受けて「独裁体制は基本的に不安定だとの確信を強めた」と話す。

ウクライナ危機で世界の分断は長期化

地政学リスクは特定の地域にとどまらず、世界に影響する。

政治リスク・コンサルタント企業、米ユーラシア・グループのイアン・ブレマー代表は、ロシアがウクライナ東部ドンバス地方の独立承認を撤回しない限り「停戦はできても、ロシアへの経済・金融制裁の大部分は恒久化する」と予想する。日米欧などとロシアとの「分断」は戦争の終了後も続くという。

「世界経済はこれまでのグローバル化の流れから転換した」。クレディ・スイス証券の日本最高投資責任者、松本聡一郎氏は語る。米国でトランプ政権が誕生した頃に表面化してきた分断をウクライナ危機が加速させたとの見方だ。「ロシアの立場に一定の理解を示す中国との溝も深まっており、経済秩序は大きく変わるだろう」（松本氏）

しかも地政学リスクは飛び火する。カフカス地方のアゼルバイジャンとアルメニアの間で国境紛争が再燃し始めた。これまで両国を仲介してきたロシアがウクライナ紛争の影響で、役割を果たせなくなったためだ。

ロシアと国境を接するフィンランドは中立政策の転換を視野に入れ、北大西洋条約機構

（NATO）への加盟申請の検討を始めた。これに対してNATO拡大を強く警戒するロシアは国境に向けてミサイルシステムを移動しているとの報道もあり、新たな火種となりそうだ。

欧州の混乱に乗じて北朝鮮も弾道ミサイルを相次いで発射し、中国も海洋進出を加速する。日本にとって地政学リスクは決して対岸の火事ではない。

ウクライナ侵攻で地政学リスクが一気に顕在化、それまで右肩上がりだった株価は一時大きく調整した。資源や食糧の価格は急騰し、全世界がインフレに直面する。世界の市場を揺るがす地政学リスクを総点検する。

▼地政学とは？

19世紀末から20世紀初頭に登場した比較的新しい学問で、国家の対外戦略を地理的条件から分析した。世界は大陸の中心にあるランドパワー（大陸国家）と海に囲まれたシーパワー（海洋国家）に二分できるというのが代表的な理論で、ロシアや中国は前者、米国や日本は後者とされる。

論者としては英国の地理学者マッキンダーや米国の海軍士官マハンが有名だ。第二次世界大戦でドイツが積極的に取り入れ、1980年代の冷戦期の米ソ対立下でも欧米で盛んに研究された。戦争準備を想起させることから下火となった時期も長かったが、21世紀に入って再び注目されている。

3つのシナリオ「東西再分断」「ロシア政変」「第三次世界大戦」

2022年2月24日に始まったロシアによるウクライナ侵攻。双方に甚大な犠牲を出しつつも戦闘はなお続いている。国際秩序を揺るがし、世界経済に多大な影響を及ぼしているウクライナ情勢は今後いかなる展開をみせ、世界をどう変えうるのか。

シナリオ(1)　再び東西分断

考えられる第一のシナリオは、世界が再び冷戦時代のような東西分断期に入るというものだ。ロシアのプーチン政権は短期間でウクライナ全土を制圧し、親ロシア派の新政権を樹立するという当初のもくろみを覆された。ロシア軍は装備、軍費、部隊の軍紀や士気など様々な面で問題を露呈しており、西側諸国の制裁でロシア経済も今後時間が経過するほどダメージが深く、大きくなる。

ここにきて注目すべきは、ロシアのペスコフ大統領報道官が「特別軍事作戦は見通しうる将来に終わるかもしれない」と述べたことだ。考えられるのは、第二次世界大戦での対ドイツ戦勝記念日である5月9日といった節目で、東部2州などをロシアに正式に併合すると宣言して戦闘終結の「大義名分」とし、何らかの停戦合意をウクライナと結ぶ展開だ。だが、ロシア側が東部の占領を続け、バイデン米大統領が「戦争犯罪人」と非難するプーチン氏が大統領の座に居座り続ける限り、米欧日などがすぐに対ロ制裁解除に動くこともないだろう。すでに外資のロシア撤退が相次いでいるが、次第にロシアを支援する中国などへの投資を敬遠する動きが出かねない。

世界は民主主義諸国と強権諸国の間に深い溝が走る冷戦時代のような東西分断期に再突入する。

シナリオ⑵　ロシアで政変

2つ目のシナリオは、戦闘を続けることでロシアの経済的な窮状が深刻化。これが引き

ウクライナ侵攻後の世界を待つ3つのシナリオ

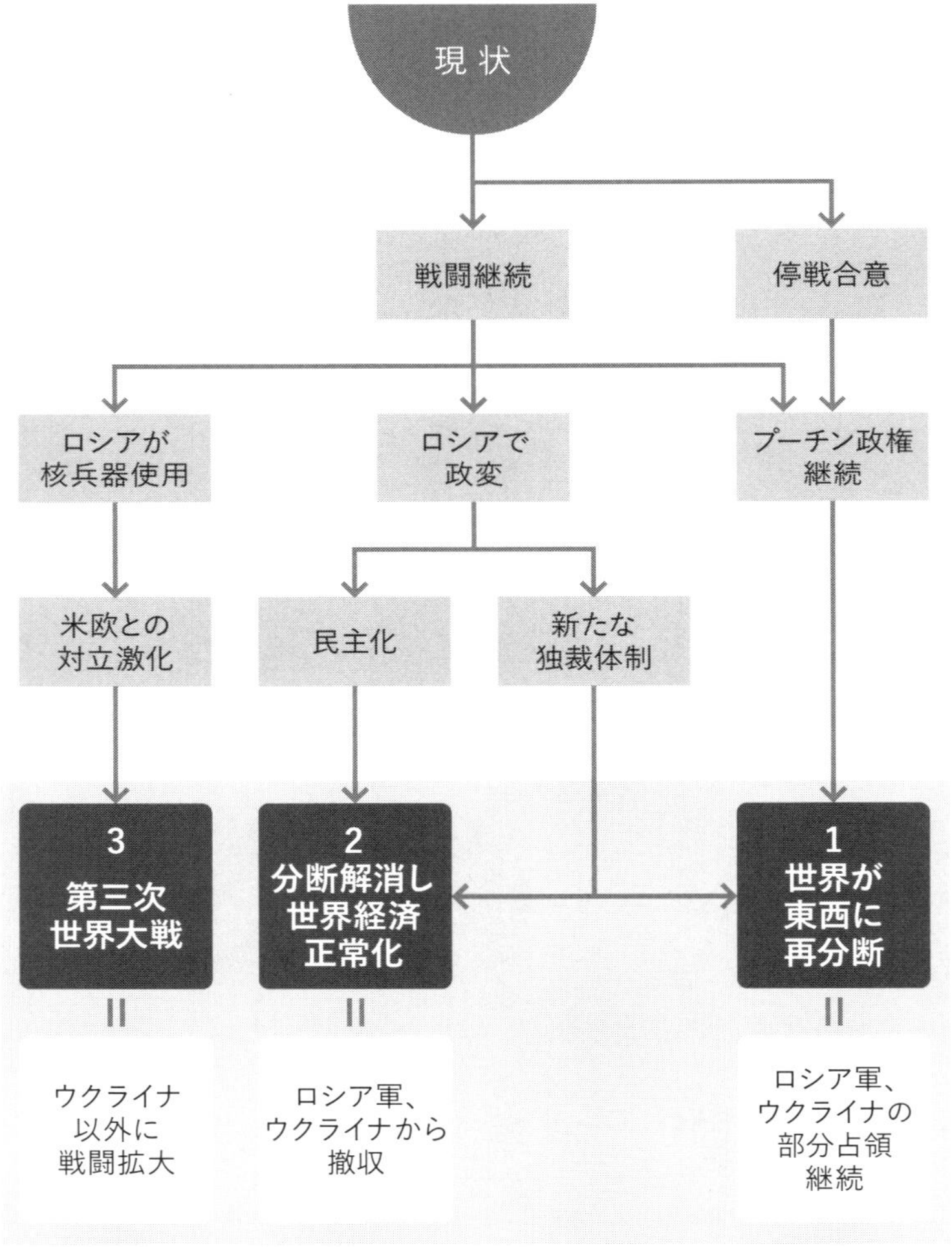

金となってプーチン政権の基盤が揺らぎ、最終的に新たな政権にとって代わられるという展開だ。

「ロシア国民は圧政と貧困に耐えるのに慣れている」としばしば指摘される。ただ、かつてのソ連と現在のロシアには大きな違いがある。それは、この約30年間にいったんは世界経済とつながることで財閥は資源輸出で大いに潤い、一般国民も西側の商品やサービスの良さを知ってしまったということだ。

ロシア人が再び豊かさを手にするには、ウクライナ侵攻の引き金を引いたプーチン政権を転覆させるのが最も効果的だ。民主主義や自由を志向する若年層の存在は、ソ連時代にはほとんど見られなかったもので、冷戦末期に中・東欧諸国で旧共産政権が相次ぎ倒れたように、ロシアも民主化に向かう可能性は十分ある。米欧日は民主化の動きを支援するため、制裁を早期に解除する可能性が高い。

一方、プーチン政権は倒れるものの、別の新たな独裁政権が誕生する展開もあり得る。注意が必要なのは、新独裁政権が向かうのは「ウクライナから手を引き、制裁解除を経て世界経済に復帰」という形と、「ウクライナの部分占領を続けるために制裁は解除されず、西側から分断された状態が続く」の2種類が考えられるということだ。

シナリオ(3)　第三次世界大戦

プーチン大統領はウクライナでの作戦を統括する司令官として、ドボルニコフ氏を新たに任命した。同氏はロシアが軍事介入したシリアでの作戦を指揮し、市街地への爆撃で多数の市民を死傷させたとされる。同様にウクライナでも、市民の犠牲を無視して東部や南部で占領地域の拡大を図る恐れがある。

一方、首都キーウ近郊でのロシア軍による市民虐殺の疑いが明らかになり、欧米諸国はウクライナに対する武器の供与を拡大している。その中には軍用ヘリや火砲などが含まれており、軍備が充実したウクライナ軍は東部や南部でも反攻に転じる可能性がある。

その場合、戦闘は終息するどころか逆にエスカレートしかねない。懸念されるのはロシア軍がウクライナ軍の反攻を食い止めるため、生物化学兵器や核兵器などの大量破壊兵器の使用に踏み切る展開だ。実際、ロシア軍が猛攻をかけている東部のマリウポリでは、化学兵器が使用されたとの情報も出ている。

核兵器となると、カギを握るのはドボルニコフ司令官ではなく、プーチン大統領の判断だろう。大統領はすでにウクライナでの核兵器の使用をちらつかせており、威力が比較的小さな戦術核兵器であれば、その可能性は完全には排除できない。

万が一核兵器が使用されれば、米欧がさらにウクライナ支援を拡充し、反発したロシアがポーランドの北大西洋条約機構（NATO）の拠点を攻撃するような事態が起きかねない。その場合、欧州以外にも戦闘が広がり、「第三次世界大戦」という最悪の展開が懸念される。

ロシアと米国は日本周辺の太平洋海域でもにらみ合っており、米ロの直接衝突となれば日本も巻き込まれる恐れがある。

世界の大方の人々や市場にとって、ロシアの民主化を経て世界経済が元の状態に戻るシナリオ(2)が最も望ましい展開なのは確かだろう。一方、シナリオ(1)は、環境は今より大きく変化するものの、未体験の世界でもない。東西世界が経済的にはあまりつながっていなかった冷戦時代に戻ることになるからだ。

確率は低そうだが、戦争がウクライナ以外に広がるシナリオ(3)が現実となれば、世界が受けるダメージは計り知れない。市場関係者にとって重要なのは各シナリオの確率を予測するだけでなく、どの展開になっても対応できるよう備えることだろう。特定のシナリオだけを前提にするのは危機管理ではない。

もう一つの地政学の火薬庫、中国

「今日のウクライナは明日の台湾」

「今日のウクライナは明日の台湾」。ロシアのウクライナ侵攻後、台湾のＳＮＳで盛んに発信されている言葉だ。ウクライナへの侵攻を続けるロシアを目の当たりにして中国の習近平（シー・ジンピン）指導部は悲願とする台湾統一や沖縄県・尖閣諸島への攻勢をどう考えているのか。専門家の見解を交えながら、中国を巡る地政学リスクを検証した。

結論を先にいえば、ウクライナ危機の影響で目先の台湾有事の可能性は小さくなった。市場にとっては安心材料だ。だが「火薬庫」はより巨大化し、リスクが先送りされるにすぎない。

中国でウクライナ軍の頑強な抵抗ぶりに衝撃が走っている。中国人民解放軍にとってロシア軍はまさに仰ぎ見る存在だった。今も最大の武器供給国で、最新型の第4世代戦闘機の「スホイ35」や対空ミサイルシステム「Ｓ４００」など軍の先進技術を頼み込んで購入してきた。

解放軍の幹部には旧ソ連留学組が多い。「地上最強」と信じていたパートナーの失態は習指導部の台湾統一戦略にも影響を与えるのは必至だ。

特に地続きで侵攻できるウクライナの首都キーウでさえロシアが攻略できなかったのは中国にとって完全に想定外だった。中国大陸と台湾の間には百数十キロメートル以上ある台湾海峡がまたがり、押し寄せる中国海軍には台湾の巡航ミサイルが待ち受ける。キーウ攻略より難易度は格段に高い。

東・南シナ海を支配し、台湾の孤立狙う戦略

中国の対米強硬派の有識者の間では、2022年秋の共産党大会で3期目入りが確実視される習氏の次の任期が切れる27年までの台湾侵攻を予想する声が目立っていた。だが、最近は統一戦略の見直しで大幅にずれ込むとの見方が増えている。

中国の安全保障問題に詳しい東大の松田康博教授は「台湾の武力統一のハードルが上がっただけに、中国は核による軍拡のスピードを加速させる」と指摘する。巨大な核戦力を構築して米国の介入を抑止し、台湾の「独立派」を封じ込めるとの見立てだ。

21年版の「ミリタリー・バランス」などによると、中国は320発の核弾頭を保有する。米国防総省は中国が27年までに最大700発まで増やす可能性を指摘する。「30年までに少なくとも1000発の弾頭を保有することを意図している」とも分析。米国（現時点で

約3800発）やロシア（同4325発）との距離を急ピッチで縮める行動に出そうだ。

中国・台湾の軍事専門家である防衛省防衛研究所地域研究部長の門間理良氏は「台湾本島の攻撃を見込みにくくなった習指導部が（台湾の南西に位置し、台湾が実効支配している）東沙諸島の奪還に動くシナリオも捨てきれない」と話す。27年までに実績作りに動く可能性があるとの見立てだ。

中国は東・南シナ海の「面の支配」を着々と進め、台湾を周辺から孤立させる戦略を描いている。米インド太平洋軍のアキリーノ司令官は22年3月、AP通信のインタビューで、中国が領有権を主張し周辺国と争っている南シナ海の南沙諸島の3礁を完全に軍事化したと指摘した。3礁はミスチーフ礁（中国名・美済）、ファイアリクロス礁（永暑）、スービ礁（渚碧）で「ビッグスリー」と呼ばれる。

中国は東・南シナ海を管轄する海警局の増強も進めている。中国海軍が保有するコルベット艦「056型」20隻を海警局に移管する計画だ。

近海防御用の艦艇で、速射砲や対空ミサイルなども備える。海上保安庁の巡視船よりはるかに戦闘力は高いとされる。20年時点で、海保が保有する巡視船の69隻に比べ、海警局は131隻とすでにほぼ倍を保有。この差がさらに開くことになる。尖閣諸島周辺の海域に中国公船が現れる頻度も増えそうだ。

中国が勢力を拡大しているのは海洋だけではない。インドとの国境線が画定していないカシミール地方では、中国軍が新たな橋を建設し、実効支配の動きを強めていることが22年になって判明し緊張が続いている。中印両国がともに核保有国であることにも留意が必要だ。

紛争の「飛び火リスク」 中東・北朝鮮へ?

中東でイラン・サウジが衝突する可能性

世界のどこかで大規模な戦争が起きると、別の地域の野心的な国家指導者などが「このタイミングで動けば、他国から大きな妨害も受けずに目的を達成できる」と考え、新たな軍事行動に出たり攻勢を強めたりする。こうして地政学リスクが「飛び火」する現象が往々にして起き、時に市場を大きく揺さぶる。

典型的なのは、1950年6月に北朝鮮の韓国侵攻で勃発した朝鮮戦争のさなかに、中国軍が隣国チベットに侵攻し、翌年制圧・併合してしまった出来事だ。

ロシアのウクライナ侵攻が「飛び火」するリスク

		懸念される事態
国・地域間の対立	中国 VS 台湾・フィリピンなど周辺国・地域	東・南シナ海での領有権争いが戦闘に発展
	中国 VS インド	散発している国境紛争が拡大
	イラン VS サウジアラビア・イスラエル	イエメンでの「代理戦争」が直接衝突に
	北朝鮮 VS 韓国・米国	韓国での政権交代引き金に北朝鮮が軍事挑発強化
	アゼルバイジャン VS アルメニア	停戦合意が破棄され、再び武力衝突
	ロシア VS フィンランド	ロシアがNATO拡大を警戒し、軍事圧力
国の内部での対立	イラク	宗派間対立が激化
	エチオピア	政府軍と地方の反政府勢力の対立が激化
	ミャンマー	軍事政権と反政府戦力の衝突が拡大

もう一つの連鎖の事例は、56年にエジプトがスエズ運河国有化を一方的に宣言、これにイスラエルと英仏の3カ国が反発し、第2次中東戦争（スエズ動乱）が勃発した時だった。ソ連がエジプト側に回り、一時は衝突が核戦争に拡大する懸念が高まった。その間隙を縫う形で同年10月、ソ連の支配下にあったハンガリーで自由を求める群衆が蜂起。ソ連は武力鎮圧に動き、ハンガリー動乱が始まった。

ロシアによるウクライナ侵攻を引き金とする「飛び火リ

スク」が懸念されるのは、中国とその周辺地域だけではない。

リスクの高い地域の一つが中東だ。イスラム教シーア派盟主のイランと、同スンニ派盟主のサウジアラビアは、イエメンなどを舞台に現地の武装組織を使う形で「代理戦争」を続けている。さらにイスラエルの関与が問題を複雑にしている。イランを敵視するイスラエルはサウジからみるとまさに「敵の敵は味方」と言うべき存在で、「水面下でのサウジとイスラエルの関係はもはや準軍事同盟」とみる向きもある。

イランの核開発を凍結する「イラン核合意」は、トランプ米前政権下で崩壊過程に陥り、同合意を再建しようとする欧州諸国の取り組みもロシアのウクライナ侵攻後は事実上停止している。互いに敵意を向け合うイランと「サウジ・イスラエル準同盟」の緊張は、ささいな出来事を引き金にミサイルを撃ち合う大規模衝突を引き起こす危険をはらんでいる。

北朝鮮の軍事挑発激化

韓国では2022年5月、尹錫悦（ユン・ソクヨル）次期大統領が率いる新政権が発足する。保守勢力が政権の座に返り咲くのは5年ぶりで、米国との同盟を強化する見通しだ。こうした動きにいら立った北朝鮮がミサイル発射や核実験などの軍事的挑発を強める恐れもある。

ロシアや中国の経済・軍事支援で政権の命脈を保ってきた北朝鮮としては、軍事的に活発に動くことで米バイデン政権がウクライナに集中できない状態を作ることができれば、中ロ両国の国益に貢献できる。朝鮮半島の動向からも再び目が離せなくなってきた。

国同士の衝突とは別に、世界の主要な大国や国連がウクライナ情勢に忙殺されている隙を突く形で、特定の強権国家がこれに反発する国内勢力を弾圧する動きを強める展開もあり得る。

現在そうした事態が懸念されるのは、イラクやエチオピア、ミャンマーなどだろう。

外為・株式市場の2・24後の動きは

債券市場はロシア国債デフォルトを警戒

外国為替市場や株式市場はロシアのウクライナ侵攻直後に大きく混乱したものの、足元では落ち着きを取り戻しつつある。

ルーブル相場は侵攻前を回復したが、
国債利回りはなお高止まり

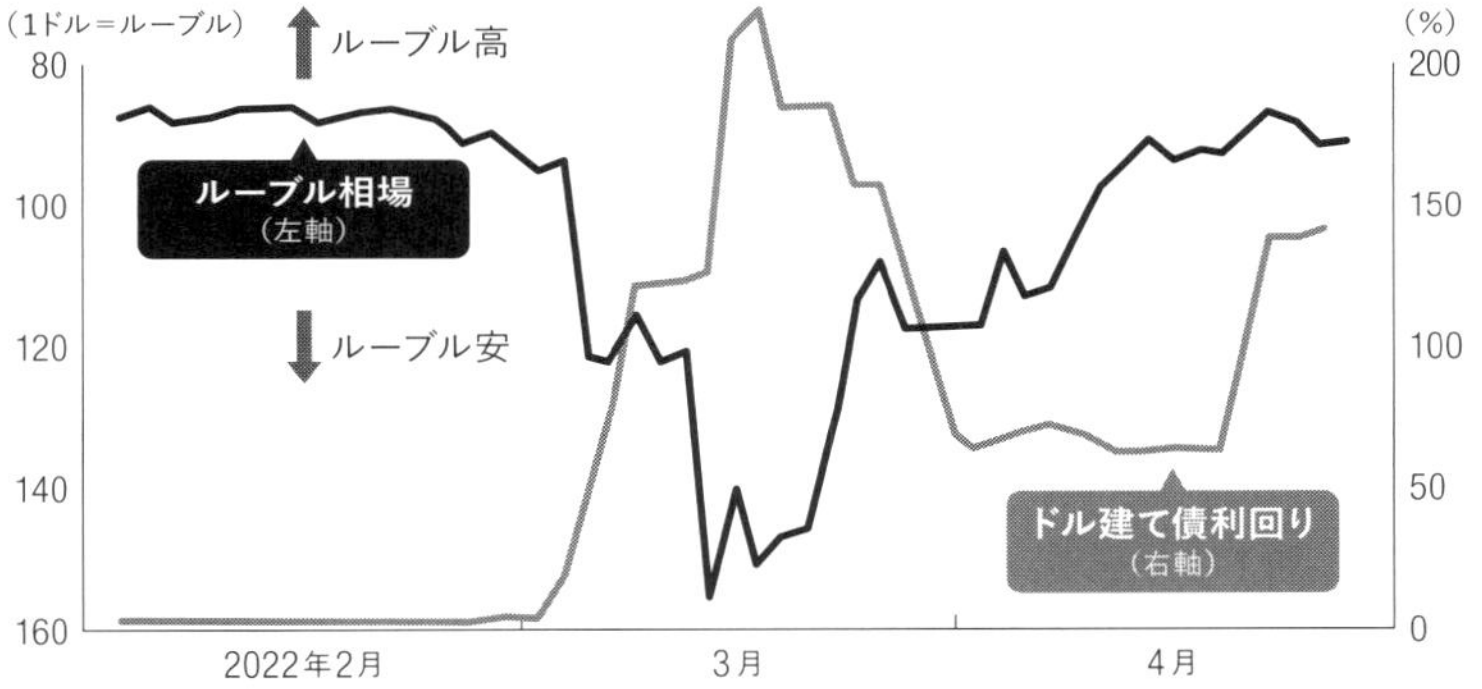

ドル建て債は2023年償還のロシア国債

投資家が「脱ロシア」の動きを加速しているうえ、ロシア関連資産の市場規模がそれほど大きくないことが背景にある。ただ、債券市場ではロシア国債のデフォルト（債務不履行）が目前に迫り、地政学リスクの影はなお色濃い。

ウクライナ侵攻の直後、外為市場で衝撃が走った。ロシアの通貨ルーブルが侵攻前の１ドル＝80ルーブル前後から、数日で１５０ルーブル台前後まで暴落したのだ。日本のＦＸ（外国為替証拠金）会社は市場の混乱を受けて相次いで取引を停止した。

ただ、その後混乱は収束し、ルーブルは足元では対ドル、対ユーロとも侵攻前の水準まで回復した。ロシア中央銀行による政策金利の大幅引き上げや資本の流出規制のほか、ロシアに一定の外貨が流入し続けているためとみられる。シルアノフ財務相は2022年4月11日の地元紙とのインタビューで「エネルギーに対する支払いはほとんど変わらず、外貨が入ってきている」と語った。対ロ制裁に不参加の中国やインドなどが出所と思われる。

ロシアの主要株価指数のRTSは侵攻直後にいったん急落し、モスクワ証券取引所は売買を停止した。だが同証取は3月24日、1カ月ぶりに一部銘柄の売買を再開し、株価もやや持ち直した。米株式市場でも3万2000ドル台まで落ち込んだダウ工業株30種平均が足元で3万4000ドル台まで回復した。世界経済は原油など国際商品価格の上昇によるインフレに直面しているものの、米国を中心に新型コロナウイルス禍からの回復が進む。市場の関心はむしろ米連邦準備理事会（FRB）など主要中銀の利上げに移っている。

外為・株式市場が早期に落ち着きを取り戻した理由は、ロシアの経済規模が相対的にそこまで大きくないことが大きい。国際通貨基金（IMF）によると、同国の国内総生産（GDP）は世界11位で2兆ドル（約250兆円）に満たず、韓国と同程度にとどまる。「もともとロシア資産の保有比率は高くなく、大きな影響はなかった」（外資系運用会社）との声は多い。

一方、債券市場では22年4月11日、国営ロシア鉄道が発行した債券がデフォルトに陥った。3月14日が期限の利払いが実行できなかったためだ。ロシア国債も状況は厳しい。クレジット・デフォルト・スワップ（ＣＤＳ）の保証料率はすでにロシア国債のデフォルトをほぼ織り込んだ水準で推移している。

ロシア財務省は4月4日に償還期限を迎えた20億ドルのドル建て国債の元利金を、条件と異なるルーブルで支払った。このため、米格付け会社Ｓ＆Ｐグローバルは部分的なデフォルトとみなした。支払いには30日間の猶予期間があるが、その間にドルで支払わなければ完全なデフォルトとみなされる。

ロシア政府は4月11日、年内の国債発行を停止する方針を明らかにした。例えば23年償還のドル建てのロシア国債の利回りは１４０％程度にのぼっており「借り入れコストが天文学的になるため意味がない」（シルアノフ財務相）と判断したという。国外で資金調達する手段が狭まり、財政は一段と逼迫しそうだ。

（２０２２年4月17日掲載）

コラム

戦争の「武器」になった金融

米ゴールドマン・サックスの前最高経営責任者（CEO）、ロイド・ブランクファイン氏がツイッターへの投稿を約3カ月ぶりに再開した。「ロシアに最も効果的な懲罰を与えているのが、戦後の西側安全保障システムではなく、グローバル金融システムの構造というのは興味深い」。かつてウォール街の王者に君臨した同氏も、矢継ぎ早の制裁導入に驚きを隠せない。

ロシアのウクライナ侵攻を受けて、米英や欧州連合（EU）、日韓などアジアの一部国々は前例のない規模で制裁に乗り出し、金融は戦争の「武器」となった。フランスのルメール財務相は、西側諸国が「ロシアに対して経済的・金融的な全面戦争」を仕掛けると発言し、ロシア側の反発を招いた。

一連の制裁で特に打撃が大きいのは、ロシア中央銀行の持つ外貨準備の凍結とみられている。外貨準備を使えなくなったロシア中銀は、自国通貨ルーブルの急落に歯止めをかけるために、政策金利を20％に引き上げた。ロシア経済は通貨安による高インフレと、景気後退が併存する「スタグフレーション」に直面しそうだ。JPモルガンのエコノミストは2022年の国内総生産（GDP）成長率がマイナス7％になると予想する。

前例なき制裁で、世界の金融システムが米国に依存していることが改めて認識された。ロシアに限らず、中国のように米国と摩擦を抱える他の国々も、米ドルを調達するために米国と取引せざるを得ないのだ。ブランクファイン氏は別のツイートで「中国がロシアに対してより大きな支援を行うのであれば、それは驚きだ」とも指摘した。仮に中国の銀行がロシア中銀のドル調達を手助けすれば、今後、米国の制裁対象になり得るとの見方がある。

金融制裁の目的がロシアを経済危機に追い込むことであれば、達成が見えてきたといえる。ただしプーチン大統領に侵略をやめさせる効果があるかどうかまだ分からない。制裁の研究で知られる米コーネル大学のニコラス・モルダー准教授は英誌エコノミストへの寄稿で「(歴史的にみて）制裁だけで軍事的な冒険を止めた実績は乏しい」と指摘した。制裁解除のための明確な条件を速やかに提示し、ロシアに戦争終結を促す努力が必要だと説く。

長期投資家にできる備えは限られる。ポートフォリオを分散した上で、リスクの所在をあらかじめ認識し、慌てないことだ。最悪のシナリオは「勝者なし」の結末だろう。戦争の長期化でウクライナの国土は荒廃し、ロシア経済も恐慌に陥りかねない。企業活動や個人消費が停滞し、世界的な景気後退につながる可能性がある。商品高は新興国で社会不安を招く恐れもある。「買い手不在」が続く米株式市場は暗い未来への警戒を映している。

（2022年3月13日掲載）

インタビュー

ウクライナ危機、中東地域への影響は

池内恵氏◆東京大学先端科学技術研究センター教授

変わるロシアとの関係　サウジは「石油回帰」も

ロシアによるウクライナ侵攻は、黒海を挟んだ対岸の中東地域にも激震をもたらしつつある。米国と安全保障面で同盟関係にありつつ、石油輸出国機構（ＯＰＥＣ）と非加盟の主要産油国からなる「ＯＰＥＣプラス」などでロシアとも一定の関係を築いてきた。ウクライナ危機の中東諸国への影響や外交政策の行方について、中東の国際関係や安全保障に詳しい東京大学の池内恵教授に聞いた。

――国際社会がロシアへの非難や制裁を強める中、中東諸国は曖昧な姿勢が目立ちます。

「米ロのどちらにもつかないように試みている。基本的に親米とみられてきたイスラエル、トルコ、サウジアラビア、アラブ首長国連邦（UAE）も米国側に全面的には立っていない。根本にあるのが、米国の中東への関心が薄れているという認識だ。安全保障や経済で『米国に頼れない』という感情から、このところはロシアで補っていた。サウジやUAEで言えばエネルギーで独占的な地位を占める目的で、この分野限定で協調する同盟国のような関係をロシアに見いだしてきた」

「ロシアを失うことは中東の地域大国にとって都合が悪い。ウクライナ侵攻は、欧米の反発が比較的弱かったシリアへの介入と大差ないとの考えも根強い。ただ、こうした認識は正確だとも持続可能だとも思わない。このままではロシアからも望むものを得られなくなり、米国からもっと多くのものを失うことになるかもしれない」

――UAEの駐米大使はOPEC加盟国に増産を促していると表明しました。

「ロシアと協調すればむしろ多大なリスクを抱えると気づき始めたようだ。ロシアのガスや石油を国際社会が買わなければ、ロシアの産油国としての影響力は大きく弱まる。大規模な密輸も難しく、安く買いたい中国と安く売らざるを得ないロシアの間で取引が成立すれば、ロシアの中国への従属が進む。OPECプラスが崩壊し、OPECだけで市場の独占を狙うことになるだろう」

「石油価格が高すぎると、需要減につながる。米国から制裁を受ける事態にもなりかねないため、OPECは、できる限り増産に力を尽くすという態度を示す方向へと転換していくのではないか。ただ、中東産油国はロシアをテコにして対米交渉力を強めることに慣れてしまっているため、できるだけロシアとの関係持続を望むはずだ。米国が〝見返り〟を明確に示さない限り、中東諸国の中立的な姿勢は続くとみる」

――今回の危機の影響もあり、油価が高騰しています。サウジアラビアの脱石油戦略にも影響を与えるでしょうか。

「価格が急騰したことで、脱石油を進めなくても繁栄を維持できる可能性も見えてきた。もともと脱石油戦略はムハンマド皇太子の代替わりを演出する政治的なもので、たまたま脱石油が流行していたから『脱石油』を掲げていたにすぎない。重要なのはムハンマド皇太子が推進するという点だけだ。修飾語が『脱石油』から『石油回帰』に変わるだけだろう」

――イラン核合意の再建交渉を巡り、ロシアがイランとの貿易に影響を及ぼさないよう制裁の適用除外を要求しています。

「ロシアはエネルギー市場を不安定化させ、新たな石油ショックの脅威によって米国を屈服させるという絵を描いており、邪魔をする展開は続くとみる。ただ米・イランともに核合意再建への意欲が強い。合意再建なら（イラン産原油の禁輸が解かれ）エネルギー価格が沈静化する見通しなのも交渉を後押しする。ロシアが横やりを入れ続けすぎると6カ国の核合意の枠組み自体がなくなり、イランと米国が直接交渉することになろう」

――ロシアが力による現状変更を実現した場合、世界の安全保障のあり方は変わりますか。

「ウクライナの全土あるいは半分ほどを制圧してウクライナを東西で分割するような形になっても、欧州の団結が強力なため、もう一度『鉄のカーテン』ができる状態になるだろう。北キプロスを占領しているトルコと同様、東部のドンバスだけを国際承認なしに支配し、欧米からの制裁というコストを甘受しつつ守り続けることになるとみる。トルコが欧州連合（EU）加盟を長年果たせないでいるように、『ならず者国家』という扱いを長い間受けるのではないか」

「今回の危機で国際規範がより明確に再確認された。中国が台湾を奪おうとすると大変なことになる、と示す結果になっている。中国からは、力による現状変更はやりにくいという風に見えるだろう」

いけうち・さとし

東京大学文学部イスラム学科卒、東京大学大学院総合文化研究科博士課程単位取得退学。日本貿易振興機構アジア経済研究所研究員、国際日本文化研究センター准教授などを経て2018年10月より現職。著書に『イスラーム世界の論じ方』（第31回サントリー学芸賞）、『イスラーム国の衝撃』（第69回毎日出版文化賞特別賞）などがある。第12回中曽根康弘賞優秀賞受賞。東大先端研創発戦略研究オープンラボ（ROLES）代表。東京都出身。

（2022年3月20日掲載）

第2章
店頭に値上げの波

NIKKEI montage/iStock

インフレを超えてゆけ
加速するコストプッシュ型インフレ

コロナ禍からの回復へ光が差し始めたかに見えた消費関連企業に、新たな暗雲が近づいている。ウクライナ危機で加速するコストプッシュ型インフレだ。小麦などの食材や資材、ガソリンなどがあまねく値上がりし、とどまる気配は見えない。

人件費の上昇にも苦慮してきた小売りや外食といった企業がインフレを乗り越え、消費を復活させるための解はあるのか。

「ウクライナ侵攻で状況は最悪だ。逆風が吹き荒れている」

サイゼリヤの堀埜一成社長は2022年4月13日の決算会見で現状をこう表現した。コスト高と円安で21年9月~22年2月期連結決算は営業損益が4600万円の赤字と従来の黒字予想から一転、赤字となった。

円下落、20年ぶりの安値

資源・エネルギー価格の上昇が素材や食料にも広がっている。企業物価指数は22年3

月、前年同月比9・5％上昇した。石油危機の影響があった1980年12月以来約41年ぶりの高水準だ。

急激な円安が追い打ちをかける。22年4月28日、円相場は1ドル＝130円台と02年4月以来20年ぶりの安値を付けた。日銀が金融緩和の維持を決め、日米の金融政策の違いが改めて意識され円売り・ドル買いが進んだ。

それでも「安易な値上げはできない」（ファーストリテイリングの柳井正会長兼社長）というのは経営者の共通認識だろう。コスト高の中で22年3月の消費者物価指数（生鮮食品を除く総合）は0・8％上昇にとどまった。

膨らんだコストを販売価格に転嫁できなければ企業収益は圧迫される。だが、価格を据え置きながらも快進撃を続ける企業はある。22年3月期に11期連続の最高益更新を見込むワークマンがその1社だ。

22年4月28日、銀座の中央通り沿いのビルに同社の新旗艦店がオープンした。従来の作業着とは一線を画し、アウトドアにも使える夏でも涼しい服や雨でもすべりにくい靴など機能性を重視した衣料を販売する。銀座進出で女性客の取り込みを狙う。

ワークマンは2月に「価格据え置き宣言」を表明。売上高の6割を占めるプライベートブランド（ＰＢ）商品で価格を維持する。女性向け中心に扱う「#ワークマン女子」などを積極出店し、全国の店舗数を1500店へ増やす。新規顧客の開拓により増収増益を目指す戦略だ。

強気の値上げを打ち出す企業

日本で企業が値上げを選ばないのは「景気が改善しても賃金が上がらず、消費者が値上げを受け入れられない」（岡三証券の松本史雄チーフストラテジスト）との考え方が根強いという面もある。

その中にあって、強気の値上げを打ち出すのがスノーピークだ。22年1月からテントやタープなど338製品を値上げした。もともと高価格帯の多い同社製品を支持するのは、品質やアウトドアという体験を重視する「ファン」ともいえる消費者だ。値上げ後の国内の月次売上高は22年2月に前年同月比32％増、3月も14％増を確保した。

市場はどう評価しているのか。ブラックロック・ジャパンの福島毅チーフ・インベストメント・オフィサーは「競争力や商品力に自信を持ち、コスト高の中できちんと値上げを表明する企業を評価したい」と話す。

株価の動きにも表れ、傘下のアサヒビールが14年ぶりに家庭用ビールの値上げを発表したアサヒグループホールディングス株は22年4月27日、一時前日比7％高となった。

もっとも日本では株価に出遅れ感のある消費関連株は多い。海外に目を向けると、コスト高を乗り越える企業には資金が集まっている。米プロクター・アンド・ギャンブル（P&G）は4月20日に発表した22年1～3月期の売上高と一株利益が市場予想を上回り、株価は3％上昇した。小売りでもウォルマートやコストコ・ホールセールは史上最高値圏にある。

長らくデフレにあえいできた日本でインフレは久々に直面する課題だ。デフレ意識が抜けないままインフレに苦しむことになるのか、それとも成長につなげられるのか。挑戦する企業を選別するためのヒントを探る。

「インフレ耐性」企業　3つの勝ちパターン

2022年4月28日、ワークマンが銀座でオープンした新店舗には午前11時の開店3～4時間前から整理券を求める女性たちが集まった。初めてワークマンを利用するという39歳の女性は「明日キャンプに行くのに雨予報なのでレインコートを買いに来た。キャンプ仲間から評判を聞いて前から狙っていた」と話す。

店舗に並ぶ商品はＴシャツが７８０円、撥水加工のジャケットが１９００円など値ごろ感がある。同社でも綿花や化学繊維などの原材料や輸送費といったコストが上昇しているが、好調な女性用アイテムを拡充し、成長の原動力とする考えだ。

成長でコストを吸収するか、値上げに耐えられるブランド力か

収まる気配のないコストプッシュ型インフレ。小売りや外食、食品など消費関連企業への逆風も増している。経営の難易度が増す中でも健闘している企業の取り組みを探ると３つの「勝ちパターン」が浮かんでくる。

１つがワークマンのように、明確な値上げをしなくても、コストを吸収し増益を続けられる成長力だ。

子ども向け衣料・用品の西松屋チェーンの22年2月期の単独決算は税引き利益が前の期比３％増の84億円と2期連続で過去最高だった。23年2月期も過去最高を見込む。「商品の値ごろ感からコロナ禍で顧客が増え、その後も定着している」と東海東京調査センターの角英樹アナリストは分析する。

「＃ワークマン女子」のアウトドア用品売り場（東京・中央）

横浜家系ラーメン店をチェーン展開するギフトホールディングスも22年10月期の増収増益を見込む。食材の小麦粉や豚肉などが値上がりし、小売物価統計調査では２月の全国のラーメン価格は一杯６０９円と00年以降で最高となった。

ギフトＨＤも一部店舗で値上げを余儀なくされたが、同業他社に比べると小幅。価格を据え置く店舗もある。コスト高を一定程度吸収できている背景には原材料を大量仕入れし、麺やスープ、チャーシューを自社工場で生産する体制がある。出店先を価格競争の激しい都市部ではなく郊外中心としている点も奏功している。既存店売上高は３カ月連続で前年同月比２ケタ伸び、株価も底堅く推移する。

もう一つの勝ちパターンといえるのが「そこでしか手に入らないモノやサービス」を提供し、ファンとなる消費者をつなぎ留められるかだ。インフレ下は「値上げをしても顧客がついてくるか、ブランド力が試される局面」（野村アセットマネジメントの石黒英之シニア・ストラテジスト）ともいえる。

日本マクドナルドホールディングスは22年3月にハンバーガーなど全体の2割にあたる商品の価格を10~20円引き上げた。それでも3月の月次売上高（全店）は13・5％増を維持。株価は値上げを開始した3月中旬に比べ5％高で推移している。

ゼンショーホールディングスも傘下の「すき家」で21年に主力商品の牛丼を値上げしたが、3月の売上高は11％増えた。「21年の新商品の売れ行き好調で、新商品の投入ペースを速めたことも顧客離れを防いでいる」（同社）という。

プライベートブランド（ＰＢ）商品も「そこにしかないモノ」として差別化ができていれば、値上げは受け入れられやすい。「業務スーパー」を展開する神戸物産は21年にＰＢ商品の値上げに踏み切った後も、売上高は2ケタ増を維持する。自社工場を持つことで、豊富なラインアップと価格競争力が強みとなっている。

日本は米欧に比べ消費者物価の上昇率が緩やか

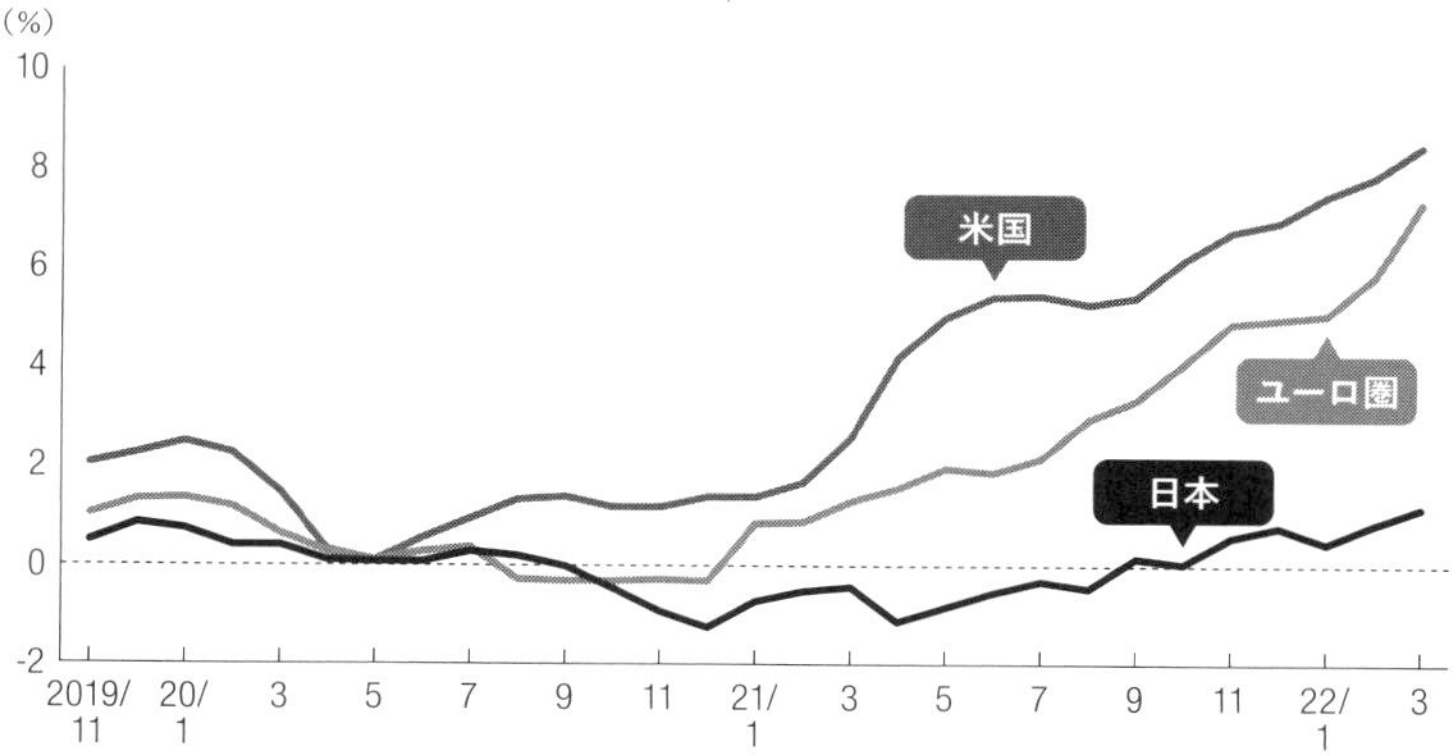

消費者物価指数(総合)の前年同月比

海外に活路を見いだす企業も

3つ目が海外に活路を見いだすパターンだ。

コロナ禍で根付いたアウトドア人気の立役者ともいえるスノーピーク。金属加工の町・燕三条の職人技術による高品質を武器に高価格帯でも売れるのが強みだが、実は海外展開にも力を入れている。

21年12月期に24%だった海外売上高比率を24年に40%まで引き上げる目標だ。米国でもアウトドア用品の販売が伸び、韓国では用品販売やシェアオフィスサービスを兼ねた体験型施設を開いた。22年3月の売上高は米国が30%、韓国は73%増えた。

消費者への価格転嫁のハードルが高い日本では、物価が上昇しつつあるとはいえ、欧米

インフレ下でも競争力を発揮する銘柄

	社名	今期営業利益（前期比増加率）	3月月次売上高（前年同月比増加率）	注目点
値上げでも売上増	ゼンショHD	55.0（%）	11.1（%）	2021年12月「すき家」の牛丼を40～70円値上げ
	神戸物産	5.4	13.7	「業務スーパー」出店拡大。21年9月にPB商品を値上げ
	マクドナルド	1.4	13.5	22年3月にハンバーガーなど全体の2割を10～20円値上げ
海外成長	スノーピーク	37.0	22.6	高い職人技術を強みに高価格帯キャンプ用品を米国や韓国でも拡販
	味の素	9.5	―	欧米、ブラジル、東南アジアなどで21年から順次値上げ
	日清食品HD	6.3	―	米国や中国が好調で21年4～12月の海外売上高は18％増
	サントリBF	5.8	7.0（国内）	米、仏、英、スペインなどで展開。海外が利益の7割を稼ぐ
最高益	西松屋チェーン	10.9	8.9	PB好調で22年2月期の税引き利益は2期連続最高益
	コメダ	9.5	7.2	店舗網の拡大などで23年2月期は最高益見込む
	ワークマン	4.8	4.5	都心100店舗に向け攻勢。22年3月期は11期連続最高益見込む
	パンパシHD	4.6	3.4	「ドン・キホーテ」は客足回復。22年6月期の最終最高益見込む

営業利益伸び率は会社予想、3月期決算企業はQUICKコンセンサスでの比較（2022年4月25日時点）

などに比べると緩やかだ。味の素や日清食品ホールディングスといった海外売上高が大きい食品企業は、比較的値上げがしやすい海外で稼ぐ仕組みを構築しつつある。

味の素は21年4～12月期に海外で事業利益の5割以上を稼いだ。調味料やマヨネーズ、飲料などを、欧米やブラジル、インドネシア、フィリピンなどで21年から順次値上げした。QUICKコンセンサス（22年4月19日時点、10社）では23年3月期の純利益は12％増の見通しだ。

サントリー食品インターナショナルも米国やフランス、英国、スペインなど海外で営業利益の7割を稼いでいる。

原材料などあらゆるコストが上がり、円相場の先安観も強い。賃金上昇への期待も持ちにくい環境下では、消費関連企業への逆風ばかりに目が向きがちだ。その中で「勝ちパターン」をつかんだ企業を発掘できるか。デフレからインフレへと局面が変わる今は投資家にとって、新たな投資機会ともいえそうだ。

小売企業は「悪い物価高」に警戒
リベンジ消費に望みも

「インフレが進み景気は悪くなる」(良品計画の堂前宣夫社長)、「食料品の値上げが続き消費者の生活防衛意識は強くなっている」(しまむらの鈴木誠社長)、「悪い物価上昇の懸念がある」(高島屋の村田善郎社長)——。4月までに一巡した小売企業を中心とする2022年2月期決算の発表では、経営者からインフレを警戒する声が多く上がった。

2月期決算企業の業績は全体としてはV字回復の傾向にある。日経NEEDSのデータを基に、22年4月14日までに決算を発表した小売企業87社の業績をまとめたところ、22年2月期の純利益は合計で5639億円と前の期に比べて2・5倍に急回復した。23年2月期も前期比17%増の6574億円と回復基調が続く見通しだ。新型コロナウイルス禍の最悪期を脱し、消費活動が本格再開することへの期待は強く、百貨店や外食などがリベンジ消費への備えを進める。

ただ日本全体がデフレ意識から抜けきれない中、小売企業が急激なコスト上昇圧力に耐えられるか懸念は拭えていない。

「PB商品の価値を分かってもらえる良い機会だ」。イオンの吉田昭夫社長は決算説明会で強調した。22年3月にPB「トップバリュ」の約5000品目の価格を6月末まで据え置くと決めた。消費者の生活防衛意識が高まり、自社商品に流れるとの見立てだ。だが原材料高が早期に沈静化するかは見通せず、郊外立地の多い総合スーパー（GMS）はガソリン高による輸送コスト増も足かせとなる。

ラーメン店「日高屋」を運営するハイデイ日高も22年7月末まで全商品の価格を据え置く。一方で、麺類の大盛りが無料になる「モリモリサービス券」の配布は4月末で終了した。

店頭の値段に敏感な消費者心理を刺激することなく、いかにコストを抑えるか。日本企業の「値上げ恐怖症」は根強い。

消費者のデフレ意識、企業を苦しめる

輸入に頼る内需企業にとっては円安も重荷だ。ゴールドマン・サックス証券が原油や小麦価格、人件費などを基に企業の原材料コストを指数化したところ、足元では00年の算出開始以降で最高水準となっている。河野祥投資調査部長は「原材料高だった08年や11年との大きな違いは急激な円安だ」と指摘する。

消費関連企業全体ではV字回復を見込むが…

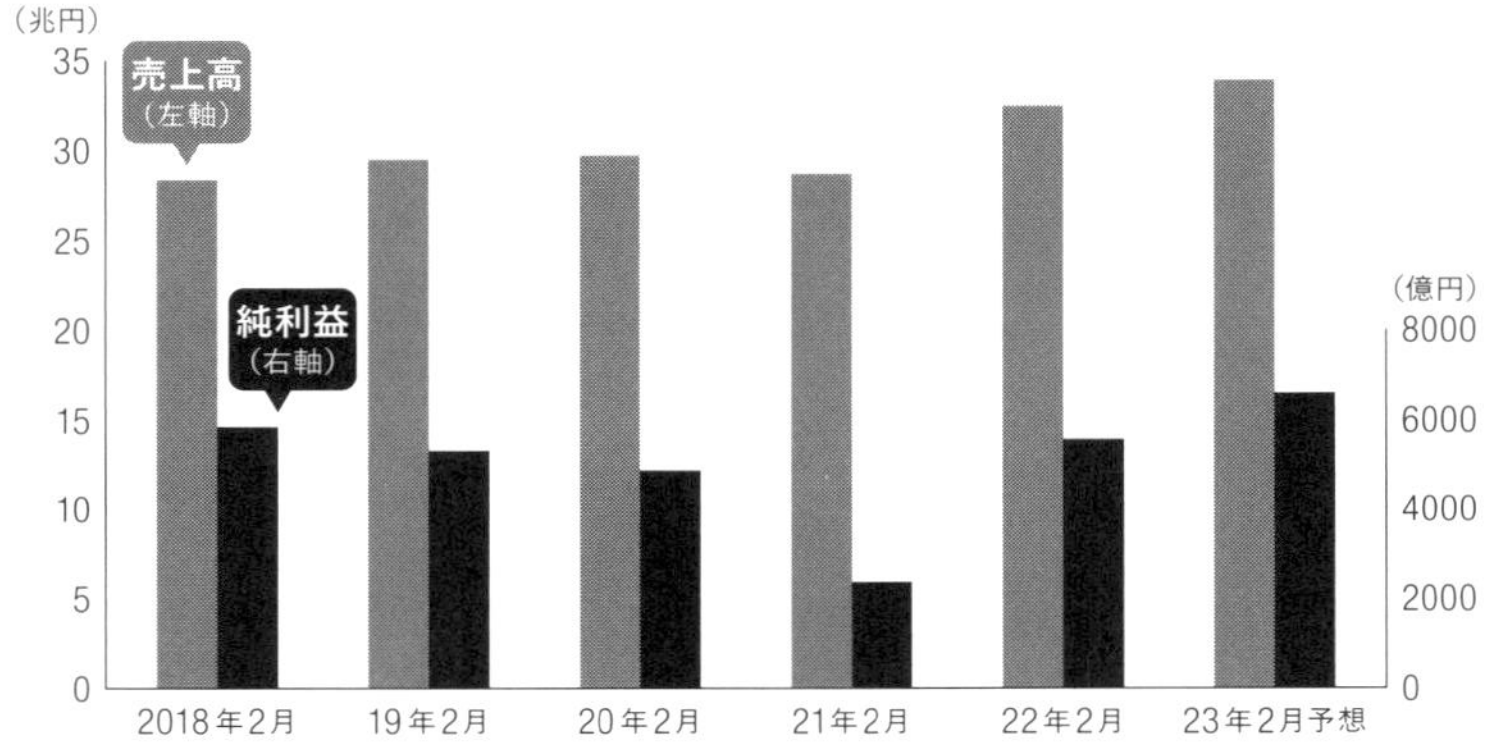

出所：日経 NEEDS、2023年2月期予想を開示した企業が対象

円安は家計の消費行動にも影響するとの指摘もある。みずほ証券は21年から円安・ドル高が10％進んだ場合、家計の負担は2・7兆円増えると試算する。「旅行や買い物の回数を減らすなどすれば、内需企業にはダブルパンチとなる」（小林俊介チーフエコノミスト）とみる。

そもそも日本のデフレ圧力が強いのは構造的な問題ともいえる。需要と国土が小さい中でスーパーやコンビニなど店舗が乱立しているため、消費者が値段の安いほうに流れやすく、過当な価格競争が起きやすくなる。

ただ、苦戦ばかりが目立つわけではない。セブン＆アイ・ホールディングスは23年2月期の連結純利益を14％増の2400億円と見込む。米国で既存のコンビニ販売が伸び、21

年買収したガソリンスタンド併設型コンビニ「スピードウェイ」との相乗効果も続くためだ。

しまむらは23年2月期の連結純利益を5％増の371億円と2期連続で過去最高を目指す。コロナ下で改革を進め、発注から販売までの期間を短縮、流行の変化に素早く対応できるようにした。

決算ではインフレを「脱デフレ」の契機と捉える声もあった。ライフコーポレーションの岩崎高治社長は足元のインフレを「コストアップ要因が強く手放しでは喜べない」としながらも「給与増につながれば必ずしも悪くはない」と話す。

物価が上がるどころか下がるデフレの世界では本来の価値より低い価格での販売を余儀なくされる企業も少なくなかった。それを脱却できるかは企業自身の経営判断にもかかっている。

値上げ、賃上げは米消費関連企業が先手

ウォルマートやコカ・コーラが高値圏

米国の消費関連株は堅調だ。S&P500種株価指数が2022年4月27日時点で21年末比12％下落したのに対し、小売り大手ウォルマートの株価は7％高、会員制卸売大手のコストコ・ホールセールは小幅安となっている。日本のイオン（9％安）などと比べても明暗が分かれている。

投資家の買いを誘うのはインフレへの耐久力だ。ウォルマートの22年1月期の売上高は約5700億ドル（約73兆円）と小売業で世界最大。米ゴールドマン・サックスの2月の調査では、ウォルマートの商品販売価格（38品目）はカテゴリー平均に比べ14・3％低く業界最低だった。規模を生かした大量仕入れで「いつでも安く」を実現し、顧客離れを防げるとの期待が広がる。

加えてコロナ禍でサービスの付加価値を高めてきた。20年に継続課金（サブスクリプション）型の即日宅配サービスなどを開始。米調査会社CIRPによると会員数（22年1月末時点）は1年で4割増え、1回のオンラインでの買い物の支払額は平均79ドルと非会員

米消費関連株では最高値圏の銘柄も

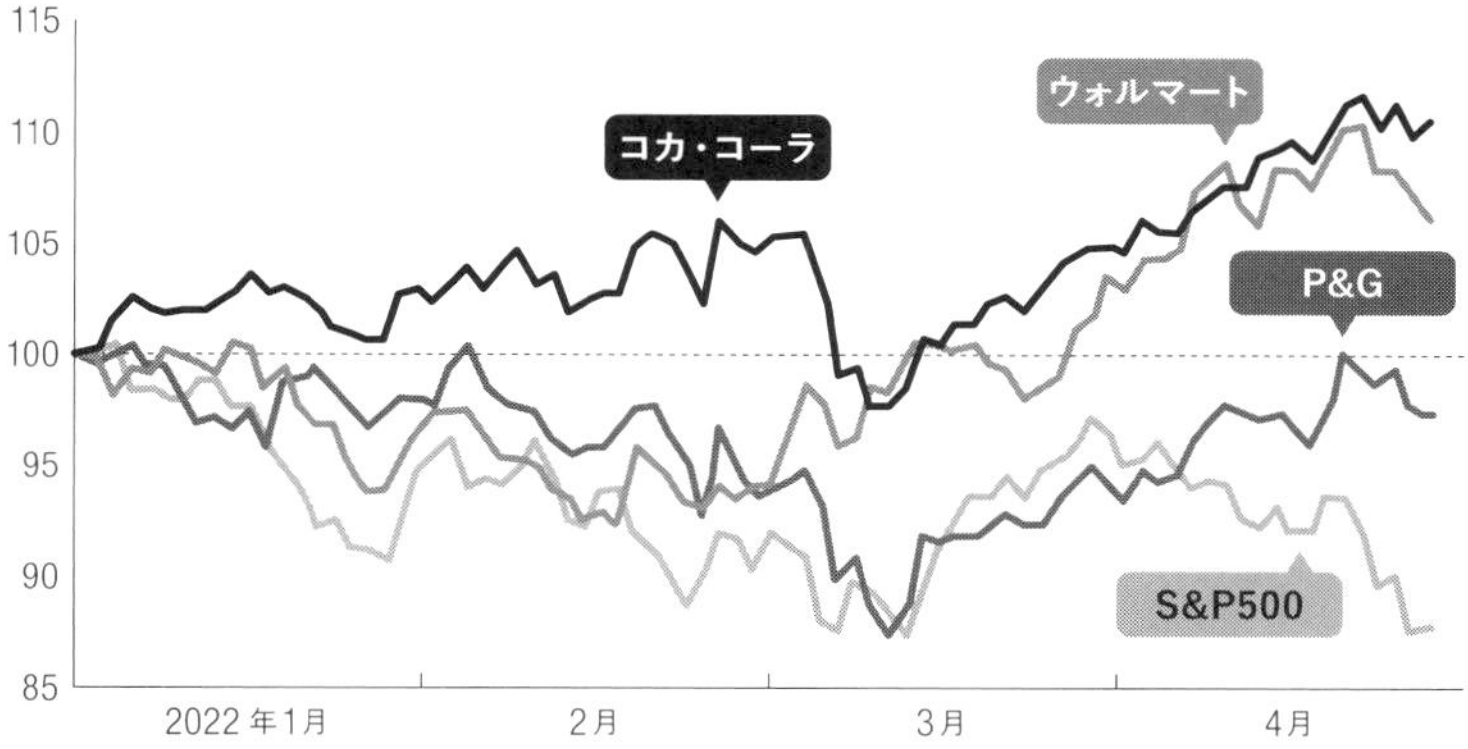

の62ドルを上回る。

消費財メーカーの株価も底堅い。米日用品大手プロクター・アンド・ギャンブル（P&G）が22年1～3月期決算を発表した4月20日、株価は3%上昇した。素材価格や輸送費などのコスト増を値上げで吸収していることが好感された。同社は消費者の値上げへの反応について「予想したよりポジティブだ」とし、通期の売上高を従来予想の前期比3～4%増から4～5%増に引き上げた。

米コカ・コーラ株は21年末に比べ1割高い水準で推移する。22年4月25日に発表した1～3月期の純利益は前年同期比24%増。甘味料などのコスト高を値上げで吸収しながら、家庭向け・業務用ともにシェアを伸ばした。同社は50期以上連続で増配を続けている。

「世界情勢が不安定な今、安定的に株主還元をしている銘柄には資金が集まりやすい」（野村アセットマネジメントの石黒英之シニア・ストラテジスト）との指摘もある。

米国では原材料だけでなく賃金の上昇圧力も強い。米モルガン・スタンレーのエコノミストらの試算によると、米国の実質賃金が今後、労働生産性に追いつく形で上昇すれば、企業全体の税引き前利益率は10・7％と今より7・1ポイント減少するという。

もっとも大手は先手を打っている。コストコは21年10月に従業員の最低時給を17ドル（約2200円）に引き上げ人材獲得を図ってきた。「コストコ（の賃上げ率）は他を突き放しており、時給の一段の引き上げをせずにすむ」（モルガン・スタンレー）

環境が大きく変化する中で先行して策を打ち出す企業に、マネーが集まっている。

食料品の価格上昇
小麦・食用油・砂糖の高騰続く

食料品の価格上昇が続いている。総務省が2022年4月22日に発表した3月の全国消費者物価指数（ＣＰＩ、20年＝１００）では、食料指数が１０２・５と前年同月比３・4％上昇した。上昇率は16年11月以来5年4カ月ぶりの水準だ。

背景にあるのはウクライナ危機を契機とした国際的な供給不安と、円安による輸入コストの増大だ。食料品価格の上昇圧力は今後強まるとの見方が多く、中小の食品メーカーや外食、小売りなどの経営環境は厳しくなる可能性が大きい。

「（すべての）物価が本当に上がっている。頑張れるだけ頑張るが、値上げする時にはお願いします」。22年4月下旬、都内のある人気ラーメン店の店主が、ＳＮＳ（交流サイト）上でこう発言した。ラーメンに使う豚バラ肉や食用油、小麦粉などの食材が軒並み急騰しているためだ。

食料品の国際市況は2月から上昇ペースが強まっている。21年来、コロナ禍からの経済回復や海運市況の混乱で上昇傾向にあったが、ウクライナ危機を受けた供給不安で拍車がかかった。

影響が大きいのは食用油と小麦粉などの穀物だ。国連食糧農業機関（ＦＡＯ）のデータによると、22年3月時点で食用油価格はウクライナ危機が深刻化する前の1月比で34％、穀物は21％上昇した。

ともに原料主産地のウクライナからの供給懸念が強まったことが要因だ。トウモロコシ

ウクライナ危機で食料品は軒並み高
（国連食糧農業機関の価格指数）

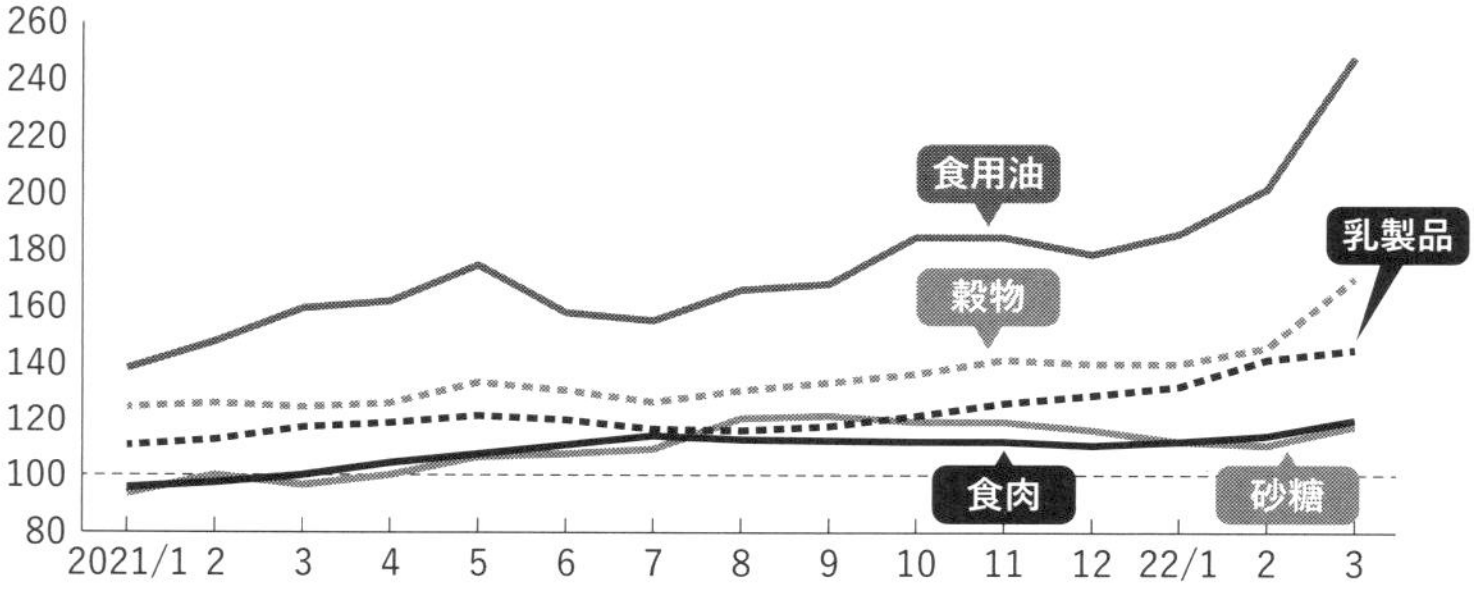

食用油→ひまわり油の主産地ウクライナで供給減少
穀物→穀倉地帯のウクライナからの供給減少
食肉、乳製品→飼料となる穀物価格がウクライナ危機で上昇
砂糖→原油価格高騰で産業用バイオエタノールの需要が拡大し原料の粗糖も上昇

出所：国連食糧農業機関（FAO)。2014〜16年を100

については、ウクライナの22〜23年度の生産が前年度比で半減するとの予想もある。

ウクライナ危機に伴う原油高も食料価格の先高観につながっている。ガソリン価格を抑えるために混入されるサトウキビやトウモロコシ由来のバイオエタノールの需要が高まっているためだ。供給懸念に加えて、需要も世界的に拡大する公算が大きく、価格がすぐに落ち着くとの見方は市場にはほとんどない。

小麦、トウモロコシ、高止まり予想

将来価格を反映する、期近と期先の価格を結んで描くフォワードカーブ（先物曲線）の形状に、そうした見方が表れている。トウモロコシや小麦の価格は23年春までほぼ横ばい圏で高止まりすると見込まれている。砂糖の原料となる粗糖では、23年春までむしろじり高となると市場は予想している。

日本では国際相場の上昇に加え、日米の金融政策の違いを起因とした円安が、食料品価格の上昇圧力として加わる。QUICKと日経ヴェリタスが実施した22年4月の市場関係者調査によると、現在の円安が日本経済に与える影響について「マイナス」と答えた人の割合は約半数の51％を占めた。円安による輸入コストの増加が懸念されているためだ。

20年度の日本の食料自給率はカロリーベースで37％と、欧米先進国の中でも低い。19年度比で1ポイント低下するなど、ここ数年はわずかだが下落基調が続いており、本格的に上向く兆候はない。特に穀物を主原料とする飼料の自給率はわずか25％にとどまる。円安と国際市況の高止まりが続けば、食肉や乳製品の価格にも上昇圧力が加わることになる。

今後の食料価格の上昇をにらみ、一段の値上げを見込む企業も出てきた。

日清オイリオは「産地の供給不安にエネルギーコストの上昇や円安傾向が重なっている。先高観は否めない」と話す。同社はここ1年間で5回にわたって食用油の値上げを打ち出している。他社でも値上げは相次いでおり、夏に一段と進むとの見方も多い。

もっとも、値上げを推し進められるのは一部の大企業にほぼ限られる。一橋大学の野口悠紀雄名誉教授は、消費者物価指数などから「現状では輸入コストの上昇分の半分しか、企業は価格に転嫁できていない計算だ」とはじく。

経営環境の厳しさが増す中、ブランド力などを武器とした価格転嫁力がさらに企業に問われることとなりそうだ。

インタビュー 「ファンを作る戦略」を評価

平川康彦氏◆楽天投信投資顧問第二運用部長

2022年初からポートフォリオ内で内需株の比率を高めている。従来はハイテク株のウエートが高かった。グローバルの設備投資の伸び率が鈍化してきたタイミングで、内需株シフトを始めた。

ただ、人件費や物流費、資源価格が大きく上昇する中で、企業がどこまでコストをコントロールできるのかは予測しづらい。内需株の中でも損益分岐点が低めのものを選ぶ必要がある。

特に消費関連株はコロナ禍からの反動で売上高がどこまで回復するかも見通しにくく、コストだけが上がっていく可能性もある。損益分岐点に加えて注目しているのが価格支配力だ。今のように外部の変動要因が大きい状況では、価格支配力を持ち収益の変動を抑えられる企業は選好されやすい。

重視しているのが消費者に対し価格に見合った「価値（＝満足）」を提供できているかだ。

例えばネットで馬券を買える「在宅投票システム」を導入した東京都競馬がある。馬券売り場や地方の競馬場などに出向かなくてもよくするなど利便性を高めることで、全国のファンの需要を取り込むことに成功しつつある。

日本は欧米と異なり、コスト高をそのまま売値に反映しにくい。結局、顧客に受け入れられる一部値上げにとどまり、売り手と買い手の両者で痛み分けになる構図が続いてきた。

こうした利益率を上げられない構造から脱出し、値上げを打ち出せている銘柄にスノーピークがある。キャンプ道具を売るだけでなく自然とのふれあいをトータルライフとして提供することで、高価格帯でも多くのファンをつかめている点が評価できる。

インタビュー

トップラインの重要性増す

河野祥氏◆ゴールドマン・サックス証券投資調査部長

今でもデフレのイメージが強い日本だが、小売企業の客単価指数を見ると2005年度から19年度までに15%上昇している。もちろん、上昇率は欧米などに比べれば小さい。それでも商品に新機能を付けたり、仕様を変更したりするなどの企業努力を重ね、顧客離れにつながりやすい純粋な値上げを避けながら、企業は価格転嫁してきた歴史がある。

だが、足元のコスト上昇スピードは過去20年間でも異例だ。消費者の理解が進んで企業も値上げを打ち出しやすくなっており、（食品に続き）アパレル企業でも22年の秋冬物から値段が変わってくるだろう。

それでもコスト高に価格転嫁が追いつかない可能性はある。国内の人口が減り新規出店の余地も狭まる中、トップライン（売上高）を伸ばすための戦略の重要性が増している。海外に積極的に進出している企業には期待が持てる。海外は日本よりもインフレに慣れている面があり、価格改定が通りやすい。

例えば、アパレルの中でもスポーツ用品ブランドは欧米など海外での売上高比率が高い。新型コロナウイルス禍で世界のスポーツ参加人口が増加しており、需要拡大を取り込めるとの期待も持てる。

最近ではドラッグストアなどで業界再編が進んでいるが、日本の小売りはサブセクターの寡占度がまだまだ低い。米アマゾン・ドット・コムのような企業がない一方で、ZOZOやMonotaROのような専門性のある電子商取引（EC）企業が成長しているのも特徴的だ。そういったニッチな分野でシェアを拡大していける企業を発掘するのも手だ。

（2022年5月1日掲載）

ガソリン価格、どこまで上がる？

ガソリン価格が上昇している。ロシアによるウクライナ侵攻などで、原料の原油価格が高騰したことが主な要因だ。

政府は価格上昇を抑えるために補助金を支給しているが、店頭価格は高止まりしたままで、さらなる対策を迫られそうだ。

スタンドの減少に伴う販売競争の沈静といった要因もあり、ガソリン高は長期化しそう。ドライバーも対応が必要となる。

「補助金が支払われているのなら、もっと値下げできないの」。2022年3月、東京都内のガソリンスタンドの店長は、ドライバーの質問に困惑した。店長は「補助金をもらっているのはスタンドではないのに」と嘆く。

政府はガソリンや灯油といった石油製品の価格急騰を防ぐ「激変緩和措置」を22年1月末から発動している。ＥＮＥＯＳや出光興産、コスモ石油など元売りや輸入会社の石油関連企業29社に対し、補助金を支給している。補助金は最大1リットル25円で、3月中旬には一時この上限に達した。

補助金出てもまだ高値

補助金で店頭価格が必ず下がるとの誤解が生まれがちだが、補助金は原油価格の上昇分に対して石油関連企業に支給される仕組みだ。元売りなどは支給された補助金を差し引いてスタンドにガソリンを卸すため、理論的には値下げ効果があるはず。だが、スタンドがすでに赤字や極端な薄利で販売している場合、卸値の下落分がその穴埋めに充てられ、店頭価格は下がらないケースもある。

資源エネルギー庁によれば、レギュラーガソリンの店頭価格（全国平均、22年3月22日時点）は1リットル174・6円。前週よりわずかに下がったものの、なお08年以来の高値圏で推移する。

ただ、原油の調達コストの上昇を踏まえれば、補助金がなかった場合、1リットル197・1円前後になっていたと経済産業省はみている。08年に付けた過去最高値（185・1円）を大幅に上回る水準だ。こうした状況を受け、ガソリン税（53・8円）のうち、25・1円を一時的に下げる「トリガー条項」の発動も取り沙汰されている。

ガソリン高を生んだ主因は原油価格の高騰だ。新型コロナウイルス禍からの世界的な経済回復や産油国による協調減産、ロシアによるウクライナ侵攻などが重なり、国際指標となる米原油市場のWTI（ウエスト・テキサス・インターミディエート）先物（期近）は足元で1バレル115ドル前後と前年同期の2倍近い水準で推移する。22年3月上旬には同130ドルを超え、13年半ぶりの高値を付けた。

ただ、ガソリン高の背景には原油高以外の構造要因も潜む。1つ目がガソリンスタンド数の減少だ。ピークの1994年度末には6万421カ所あったが、20年度末には半分以下の2万9005カ所に減少した。後継者の不在や施設の老朽化で、20年度は734のスタンドが廃業した。新設されたスタンドは102にとどまり、632の純減となった。

かつては販売増を狙うスタンドが密集する「激戦区」を中心に、値下げ競争が激しい時期があった。ただ、足元ではスタンドの減少で値下げ競争は沈静化し、価格が下がりにくくなっている。

自動車の燃費の向上や人口減などで、ガソリン需要は構造的に減少している。経済産業省の見通しによれば、25年度には21年度と比べてさらに1割ほど需要が落ち込む。都内のスタンドの経営者は「利幅を削って量を増やすという戦略はもう通用しない。周辺の価格を見ながら、一定の利益を確保しないと経営が成り立たない」と話す。

元売りも寡占進む

2つ目は元売りの相次ぐ再編で、安値で流通していた「スポット（業者間転売）」のガソリンが激減したことだ。かつては元売りが余ったガソリンをスポットで販売し、これを仕入れた独立系スタンドが安値で販売していた。対抗上、一部の元売り系列のスタンドもスポットでガソリンを調達していた。

ただ、今は業界全体的に寡占化が進んだ結果、スポットに頼っていた独立系の勢力が弱まり、系列でも「元売りに逆らわずに良好な関係を維持しようとするスタンドが増えた」

（エネルギー商社）という。

東京商品取引所が運営する石油製品のスポット市場は22年3月末をもって運用の休止が決まった。割安なスポット取引の減少は、店頭価格を間接的に押し上げている。

それではガソリン価格は今後も上がり続けるのか。大きな影響を与えそうなのは、外国為替市場で急激に進む円安・ドル高だ。円建てで見た原油の調達コストが上昇するため、関係者の間では「ガソリン価格は当面高止まりしそうだ」（三菱ＵＦＪリサーチ＆コンサルティングの芥田知至主任研究員）との予想が多い。

政府が価格を押し下げる有効策としては「ガソリン税を下げるトリガー条項の発動しかない」との指摘も出ている。ただ、自民、公明、国民民主の3党が議論を始めた段階で、仮に実現するとしてもかなり先の話だ。ガソリン高は当面解消されそうにない。

コラム

ガソリン高を投資の好機とみるなら、先物や関連株

ガソリン高の局面では、どのような投資が有効なのか――。日本取引所グループ（JPX）の東京商品取引所ではガソリン先物が上場されており、個人投資家でも取引に参加できる。先高と考えるなら、買い注文を入れることになる。

ただ、少額の証拠金で高額の取引をするハイリスク・ハイリターンの投資であることには注意が必要だ。最近は流動性が低下し、売買が成立しにくいという問題もある。

より一般的なのは、油田の開発や操業、出資をしている石油開発関連企業への投資だ。「ガソリン高の裏には原油価格の上昇があり、石油開発関連企業はその追い風を受けやすい」（三菱UFJモルガン・スタンレー証券の荻野零児シニアアナリスト）。具体的には、INPEXや石油資源開発などの銘柄だ。

石油元売りも候補に挙がる。原油価格が上がれば、在庫評価益が膨らみやすい。油田開発にも関与するENEOSホールディングスやコスモエネルギーホールディングスは原油価格との感応度が高いようだ。ただ、「足元の原油相場のように急速に上昇している場合は精製マージンが圧迫されて、損益が悪化している可能性がある」（伊藤

リサーチ・アンド・アドバイザリーの伊藤敏憲代表）との指摘もある。

原油価格上昇につれて、天然ガスや石炭などエネルギー全体が値上がりしている局面では、「エネルギー分野に強みを持ち、一部で権益などを持つ商社も投資候補に挙がる」（楽天証券経済研究所の吉田哲コモディティアナリスト）。三菱商事などの大手総合商社が代表例で、石炭商社の三井松島ホールディングスは石炭価格と連動して動きやすいようだ。

国内でガソリンスタンドを運営する企業の中では、日新商事やシナネンホールディングス、伊藤忠エネクスなどが上場している。ただ、ガソリン高は今のところ業績の追い風となっていない。仕入れ値の上昇を店頭価格へ十分に転嫁できていない上、「ガソリン高は自動車の利用手控えにつながり、販売量が減少する懸念がある」（国内証券）ためだ。

その意味では、ガソリン高は自動車メーカー株にとっても悪材料のはず。だが、市場関係者の間では「日本の自動車は燃費が良いことが強みのため、相対的には追い風になる」（岡三証券の松本史雄チーフストラテジスト）との声が出ていた。

（2022年3月27日掲載）

第3章 インフレファイター

ロイター／iStock

中央銀行VS.インフレ　世界に広がる利上げ

「軟着陸は十分可能だ」。２０２２年５月４日、米連邦公開市場委員会（ＦＯＭＣ）終了後に開いた記者会見で米連邦準備理事会（ＦＲＢ）のパウエル議長はこう強調し、景気後退の回避とインフレ抑制の両立に自信を示した。

ＦＲＢは同日、22年ぶりとなる０・５％の利上げと米国債などの保有資産を圧縮する量的引き締め（ＱＴ）を決定。会見では今後２回のＦＯＭＣで０・５％ずつ利上げすることも示唆した。

金融引き締めのペースを速めるのは、歴史的な高インフレを抑え込むためだ。22年４月の米消費者物価指数（ＣＰＩ）は前年同月比で８・３％、前月比で０・６％上がった。新型コロナウイルス禍による供給制約の長期化にロシアのウクライナ侵攻に伴う資源価格の高騰が重なり、上昇に歯止めがかからない。

ダウは年初来安値

市場はパウエル氏が示す軟着陸シナリオに懐疑的だ。過度な金融引き締めが景気を冷やす「オーバーキル」への懸念が拭いきれず、株式相場は不安定な動きを続けている。ダウ工業株30種平均は22年5月12日まで6営業日続落し、年初来安値を連日更新。年初からの下げ幅は13％に達した。ナスダック総合株価指数はさらに不安定で、同27％下落した。米長期金利が一時3％を超え、割高感からＰＥＲ（株価収益率）の高いテック株への売りが膨らんでいる。

米大手運用会社ヌビーンのストラテジスト、ブライアン・ニック氏は「経済の先行きは極めて不確実で、資産運用はディフェンシブにならざるを得ない」と指摘する。

インフレ抑制と成長持続という二律背反する難題に苦闘するのはＦＲＢだけではない。22年5月5日、政策金利を0・25％引き上げて年1％にした英イングランド銀行（中央銀行）。併せて公表した成長率見通しを下方修正し、23年の実質国内総生産（ＧＤＰ）は前年比0・25％減と、マイナス成長に陥るとした。

欧州が直面する難題はエネルギー価格の高騰だ。石油や天然ガスで脱ロシア依存を進めれば、負担が増大して市民の生活に影響が出ることは避けられない。エネルギーを自給できる米国と比べ、物価高騰と景気後退が併存するスタグフレーションに陥るリスクははるかに高い。

22年4月のユーロ圏の消費者物価指数（速報値）は前年同月比で7・5％上昇し、統計で遡れる1997年以降で最高を更新した。市場では欧州中央銀行（ECB）が2022年夏にも利上げに踏み切るとの観測が浮上する。

世界的なインフレの波は日本にも及んでいる。2022年4月の東京都区部の消費者物価指数は前年同月比1・9％上昇し、約7年ぶりの高い伸びとなった。エネルギーや食料品の価格上昇のほか、携帯電話の通信料の押し下げ効果が薄れたことが影響した。

政府・日銀が掲げる2％の物価目標に到達する可能性が高まっているが、日銀は大規模な金融緩和を続ける姿勢を崩していない。だが、利上げに動く米国との金融政策の違いは金利差拡大の観測を強め、急速な円安・ドル高の一因となっている。その円安が輸入物価をさらに押し上げる中で、日銀も市場から利上げの風圧を受けている。

「強行着陸」の歴史

1980年代にFRB議長としてインフレ対策に奔走した故ポール・ボルカー氏。今でこそ評価されているが、当時は急速な利上げが景気後退を招き、強い批判を浴びた。パウエル氏は2022年5月4日の会見でボルカー氏について「大変尊敬している。彼は正しいと思ったことを実行する勇気があった」と語った。だが、少子高齢化などの影響で先進国の潜在成長率は低下傾向にある。世界経済が当時と比較して脆弱である可能性は否定できない。

パウエル氏が行き着くのは軟着陸か強行着陸か。そして世界各国のセントラルバンカーたちは、コロナとウクライナ危機による予想外のインフレとどう闘うのか。市場は闘いの行く末を固唾をのんで見守っている。

利上げ急ぐ米ＦＲＢ 市場に「出遅れ説」、信認低下に危機感

米連邦準備理事会（ＦＲＢ）は景気後退を回避しつつ、インフレを抑制するという難題に挑んでいる。パウエル議長は「ソフトランディング（軟着陸）」に自信を示すが、歴史的にみて成功した事例はほとんどない。物価上昇に政策対応が遅れる「ビハインド・ザ・カーブ」なのではーー。株式市場ではＦＲＢの政策失敗リスクを警戒し、不安定な値動きが続く。

２０２２年５月６日、米西部カリフォルニア州スタンフォードで開かれた米フーバー研究所の金融政策会議。利上げに積極的な「タカ派」の代表格、ウォラーＦＲＢ理事が登壇

し、市場関係者の間で根強い「出遅れ説」に公の場で反論した。ＦＲＢは金融政策の見通しを示す「フォワードガイダンス」を介して、実質的に21年9月から金融引き締めに着手したと主張する。

ウォラー理事によるとＦＲＢのガイダンスで、政策金利を反映しやすい2年物国債の利回りは21年9月下旬の約０・２５％から、12月下旬に０・７５％に引き上げられたという。通常ペースの利上げ（０・２５％）の2回分に相当する。21年9月に事実上引き締めが始まっているとすれば、「我々がどれだけ遅れていた可能性があるというのだ」。ウォラー氏は聴衆にこう問いかけた。

ウォラー理事があえて反論したのは、ＦＲＢに対する信認の低下を強く警戒していることの裏返しといえる。ＦＲＢが物価高を抑制できないとの見方が国民の間で広がると、期待インフレ率が上昇し、一段とインフレ退治が難しくなる。22年5月4日の米連邦公開市場委員会（ＦＯＭＣ）後の記者会見で、パウエル議長が国民向けにインフレ抑止に強い決意を示したのも同じ理由からだ。

ＦＲＢへの信認揺らぐ

ＦＲＢに対する信認はすでに揺らいでいる。パウエルＦＲＢ議長は21年夏、インフレ圧力は一時的だと強調していたが、あとになって「一時的」との評価を取り下げたからだ。パウエル氏は22年1月、マクロ環境に応じて「謙虚かつ機敏」に政策を変更する方針を示した。これ以上の信認低下は許されない。

ＦＲＢは22年5月4日のＦＯＭＣで通常の倍になる0・5％の利上げと、国債などの保有資産を減らす量的引き締め（ＱＴ）の6月開始を決めた。焦点はソフトランディングの実現性だ。パウエル議長は記者会見で今後数回の「0・5％利上げ」を予告したほか、景気を加速させたり、冷やしたりさせない金利水準（中立金利）を上回る利上げを示唆した。

ＦＯＭＣメンバーが想定する中立金利は2～3％とされる。米金利先物の値動きから金融政策を予想する「Ｆｅｄウオッチ」によると、22年12月時点で政策金利が2・75％以上になる確率は50％を超える。23年半ばには3％を超える確率が70％に達する。早ければ22年内にも政策金利が中立金利を上回る可能性があるわけだ。

中立金利の正確な位置を見極めるのは難しく、政策金利の引き上げが進むにつれて「行きすぎた利上げ」になるリスクは高まる。22年5月2日、ミルケン研究所主催のカンファレンスに登壇した米運用会社グッゲンハイム・パートナーズのスコット・マイナード最高投資責任者（ＣＩＯ）は「米国では景気後退を招かずにインフレ率を2％以上引き下げられたことはない」と述べた。

主要国・地域の政策金利

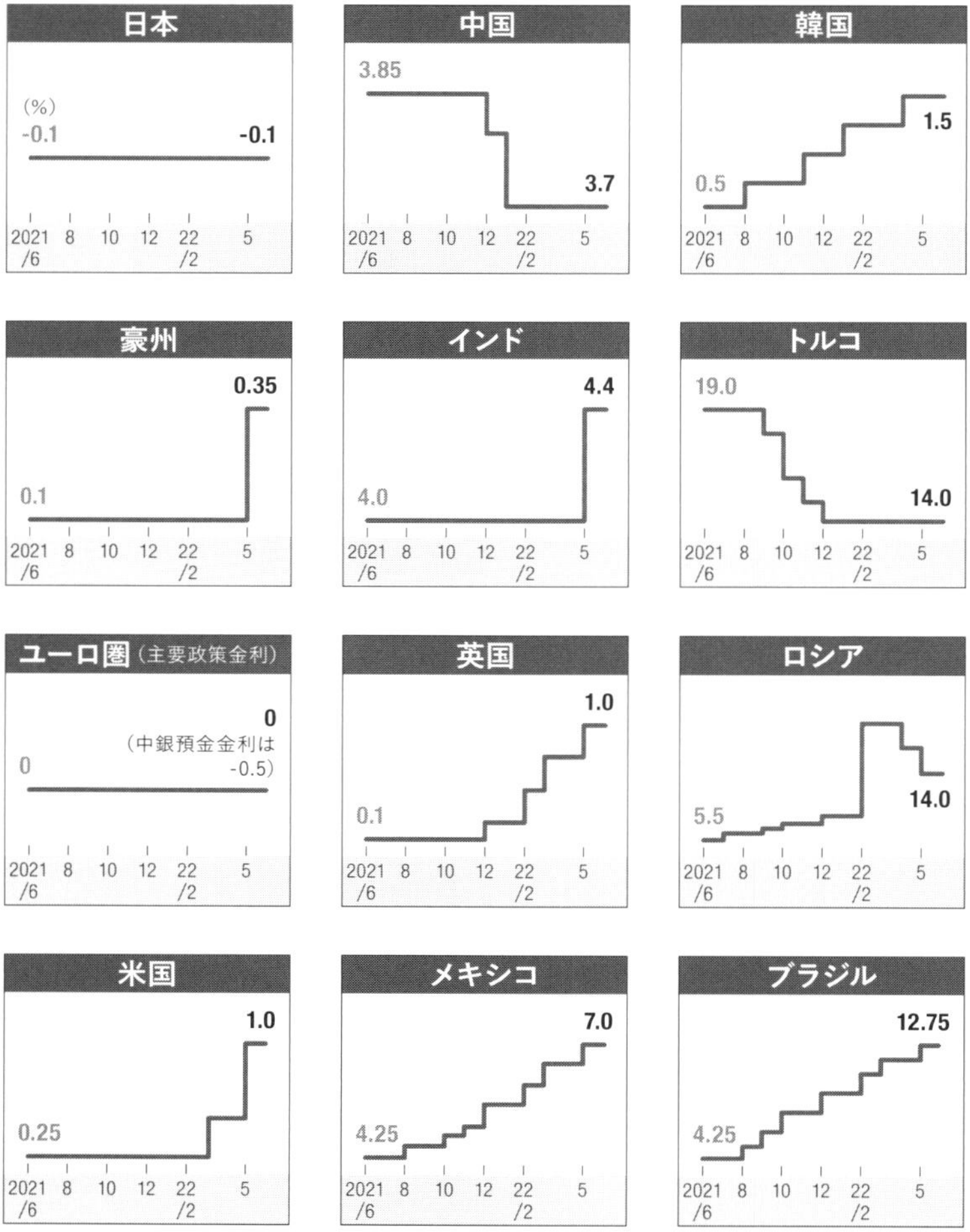

出所：国際決済銀行（BIS）、各中央銀行ウェブサイトなど

景気後退回避のシナリオ

現時点で不況シナリオは市場のコンセンサス（共通見解）になっていない。米モルガン・スタンレーは22年5月8日のメモで基本ケースを「景気後退回避」とした。ＦＲＢはインフレ抑止のために経済成長を減速させようとしているが、行きすぎの兆候が見られれば「直ちに方向転換する」と予想する。

モルガンが想定する「景気後退ケース」とは、ＦＲＢによる金融引き締めが前倒しされた上に、欧州経済の縮小が波及する場合という。米国野村証券のエコノミスト、雨宮愛知氏も24年までに米国が景気後退に陥る確率を４割程度としつつ、基本シナリオは不況回避とみている。

景気後退回避のシナリオはＦＲＢへの信認が基になっている。インフレ高進が想定以上に長引けば、ＦＲＢが物価の安定に失敗するリスクが高まる。景気後退確率が上昇すれば、市場は不安定にならざるを得ない。

22年5月6日公表の4月の雇用統計は、市場にとって悩ましい内容だった。労働参加率が3月の62・4％から62・2％に低下したからだ。賃金の上昇によって参加率の上昇が見込まれたが、逆の動きとなった。労働需給が緩み、賃金上昇も鈍るというＦＲＢのシナリオは崩れかけており、インフレ抑止に楽観的な見方は持ちにくい。

「パウエル氏とFRBには物価安定に取り組む機会を与えるべきだ」。著名投資家ウォーレン・バフェット氏は22年4月30日、バークシャー・ハザウェイの株主総会でこう発言した。FRB批判を展開する専門家を念頭に、新型コロナウイルスの感染拡大初期に大胆な金融緩和を導入し、米経済を救った実績を忘れていると指摘する。もっともバフェット氏ほど忍耐強い投資家は少ないのも事実だ。

欧州は英が利上げ先行、ECBも追随へ

インフレ加速、景気悪化でスタグフレーションも

世界的な金融引き締めの動きは欧州にも広がる。先行する英イングランド銀行（中央銀行）は2022年5月5日、政策金利を1％と約13年ぶりの水準に引き上げた。マイナス金利政策を導入してきた欧州中央銀行（ECB）も量的緩和策の縮小に動き、早ければ22年7月の利上げが視野に入る。ロシアからの輸入が多い欧州は、資源高による想定外のイ

ンフレの直撃を受けているためだ。ただ、米国ほど景気に強さはなく、難しい判断を迫られている。

「低所得者ほど生活必需品の値上がりで最も大きな打撃を受ける」。22年5月5日、イングランド銀のベイリー総裁は記者会見でインフレ抑制に意欲を示した。今回、0・25%の利上げで政策金利は1%と米金融危機直後の09年3月以来の高水準になる。積極的な量的引き締め（QT）を視野に入れ、量的緩和策の一環で買い入れてきた債券の売却の検討にも着手した。

ＥＣＢの金融政策も焦点は利上げに移る。量的緩和策を段階的に縮小しており、最短で22年7月の利上げが視野に入ってきた。ＪＰモルガンは利上げ時期の見通しを従来の9月から7月に前倒しした。23年には4回の利上げまで想定する。実際、ＥＣＢ幹部からも「7月の利上げはあり得る」（シュナーベル専務理事）との声が出始めており、マイナス金利政策の解除の足音は確実に近づいている。

両中銀を突き動かすのは想定外のインフレだ。消費者物価の上昇率は英国で7・0%、ユーロ圏で7・5%に達する。特にユーロ圏は6カ月連続で過去最高を更新しており、米ゴールドマン・サックスは22年9月に9・0%まで上昇すると想定する。失業率も過去最低の水準まで改善しており、賃上げの動きが広がれば物価上昇に拍車がかかる。

ＥＣＢの利上げで前提となる量的緩和策の終了を巡っては「22年6月末に可能」（シュナーベル氏）との見方が出ている。22年4月の理事会では声明文に「7～9月期に終える見通しが強まった」と明記していたが、ＥＣＢの想定を超えるインフレが進み、金融引き締めを前倒しする必要に迫られている。

もっとも、拙速な利上げはリスクを伴う。欧州はドイツを筆頭にロシアに天然資源の輸入を頼る。資源価格の高騰が続く中、欧州連合（ＥＵ）がロシア産石油の禁輸に動くことが「22年後半からユーロ圏経済の重荷になる」（モルガン・スタンレーのイェンス・アイゼンシュミット氏）。英イングランド銀も利上げを進める一方で景気悪化の予測を示しており、「スタグフレーション」という悪夢が現実味を帯び始めている。

中南米、利上げ先手も物価上昇止まらず

ブラジルは10回連続実施、新興国全体の問題に

中南米では世界的なエネルギー価格の上昇に、天候不順による農作物の不作などが重な

り、インフレが加速している。2021年前半以降、各国の中央銀行は連続利上げに動いてきたが、インフレに歯止めがかからない。先手を打って利上げを進めた成果もあって、22年初まで各国の通貨は比較的安定していた。だが、米国が利上げペースを加速したことで対ドルで弱含んでおり、通貨安によるインフレ加速の懸念も膨らんでいる。

ブラジル中央銀行は22年5月4日、政策金利を1%引き上げて12・75%にすると決めた。利上げは10会合連続で、政策金利は17年2月以来の高水準となった。21年3月からの今回の局面での上げ幅の合計は既に10・75%に達している。

だがインフレは収まるどころか、加速している。22年4月の消費者物価指数は前年同月比で12・13%上昇した。前月比の上昇率は1・06%と、4月としては1996年以来の上昇率だ。

スーパーでタマネギの奪い合い

ブラジルの首都ブラジリアのスーパーで2022年5月1日、タマネギの奪い合いが起きた。買い物客が売り場に殺到し、買い物用カートに競ってタマネギを積み上げる様子が現地の有力ニュースサイトで報じられた。

タマネギは値上がりが目立つ食品の一つ。干ばつの影響もあって1年で1割以上も値上

ブラジルではタマネギの価格上昇が目立つ（サンパウロ）

がりしている。この日は1キロ0・99レアル（26円）と、通常の2割程度の特売価格。食品で軒並みインフレが加速する中、少しでも安く買いたいという市民の関心を集めたニュースだった。

国連食糧農業機関（FAO）が22年5月6日に発表した4月の食料価格指数は前年同月比で約3割上昇した。食料高などに対応するため、中南米ではこのほか5月12日にメキシコが8会合、ペルーが10会合続けての利上げを決めた。

金融引き締めに動いている新興国は中南米だけではない。食料品の価格上昇に苦しむエジプトや南アフリカ、ウクライナ危機の余波で債務問題が深刻化したスリランカ、ウクライナの隣国で地政学リスクが高まっているハンガリーといった国も利上げを実施。5月4日には引き締めに慎重だったインドが方針を転換し、緊急利上げに踏み切った。

ブラジル中銀は5月4日に公表した声明で「新興国は不確実性やボラティリティー（変

動率）が増大している」と指摘した。米国が利上げのペースを加速したことに対する懸念は、多くの新興国が共有している。

逆張り中国、景気下支えへ金融緩和

世界各国が物価高に対応して利上げ局面に入る中、中国は逆に金融緩和を強化している。２０２１年秋から停滞していた景気が、新型コロナウイルスを徹底して抑え込む「ゼロコロナ規制」でさらに失速しているためだ。22年４月に市中銀行から強制的に預かるお金の比率を示す「預金準備率」を引き下げたのに続き、５月20日に４カ月ぶりの利下げに踏み切るとの予想も多い。

モルガン・スタンレーは「中国の22年４～６月の実質国内総生産（ＧＤＰ）は季節調整済み前期比で０・５％減る」と予測する。前期比でマイナスなら、中国経済が初めて新型コロナの打撃を受けた20年１～３月以来だ。最大経済都市の上海市が22年３月末から１カ月以上続ける事実上の都市封鎖（ロックダウン）が景気の足を引っ張る。

中国人民銀行（中央銀行）は景気の下支えに追われる。22年4月25日から預金準備率を0・25～0・5ポイント引き下げた。市中銀行が人民銀に預けるお金を減らし、貸し出しを促す。

さらに大手行などが4月下旬から定期預金の金利を下げた。人民銀の指導を受け、銀行の業界団体が金利を引き下げるよう各行に促したためだ。準備率の低下と同様に銀行のコストを減らす効果がある。「人民銀は銀行のコストを下げた上で、5月にも利下げする」とみる市場関係者も多い。

中国は最優遇貸出金利（LPR、ローンプライムレート）を事実上の政策金利と位置づける。毎月20日前後に公表している。利下げが実施されれば22年1月以来だ。経済の失速に対して金融緩和への期待は高まるが、その副作用も懸念されている。

人民元はドルに対して22年4月半ばから6％超下がり、約1年半ぶりの安値を付けた。中国の長期金利の指標となる10年物国債の利回りが同米国債を下回ることが増え、利回り面の優位性が消えた。主要国と逆張りの金融緩和で、元安とともに資金流出のリスクも高まる。

実際、21年末まで景気押し上げのために利下げを繰り返したトルコは、通貨安と資金流出に見舞われて経済が混乱した。年明け後は利下げを停止している。

日銀、金利上昇の抑え込みに躍起 緩和を続ける3つの事情

日銀、「指し値オペ」を連日実施

インフレと闘うために金融引き締めに舵《かじ》を切った世界各国の中央銀行と異なり、日銀は長期金利の上昇をなりふり構わぬ姿勢で抑え込んでいる。国内経済が新型コロナウイルスの感染拡大前の水準まで回復していないのが最大の要因だが、金利上昇を許さない日銀の姿勢が円安を呼び、家計の負担を重くするジレンマを生んでいる。

「日銀はここまでやるのかと驚いた」。2022年4月28日の日銀の金融政策決定会合後、市場関係者にどよめきが起きた。決まった利回りで長期国債を無制限に買い入れる「連続指し値オペ（公開市場操作）」を原則として毎営業日実施するという新たな方針を日銀が発表したためだ。

「指し値オペ」は国債を固定利回りで無制限に買い入れる制度で、日銀は21年3月、それを複数日にわたって連続で実施できるようにした。日銀幹部が当時「伝家の宝刀だ」と称していたように、債券市場で金利の上昇圧力が高まった時に発動すると市場は受け止めて

いた。

その「宝刀」を毎日抜くと決めた理由について、黒田東彦総裁は記者会見で「指し値オペ実施の有無から日銀の政策スタンスを推し量ろうとする動きがみられた」と語った。「そうした憶測を払拭して日銀のスタンスを明確にすることが市場の不安定性を減じる」と強調した。

だが、米連邦準備理事会（ＦＲＢ）が今後も利上げを続けるのは確実で、日銀が金利上昇を抑え込む姿勢を強調すればするほど、日米の金利差拡大を材料にした円売り・ドル買いが膨らむ。「指し値オペの毎営業日実施後、円安・ドル高が進みやすくなっている」（ＢＮＰパリバ証券の河野龍太郎チーフエコノミスト）といい、外為市場はむしろ不安定になっている。

一方、エネルギーや穀物など国際商品価格の上昇で輸入企業や家計の負担は高まっており、政府は急速な円安がその負担を増すことを警戒している。政府がガソリン補助金の拡充などの物価高対策に注力する傍らで、日銀が円安を加速させているとしたら何とも間が悪い。

日銀は指し値オペで長期金利上昇を抑えてきた

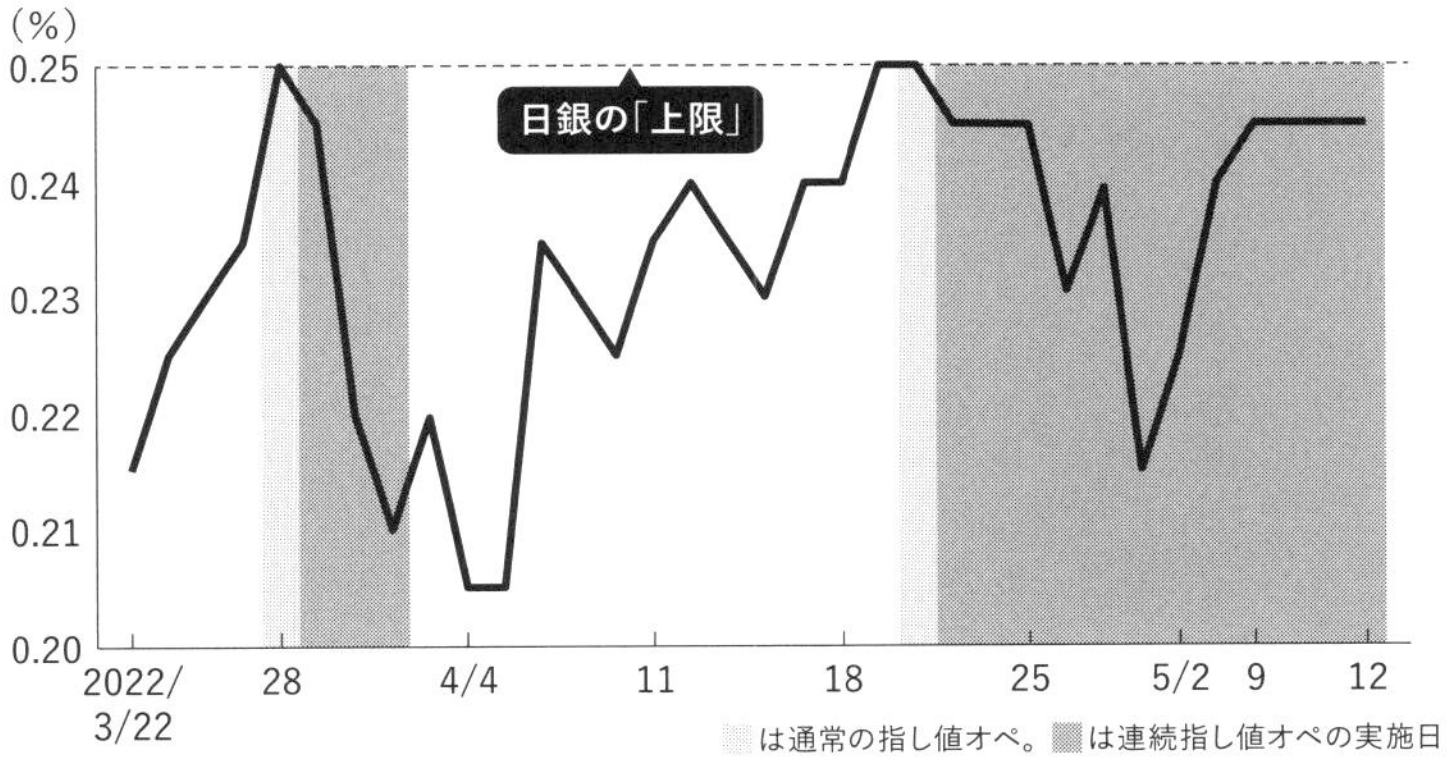

コロナ前の水準に回復せず

日銀が金利上昇の抑え込みに必死なのは、22年3月の消費者物価指数（ＣＰＩ）の上昇率が前年同月比０・８％にとどまり、「日本経済はコロナ前の水準を回復しておらず、回復途上にある」（黒田総裁）のが理由だ。東京都区部のＣＰＩは4月に同１・９％上昇したが、日銀は全国の指数が安定的に２％で推移する状況にはないとみている。政策変更が景気の腰を折るようなことになれば激しく批判されかねないだけに、その判断は慎重だ。

政府側にも事情はある。コロナ禍で政府の財政支出は膨らみ、国債発行残高は１０００兆円規模と13年の黒田総裁の就任以降、１・３倍に増えた。にもかかわらず利払い費が年間8兆円程度とほぼ横ばいに抑えられているのは、金利が低位にとどまっていたためだ。日銀が金利上昇を容認すれば、財政負担は確実に増す。政府としては円安は困るが、金利上昇はもっと困る事態で、安易に日銀に金利上昇を促すわけにもいかない。

政治的な事情もある。金融緩和を軸とした経済政策「アベノミクス」を進めた安倍晋三元首相は現在、自民党最大派閥を率いる。金利上昇を容認することは、アベノミクスの否定と受け止められかねない。22年夏の参院選を前に、安倍氏と微妙な関係にある岸田文雄首相がそのリスクをとる可能性は低そうだ。

3つの事情が絡み合い、動くに動けない日銀。今日も短期金利をマイナスに沈め、指し値オペで長期金利の上昇を抑え込み続ける。

インタビュー

米利上げペース、労働市場がカギ

ブライアン・ニック氏◆米ヌビーンチーフ投資ストラテジスト

米連邦準備理事会（FRB）が2022年5月に0・5％の利上げを行い、6月と7月に0・5%ずつ利上げすることまでは想定内だ。そこからの利上げ幅が再び0・5%になるのか、0・75%などもっと大きな幅になるかはその時点のインフレ率による。

インフレが緩やかになるかどうかは労働市場の状況次第だ。賃金の上昇が3~4%にとどまれば、インフレ率の伸びも緩やかになり、2・5~3%までの利上げで収まるだろう。逆に夏以降も労働市場が過熱したままだとインフレ率が高止まりし、3・5~4%まで利上げを進めざるを得ない。足元の長期金利の上昇はそれを意識している。FRBは金融引き締めの効果を見極めている段階で、今後の利上げペースを明確には決めていない。だが、市場がその先を読んでいるような状況だ。

22年1~3月期に米国の実質成長率は年率1・4%のマイナスとなったが、経済の実態は数字よりもはるかに強いとみている。国内総生産(GDP)の内訳を見ると、個人消費や企業の設備投資といった主要な構成要素は強い一方で、貿易や在庫の状況が足を引っ張っている。家計部門は潤沢な貯蓄を持っており、パウエル議長が記者会見で述べた通り、バランスシートは健全だ。22年の成長率は年率2・5~3%になると予想している。

米経済は良好とみているが、景気後退や深刻なスローダウンにならないとしても、先行きは極めて不確実な状況だ。資産運用はディフェンシブにならざるを得ない。

顧客には、信用格付けの高い債券やキャッシュフローが潤沢な銘柄の株式を組み入れるよう助言している。穀物価格の高騰の悪影響が大きい新興国に対する見方は弱気だ。米国に比べてエネルギーリスクに弱い欧州についても、年初より見方を引き下げている。銀行業など金融セクターは、利上げによって利回り曲線が立ってきて、当然恩恵を受ける。ボラティリティー（変動率）が高い相場環境もトレーディング収益にプラスにはたらくだろう。

インタビュー
日銀は柔軟な政策運営を

早川英男氏◆東京財団政策研究所主任研究員

日本でも消費者物価指数（CPI）の前年比上昇率は早期に2％に達するだろう。ただ、歴史的な高インフレと対峙する欧米と異なるのは、日本の物価上昇は持続的でないとみられることだ。その背景は賃金動向の違いにある。人手不足が深刻な米国などと違い日本は賃金が上昇しておらず、原材料高を背景としたインフレは持続しない。

インフレに対抗する目的で金融政策の引き締めに舵を切る欧米の中央銀行と異なり、金融緩和を継続するという日銀の方向性は理解できる。問題はその手法だ。日銀はかたくななままでに長期金利の変動幅を守り、無制限に国債を買い入れる「連続指し値オペ」を毎営業日実施することにした。この方針を発表した後に円相場は一時1ドル＝131円台まで下落した。現状は日銀の金融政策を材料に、ファンダメンタルズ（経済の基礎的条件）から乖離《かいり》した円安が起きていると言わざるを得ない。

長年にわたって企業活動の海外へのシフトが進み、かつてのように円安が日本経済にプラスの効果があると明確に言えなくなった。「悪い円安」論を強調するつもりはないが、なぜ日銀がこれほどまでに0・25％という「上限」にこだわるのか理解ができない。

政府が物価高対策を打ち出す一方、日銀が現状のイールドカーブ・コントロール（長短金利操作、ＹＣＣ）にこだわって円安を加速させるのは政策的にもバランスを欠く。一度は大幅に減らしていた長期国債の買い入れを連続指し値オペで増やせば、政府が発行した国債を日銀が直接購入する「財政ファイナンス」にあたるのではないかとの批判も再び浮上しかねない。

金融緩和の方向性は維持した上で日銀には柔軟な政策運営を求めたい。例えばＹＣＣの対象を現在の10年物国債利回りから5年物国債利回りに短期化するという手法がある。債券の残存年限が長いほど利回りが高くなるという自然なイールドカーブ（利回り曲線）の形成にも寄与すると考えられる。

（2022年5月15日掲載）

インド中銀、ハトからタカに転向

「許容できない」インフレで　景気悪化の懸念も

インド準備銀行（中央銀行）が金融引き締めに大きく舵を切っている。2022年6月8日には政策金利（レポ金利）を0・5％引き上げて年4・9％にすると発表した。利上げは5月に続き2カ月連続。インド中銀は4月まで景気刺激のため金融緩和を続けてきたが、急激な物価上昇で方針転換を余儀なくされた。

「我々は金融緩和策の段階的かつ規律を持った解除を始めた」。インド中銀のダス総裁は22年6月8日、金融政策決定会合後のオンライン演説で宣言した。さらに「インフレは許容範囲を大きく超えて急激に進んでいる」と危機感をあらわにした。

約1カ月前の5月4日、インド中銀は緊急の金融政策決定会合を開いて3年9カ月ぶりの利上げを決めた。同日の声明では「緩和的（な姿勢）を維持する」と記して景気への配慮を示したが、それからわずか1カ月で追加の利上げに踏み切った。6月8日の声明では「緩和的を維持する」との文言が消え、姿勢の変化が一段と鮮明になった。

インド中銀のダス総裁はインフレに危機感をあらわにする（ロイター／アフロ）

もっとも、インド中銀は近年利上げに消極的な「ハト派」とみられてきた。インドでは新型コロナ対策のために厳格なロックダウン（都市封鎖）が20年3月に実施され、経済活動が停滞した。規制は段階的に解除されたが、同年4月に自動車メーカーの販売が「ゼロ」を記録するなど、経済活動に深刻な打撃をもたらした。

インド中銀はロックダウン導入直後の20年3月下旬、政策金利を5・15％から4・4％に引き下げた。5月下旬には2回目の緊急利下げを実施した。その後、変異ウイルスの発生で新型コロナの感染再拡大にも見舞われ、政策金利は過去最低水準の4％で据え置かれてきた。

インド中銀が「タカ派」に転向したのは、想定を超えるインフレに直面したからだ。インド中銀は消費者物価指数（CPI）上昇率の中期目標を「2～6％」と定めているが、22年1月以降は6％を超える水準が続いていた。4月の速報値は7・79％と8年ぶりの高水準だった。

インド中銀は22年6月8日、従来5・7％と予想していた22年度の物価上昇率を6・7％に引き上げた。22年中は6％を超える状態が続くとみる。ダス総裁は同日、ロシアのウクライナ侵攻を念頭に「インフレの大部分は主に戦争に関連した供給ショックによるものだ」と指摘した。

市場ではインド中銀が予測する以上のペースで物価上昇が進むとの見方も出ている。インドはエネルギーの輸入国で、原油高などの影響から免れない。米連邦準備理事会（FRB）の金融引き締めの影響で、通貨ルピーの対ドル相場は下落が続き、輸入物価上昇に拍車がかかる。野村グループのオーロディープ・ナンディエコノミストは「ゴールにはほど遠く、追加の利上げがあるだろう」とみる。

政府が22年5月末に発表した1～3月期の実質成長率は4・1％で、3四半期連続で減速した。インド中銀が2カ月に一度調査している消費者信頼感指数は22年5月、今後の見通しに関する将来指数が悪化した。インフレが止まらないまま景気が後退する「スタグフレーション」に陥る懸念もある。インド中銀は今後、コロナ禍からの回復とインフレ退治の両立という難題に手を焼くことになりそうだ。

（2022年6月12日掲載）

インフレで欧州利上げドミノ

スイス中銀、マイナス金利解除も

欧州の中央銀行が相次ぎ利上げに動いている。スイス国立銀行（中央銀行）は2022年6月16日におよそ15年ぶりの利上げを決め、22年秋のマイナス金利解除も視野に入ってきた。英イングランド銀行も同日に5会合連続の利上げに動き、欧州中央銀行（ECB）は7月に11年ぶりの利上げに踏み切る。ロシアのウクライナ侵攻に伴う供給不安から資源価格が高騰し、景気刺激よりインフレ抑制を優先せざるを得なくなっている。

「きょう利上げしなければインフレ見通しは大幅に上昇していた」。22年6月16日、スイス国立銀行のジョルダン総裁は記者会見で危機感をあらわにした。これまで世界最低の水準

スイス国立銀行のジョルダン総裁はインフレ進行に強い懸念を示した（ロイター／アフロ）

だった政策金利をマイナス0・75%からマイナス0・25%へ引き上げると決定。市場は現状維持を織り込んでいただけに、0・5%の大幅利上げはサプライズとなった。

さらに利上げは続く見通しだ。同日公表の金融政策報告書では追加利上げを強く示唆し、22年秋以降はいよいよマイナス金利政策の解除が視野に入る。米ゴールドマン・サックスは9月と12月、23年3月に0・5%ずつの利上げを想定する。

英イングランド銀も22年6月16日、政策金利を0・25%引き上げて1・25%とし、09年以来およそ13年ぶりの高さになった。利上げは21年12月から5会合連続で、22年6月15日まで開いた金融政策委員会では一部の政策委員が0・5%の大幅利上げを主張した。

次の市場の注目はECBの利上げに移る。22年7月1日に量的緩和策を終了し、同月中に11年ぶりとなる利上げに踏み切る見通しだ。9月にはマイナス金利政策の終了を視野に

英国とスイスの政策金利

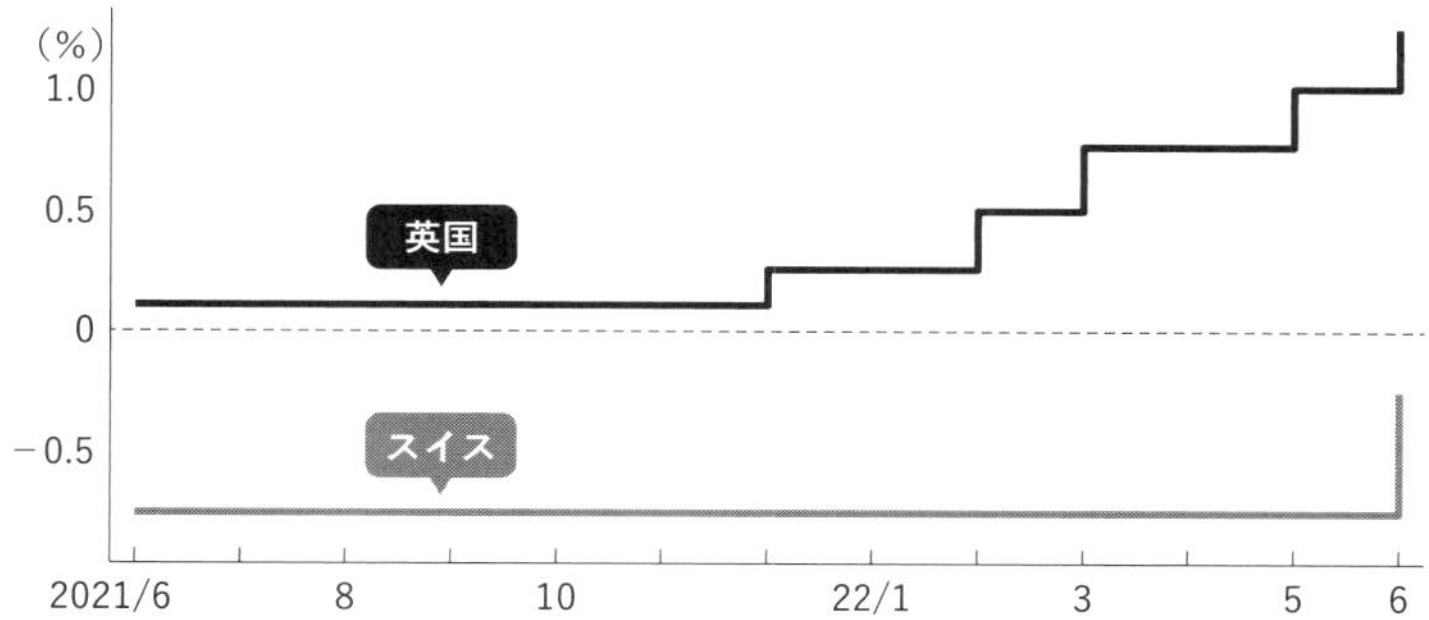

入れ、0・5%の大幅利上げも示唆している。

各中銀を突き動かすのは想定外のインフレだ。ウクライナ紛争による供給不安から原油や食料品の価格が高騰。幅広い品目が値上がりし、一部ではサービス価格にも波及し始めている。

象徴なのがスイスの動きだ。長年にわたりデフレ懸念が根強くあったものの、22年5月の消費者物価の伸び率は前年同月比で2・9%と約14年ぶりの高水準になった。スイス中銀の報告書では従来あった通貨高への懸念が削除され、「スイスフラン上昇の可能性を示唆するような表現に調整された」(米ゴールドマンのヤリ・ステーン氏)。

英国も物価上昇率は2ケタに迫り、インフレが長期化する可能性が出ている。ユーロ圏ではインフレ率が8%を超え、過去最高を更新中だ。

もっとも、拙速な利上げには新型コロナウイルス禍から回復途上の景気を腰折れさせるリスクもある。市場が特に懸念するのは実質国内総生産（ＧＤＰ）がコロナ禍前の水準を回復できていないイタリアやスペインなどの南欧諸国だ。

実際、ＥＣＢが利上げを予告した22年６月９日の理事会以降には南欧諸国の国債利回りが急上昇（価格は急落）した。相対的に財務状況が盤石でないため、投資家の不安が高まりやすい。イタリアの長期金利は６月14日に４・２％と13年10月以来、８年８カ月ぶりの水準まで上昇した。

慌てたＥＣＢは６月15日に金融市場の動向を議論する臨時の理事会を開催した。南欧などの国債価格急落の抑止策を決めたものの、量的緩和策の終了と利上げを進める中でどこまで有効な政策を打てるか未知数だ。市場はインフレそのものだけでなく、中銀が政策運営に失敗するリスクに神経をとがらせている。

（２０２２年６月26日掲載）

第4章 食料が足りない

NIKKEI montage/iStock

食料危機、救うのは誰か　止まらぬ「農のインフレ」

2022年5月16日の米シカゴ商品取引所で小麦先物価格のチャートが突如、跳ね上がった。中心限月は一時、前週末比70セント高の1ブッシェル12・47ドルと、制限値幅いっぱいのストップ高水準まで急騰した。小麦生産量で世界第2位のインドが、印国内価格の上昇を理由に輸出の一時停止措置を発表したからだ。シカゴの穀物調査会社、アグリソースのダン・バッシ社長は「輸出停止は我々を食料危機の入り口へと追い込む」と警鐘を鳴らす。

20年春からの新型コロナウイルス禍で、穀物などのサプライチェーンは「クモの糸が切れればすべてが止まる状況」（資源・食糧問題研究所の柴田明夫代表）に陥った。そこに22年2月のウクライナ侵攻に伴う供給不安が重なり、食べ物の価格が上昇している。世界の穀物や食肉、乳製品などの価格を指数化した国連食糧農業機関（FAO）算出の「食料価格指数」は22年2月以降、史上最高値圏で推移する。

悩む農家　化学肥料→ふん尿も

その裏で肥料の値上がりが世界中の農家を悩ませている。天然ガスや石炭などから作る肥料原料の尿素の価格が資源高で上昇しており、ロシア産尿素を買い控える動きも高騰に拍車をかけている。全国農業協同組合中央会（JA全中）の中家徹会長は「安定生産や営農継続に支障をきたしかねない」と懸念する。

「肥料の調達難を受け家畜のふん尿で代替している農家もいる」。米連邦準備理事会（FRB）が22年4月下旬に公表した地区連銀経済報告（ベージュブック）にも農家の苦境が記された。

米イリノイ州でトウモロコシなどの農場を経営するジェームス・マキューンさん（58）は、窒素肥料が21年比で3倍近く値上がりしていることから、代わりに豚のふん尿を使うようになった。逆境を逆手にオーガニック作物として高値で売る作戦だ。

狩猟採集中心だった人類が農耕に取り組み始めたのは1万年以上前とされる。以降、知恵と工夫を積み重ね異常気象など数々の苦難を乗り越えてきたが、今世界は「農業（アグリカルチャー）×インフレーション＝アグフレーション」に向き合う。脱炭素の潮流が、バイオ燃料の材料となるトウモロコシなどの需要を押し上げている面もある。

ウクライナ危機は食料の物流を滞らせており、しわ寄せは弱い立場の新興国に向かう。

国連のグテレス事務総長は22年5月18日、「数カ月で世界的な食料不足の不安に直面する」と痛切に訴えた。

10年代前半、中東・北アフリカに広がった民主化運動「アラブの春」の発端は小麦価格高騰とされる。食に関する民衆の不満は時に政治の安定を揺るがす。

ウクライナ危機で、ロシアや中国を中心とする陣営と西側諸国との対立構造がより鮮明になった。22年5月19日の国連安全保障理事会の会合では「ロシアの妨害でウクライナから穀物が輸出できない」と主張する米国と、経済制裁に反発するロシアで非難の応酬となった。中国などからの食料輸入に頼る日本にとって食料安全保障が脅かされる事態だ。

コオロギ食に脚光

しかし視点を変えると、食料危機は新たなビジネスの種をまき苗を育てる好機でもある。

徳島大学発ベンチャーのグリラス（徳島県鳴門市）は良品計画と商品開発で協業している。良品計画はたんぱく質を豊富に含む食用コオロギの粉末を練り込んだ「コオロギせんべい」を20年から無印良品の店舗やオンラインストアなどで販売、ヒット商品となっている。

21年12月には昆虫食の第2弾となる、コオロギ粉末を練り込んだチョコバーも発売した。消費者の抵抗感がハードルだったが、「ブランド力のある企業との協業で、昆虫食のイメージ向上につながった」（グリラスの渡辺崇人社長）。22年内に徳島県内に新たな養殖拠点を設け、生産効率を大幅に引き上げる計画だ。

アグフレーションと人類との知恵比べはこれからが本番だ。突破口を見いだす企業の動向や、世界の農業の現状を追った。

技術で拓く「食と農」の新境地

ウクライナ危機に異常気象、そして高止まりする海運市況――。様々な要因が重なり、穀物をはじめとする食料品の供給を阻んでいる。主要国では「ウクライナでの戦争を原因とした食料危機の到来を非常に懸念している」（イエレン米財務長官）との危機感が強まってきた。そうした中、独自の技術で世界的な食料危機を解決しようとするスタートアップに、大企業や投資家の注目が集まりつつある。

植物工場、生産能力3倍超

東京・京橋のビルの一室。部屋の大部分を埋めるコンテナ状の設備の中で、農薬不使用のレタスがすくすくと育っている。植物工場を手掛けるベンチャー、プランテックス（東京・中央）は、同様の設備を大量に配置した大規模工場を、２０３０年には海外でも本格展開する方針だ。

同社の植物工場は個別に密閉した設備の中で野菜を育てる「クローズド型」だ。大半の植物工場は室内に設置した棚を使って育てる「オープン型」だが、光や温度といった環境の均一な制御が難しく、収量や品質が安定しないという難点があった。プランテックスは、野菜が育つのに重要な光量や温度など20の要素を、密閉した設備の中で徹底管理する。面積当たりの生産能力は一般の植物工場に比べ3～5倍とはるかに高い。

プランテックスの強みは、生産性の高さだけではない。生産する作物に合った条件さえ設定すれば、レタス以外の様々な作物を高品質で作れるという点にある。今後はイチゴや根菜などに領域を広げる考えという。

植物工場の取り組みは数十年にわたり行われてきたが、葉物野菜を中心に商品化可能な作物が限られているという欠点があった。密閉設備による徹底的な環境制御を行うことで「長年の課題は解決し得る」（山田耕資社長）。どの環境が作物を育てるのに最適かを調べ

独自の技術やノウハウを生かして上場企業との協業も

社名	取り組み	
ユーグレナ	ミドリムシ栽培、健康製品開発	商船三井とバイオ燃料の実証実験
日清食品HD	完全栄養食の監修	トヨタや楽天グループと協業
プランテックス	密閉設備の植物工場	クボタが20年に出資。USMHと野菜販売で提携
海幸ゆきのや	エビの陸上養殖	関西電などが出資
クラスト・ジャパン	パンの端材を利用したビール	オイシックスの通販サイトで販売
グリラス	食用コオロギの養殖	良品計画と製品開発
ベースフード	完全栄養食のパスタ、パン	みずほ系が共同運営するファンドから10億円調達
デイブレイク	急速冷凍技術	米マイクロソフトの支援プログラムに採択

る「研究所」を22年夏をメドに立ち上げる方針だ。

同社には農機大手のクボタが20年に出資しており海外展開などでの協力を視野に入れているという。大手スーパーのユナイテッド・スーパーマーケット・ホールディングスとは野菜販売で提携している。大企業もプランテックスの成長性に着目している。

食料危機は深刻さを増している。22年5月12日の米農務省の発表によると、22〜23年度の世界小麦生産量は前年度比1%減の7億7480万トンにとどまる見通し。世界最大級の穀倉地帯であるウクライナからの

食糧・食品価格は軒並み上昇
（2021年末比の上昇率、先物価格、22年5月18日時点）

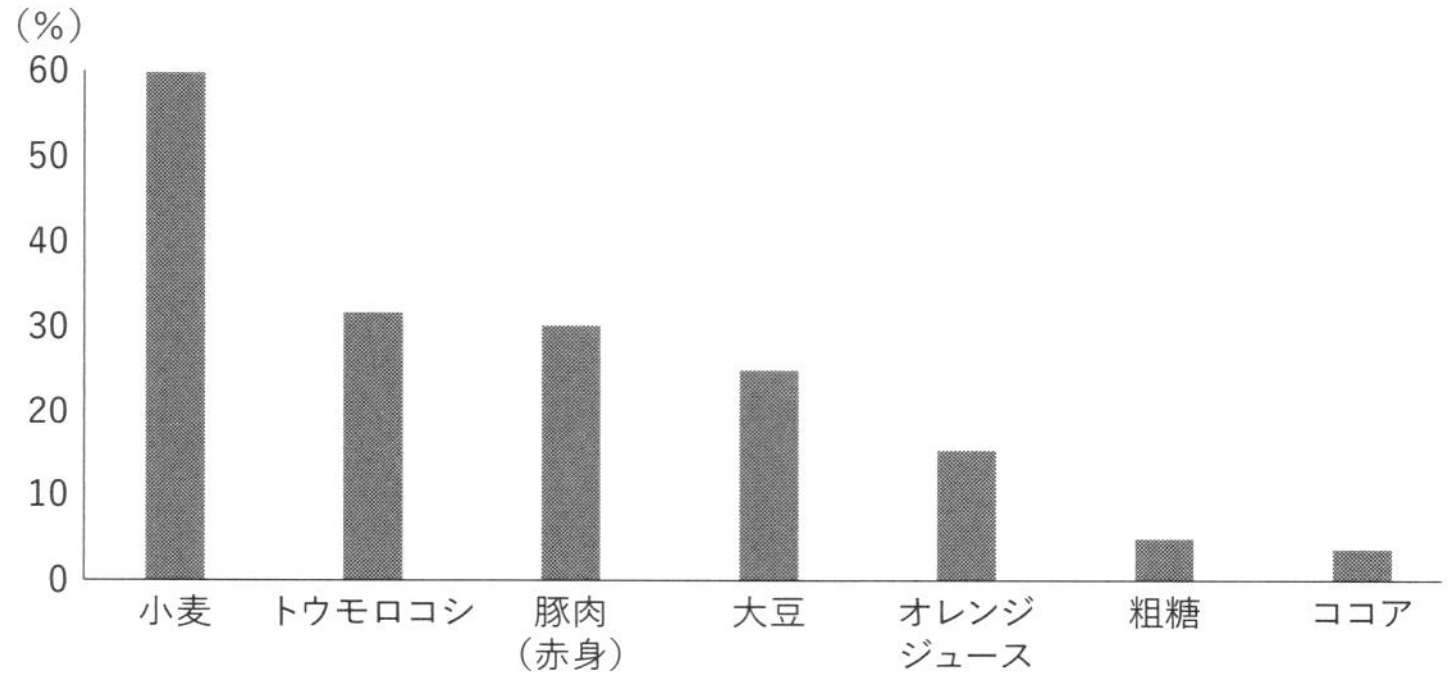

供給減を、他地域で補いきれない構図が浮かび上がる。ロシアは増産に動くが、ロシア産の調達を避ける動きが目立つだけに、小麦の供給不安は数字以上に強い。

供給不安で小麦を中心としたほぼすべての食料品価格が上昇している。22年5月18日時点で小麦は21年末比60%高。ウクライナの生産シェアが高いトウモロコシも32%高い。穀物高はそれを飼料とする畜産品の値上がりにもつながる。米シカゴ・マーカンタイル取引所（CME）の豚赤身肉先物（期近）は30%上昇した。

加えて肥料高が食料の供給不安を増幅させている。化学肥料は窒素系、カリ系、リン系に大別される。市況高騰は窒素系原料の尿素だけではない。カリ系原料の塩化カリはロシアとベラルーシが世界輸出シェアの半分を占めており、アジア価格は前年同月の3倍超。リン系原料のリン酸アンモニウムも中国の輸出制限で前年の約2倍に値上がりしている。穀物相場の上昇で農家の作付けが勢いづけば、肥料需給がさらに逼迫しかねない。

「パンの耳」ビール登場

既存の農産品を原材料とした食品では、生産コストの上昇が不可避となりつつある。それを打開する「解」となり得るのが、食品を作る際に出る端材などフードロスの活用だ。

東京・恵比寿の高級スーパーの一角に、「CRUST」とラベルの貼られたクラフトビールが並ぶ。CRUSTとは、パンなどの「かけら」の意味だ。購入して飲むと、苦みが少なく飲みやすい。後味にはほんのりとパン特有の香りが広がる。

主原料はビールに一般的に使われる大麦麦芽に加え、パンの耳など「まだ食べられるが、一般的には捨てられてしまうパンの端材」も使われている。ビールはオイシックス・ラ・大地の通販でも取り扱われた。

生産を手掛けるのはクラスト・ジャパン（大阪市）。グループ本社はシンガポールにあり、21年に三井住友海上キャピタルから出資を受けた。クラスト・ジャパンの吉田紘規ゼネラルマネジャーは「食品ロスの削減という付加価値を示し、我々にない強みを持つ企業やベンチャーキャピタルと協力したい」と話す。

今後はビール以外の品目にも着手する。夏にはカットフルーツを加工する際に発生する皮などを香料に使ったノンアルコール飲料を発売する予定だ。クラフトビールを作る際の副産物からパンケーキミックスを製造することも視野に入れている。吉田氏は「30年までに全世界の食品ロスの1%を当社の活動によって削減したい」と意気込む。

スタートアップ企業の課題の一つは資金調達だ。食料価格の高騰はもちろん、SDGs（持続可能な開発目標）に関連した投資の加速など、社会的な追い風はある。今後は収益化のビジョンを示せるかが成長のカギだ。

シグマクシス・ホールディングス傘下でフードテックなどのコンサルティング企業、シグマクシス（東京・港）の田中宏隆常務執行役員は「食料危機に対応できる技術を持った中小企業は多い」と強調する。

ウクライナ侵攻に端を発する食料価格高騰は時計の針を一気に進め、食料危機の現実味は強まった。それだけに、解決の一手を持つキラ星の企業には、規模の大小を問わずスポットライトが当たり始めている。

米国の穀倉地帯に逆風　肥料などコスト上がる

コスト増に苦悩、積極投資で反転攻勢図る農家も

米国の穀倉地帯である中西部の農家に肥料高や作付けの遅れといった逆風が吹いている。ウクライナ危機が長引く中、米国の減産は世界の食料安全保障を脅かしかねない。農家を訪ね、生産動向を探った。

曇り空の中をシカゴ市内から南西に車で約3時間走ると、静かな異変に気づく。地平線まで広がる農地に農機の姿がない。記録的な長雨で作付けが例年より大幅に遅れているためだ。

訪問先のイリノイ州農家のジェームス・マキューーンさん（58）は多雨対策の真っ最中だった。「2021年は3月半ばからトウモロコシの作付けを始めたのに、22年は5月に入っても1割しか終わらない」。業を煮やして、土壌の水はけを良くし、トウモロコシの収穫量が1エーカー当たり3割増えるというパイプを地中に埋め込む工事を始めた。近隣の農家も設置を急いでいるという。

肥料コストの高騰にも頭を痛めた。21年に1トン当たり600ドルだった窒素肥料が今

では1700ドルと約3倍だ。あまりの高騰ぶりに、副業で飼育する豚のふん尿を肥料に使うことを思いついた。7000エーカー（約28平方キロメートル）の農地に使う肥料の相当部分をふん尿で賄う。

自然の肥料であるふん尿を使えば、オーガニックの作物を育てることができる。穀物価格の高騰を背景に、「わざわざ手間のかかるオーガニック作物を育てる農家が減り、高値で売れる」との読みだ。

「インフレは農家の友人。今は勝負に出る時」とマキューンさん。ふん尿をまく農機や新たな農地購入など200万ドル（約2億6000万円）を設備投資に回した。インフレを追い風に担保になる農地価格が上昇し銀行からの融資も問題ない。作物を高値で売り、コスト上昇幅を上回る収益を手にする絵を描く。

コスト高は農家の財政を圧迫する。米パデュー大学が22年5月に発表した4月の米農家景況感指数は121と21年4月に比べ32％低い。調査対象農家の42％が生産コスト高を最大の懸念に挙げ、3人に1人が殺虫剤や肥料などの入手が困難と答えた。23年の生産コストは、5人に1人が22年に比べ20％を超える上昇を見込んでおり、止まらないインフレに身構える姿が浮かぶ。

悪天候による減産リスクも抱える。米農務省によると、トウモロコシの作付けは22年5

月15日時点で49％しか進んでおらず、直近5年平均（67％）を大きく下回るペース。大豆も同様だ。

穀物先物業者アレンデールのリッチ・ネルソン氏は「トウモロコシの作付けが5月半ばを過ぎれば、イールド（1エーカー当たりの収穫量）は1％減少する」と指摘する。

同省は5月12日発表した5月の穀物需給で、作付けの遅れがトウモロコシの減産を招くとの生産見通しを明らかにした。中西部では低温多雨の後に真夏のような暑さが見舞う不安定な天候が続いており、干ばつへの懸念も消えない。不透明要因を抱える中、コストだけは農家の肩に重くのしかかる。

ウクライナ侵攻で揺れる穀物相場

小麦在庫6年ぶり低水準に、夏場の注目点は生育状況

ロシアのウクライナ侵攻で揺れる穀物相場。特に黒海地域からの輸出が世界シェアの3割程度を占める小麦の国際相場は、ウクライナの生産・輸出減を背景に最高値に迫る水準で推移している。トウモロコシも米国での作付け遅れを受け上昇基調が続く。これらの情報が色濃く反映されるのが米農務省が出す報告書だ。ポイントをしっかり押さえれば様々な投資に役立つ。

穀物の需給予測は様々な調査機関が公表するが、米農務省が出すデータについて農林水産政策研究所の古橋元上席主任研究官は「1年程度の見通しをタイムリーに出しているのが非常に参考になる」と評価する。穀物の種類によってそれぞれの専門家が独自の分析を基に数字を出している。

米農務省の予測は各国の穀物年度をベースに作成される。年度はおおむね各作物が収穫される時期から始まる。例えば米国の2022〜23年度とは、小麦の場合22年6月〜23年5月を指す。トウモロコシや大豆は22年9月〜23年8月だ。国ごとに異なることに気をつけたい。

米農務省の統計情報は膨大だが、まず注目すべきは毎月中旬頃に出る世界の需給報告だ。マーケットエッジの小菅努代表は「中でもすべての情報が最終的に集約される期末在庫に注意したい」と指摘する。

特に毎年5月は初めて新年度の需給見通しが明らかになるため注目度が高い。22年5月12日に発表された22〜23年度の小麦の世界期末在庫量見通しは2億6700万トンと6年

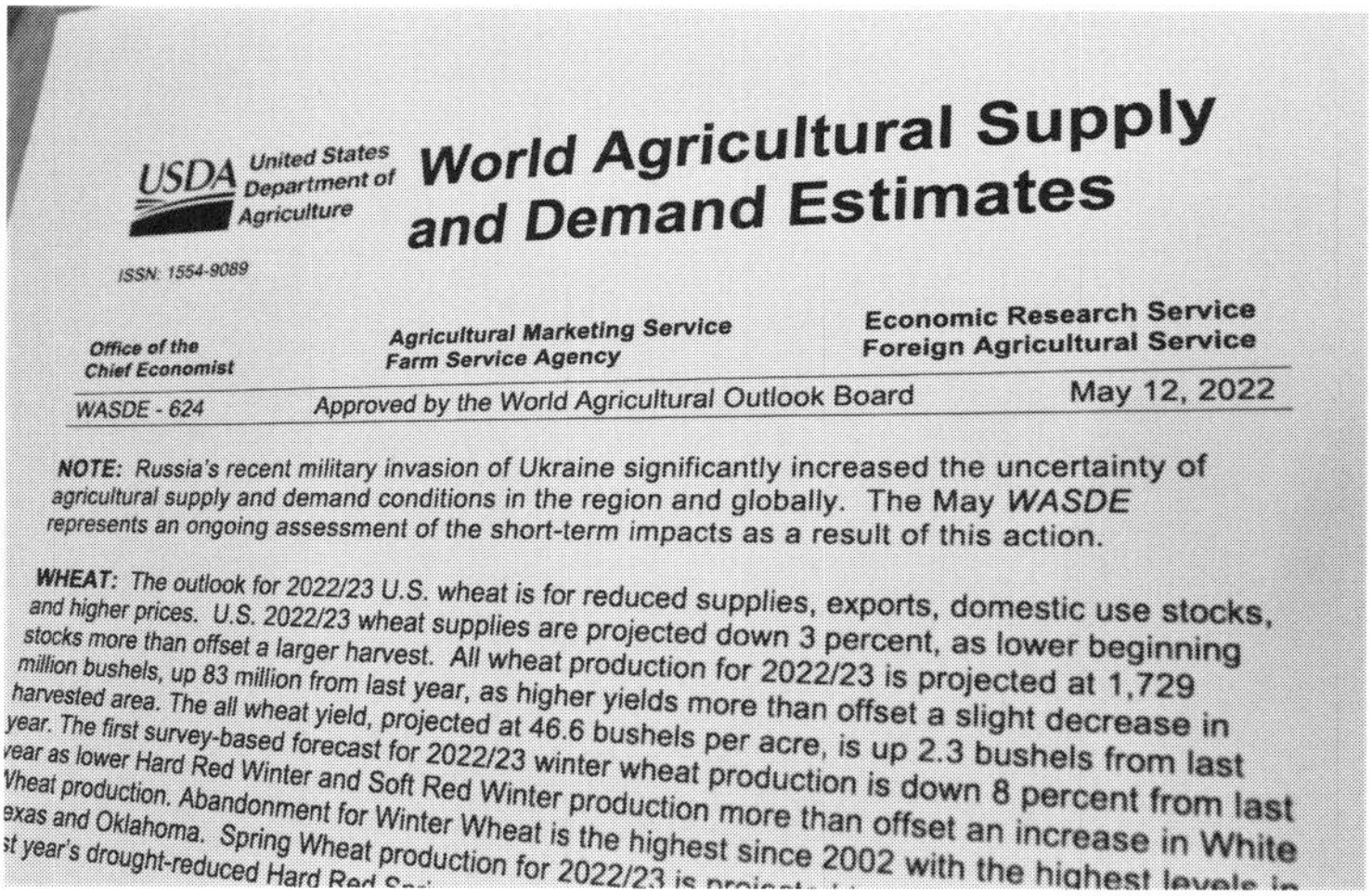

USDA United States Department of Agriculture

World Agricultural Supply and Demand Estimates

ISSN: 1554-9089

Office of the Chief Economist — Agricultural Marketing Service Farm Service Agency — Economic Research Service Foreign Agricultural Service

WASDE - 624 — Approved by the World Agricultural Outlook Board — May 12, 2022

NOTE: Russia's recent military invasion of Ukraine significantly increased the uncertainty of agricultural supply and demand conditions in the region and globally. The May *WASDE* represents an ongoing assessment of the short-term impacts as a result of this action.

WHEAT: The outlook for 2022/23 U.S. wheat is for reduced supplies, exports, domestic use stocks, and higher prices. U.S. 2022/23 wheat supplies are projected down 3 percent, as lower beginning stocks more than offset a larger harvest. All wheat production for 2022/23 is projected at 1,729 million bushels, up 83 million from last year, as higher yields more than offset a slight decrease in harvested area. The all wheat yield, projected at 46.6 bushels per acre, is up 2.3 bushels from last year. The first survey-based forecast for 2022/23 winter wheat production is down 8 percent from last year as lower Hard Red Winter and Soft Red Winter production more than offset an increase in White Wheat production. Abandonment for Winter Wheat is the highest since 2002 with the highest levels in Texas and Oklahoma. Spring Wheat production for 2022/23 is

冒頭のページに重要な情報が並んでいる（2022年5月12日発表の需給報告）

ぶりの低水準だった。米シカゴ商品取引所の小麦先物はこれを材料に急騰した。

これから市場の関心が高まるのは22年6月末に明らかになる米農家の作付け確定面積だ。3月末に発表された作付け意向調査では肥料高を背景に肥料を多く使うトウモロコシの作付面積が減る一方で、大豆の面積が増える予想となった。実際にトウモロコシの面積が減ったのか、もしくはトウモロコシ高を好感し、一転して作付けを増やす農家が多かったのかが焦点となる。

より長期でみれば足元の状況は天候で国際市況が揺れ動く「天候相場」にあたる。その上でよく見ておきたいのが、4～11月の毎週月曜日に発表される米国で

米農務省の主な報告

名称	発表時期
世界の需給報告	毎月10日前後
作付け意向調査	毎年3月末
作付け確定面積	毎年6月末
生育状況	4～11月、毎週月曜
輸出成約高	毎週木曜、随時

発表時期は米国時間

の生育状況だ。

特に22年はトウモロコシの作付け進捗率への関心が高い。降雨や低温を背景に作付けの進捗が平年に比べ大幅に遅れているためだ。作付けが遅れると生育に重要な受粉期が高温や乾燥が厳しくなる時期と重なり、収穫が減る恐れが高まる。

大体9月～翌年の3月までは「需給相場」へと移行する。この時期は毎週木曜日に発表される週間の輸出成約報告を見ておきたい。特に最大輸入国の中国が米国から穀物をどれだけ買い付けたかという点への注目度が高い。

食料値上がりで追い風が吹く企業も

関連銘柄の株価好調、米政権は国民の不満を注視

食料の値上がりは世界経済の逆風と受け止められているが、業績面で追い風となる企業・銘柄も少なくない。波乱含みの株式相場で好調な値動きをみせており、投資家にとっては目利きの問われる局面となっている。

典型例が穀物のトレーディングなどを手掛ける日本の総合商社だ。売買代金から一定比率の手数料を受け取る伝統的な「口銭《こうせん》」ビジネスは商品の価格が上昇すると商社側の収益を押し上げる。大手商社5社の食料関連部門の純利益は2022年3月期に計3600億円強と、前の期の2・5倍に拡大した。

肥料高も商社にとっては増益要因だ。丸紅は「(傘下に抱える)米ガビロン肥料部門が巡航速度の純利益50億円レベルを大きく上回り、22年3月期は300億円近くにまで膨らんだ」(柿木真澄社長)という。

食用油メーカーは大豆や菜種など原料の調達価格上昇が重荷だが、その一方、搾油時の副産物で飼料などに使われる大豆ミールや菜種ミールの市況も上昇しており、増益要因と

大豆ミールなど副産物の値上がりが業績を下支えする

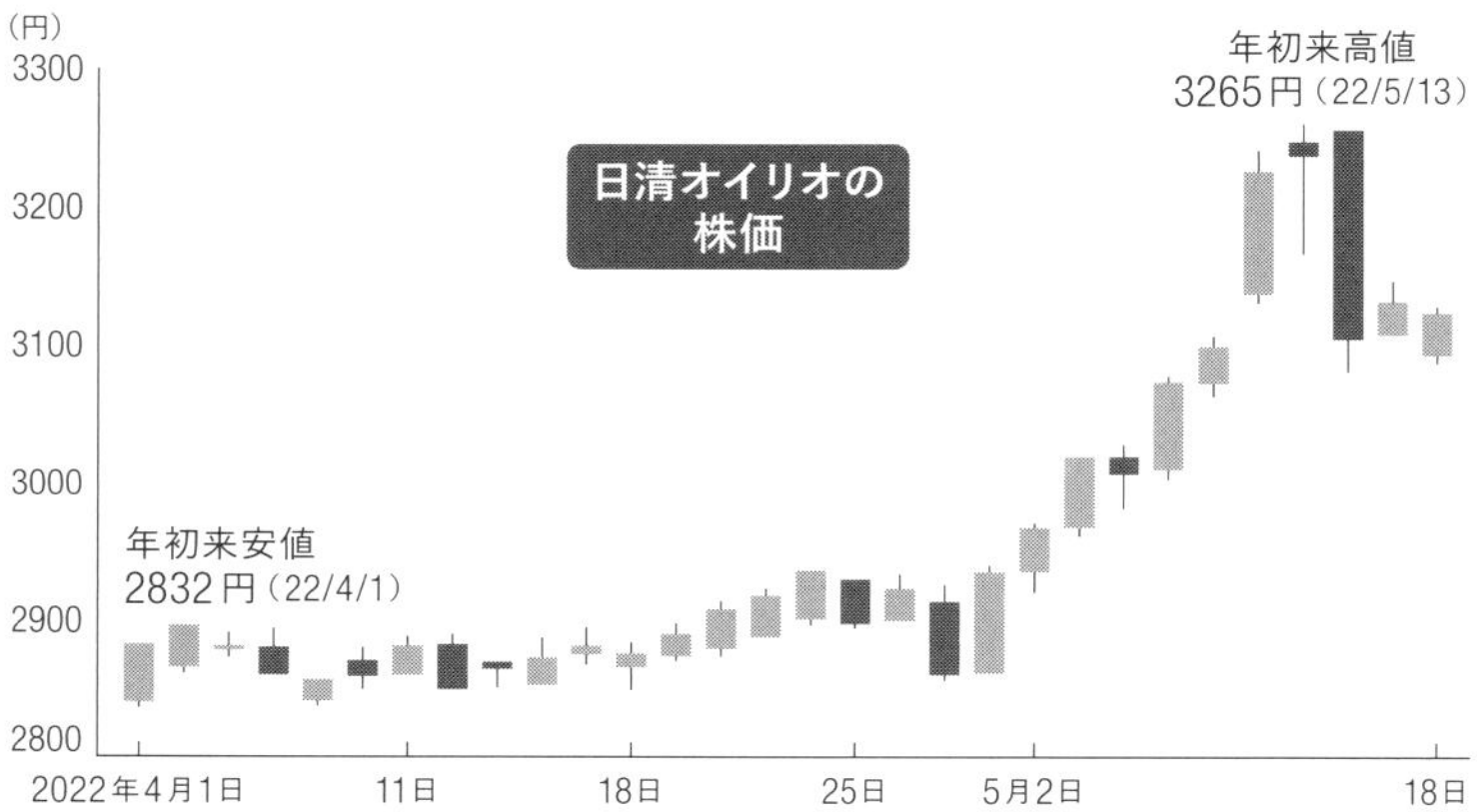

なる。日清オイリオグループの23年3月期純利益は92億円と前期比7％増を見込み、22年5月に入って株価が急騰している。

食料の調達パワーは企業の競争力を左右する。カルビーはポテトチップスの主原料となるじゃがいもを全国約1900の契約農家から購入している。主力商品の値上げも奏功し、株価は22年3月末比で3％高い。

海外にも目を向けると、世界的な食料高の恩恵を受ける銘柄は少なくない。代表的なのが穀物メジャーや食肉加工大手だ。需要の強さを背景に原材料費や人件費を価格に反映し「インフレに強い銘柄」として買いを集める。一方、インフレに苦しむ米国ではバイデン政権が大企業を批判の槍玉に挙げている。

穀物メジャーの一角、米アーチャー・ダニ

食料高が追い風となる銘柄

	名称	恩恵を受ける主なビジネスや理由	上昇率（%）
国内	丸紅	穀物トレーディング、肥料	20.9
国内	三菱商事	サケ・マス養殖	17.1
国内	日清オイリオ	大豆ミールなど副産物	8.1
海外	米アーチャー・ダニエルズ・ミッドランド	穀物メジャーの一角	31.1
海外	米ブンゲ	同上	24.8
海外	米タイソン・フーズ	食肉加工	5.3
海外	ヴァンエック・アグリビジネスETF	農業関連銘柄で構成	3.5

上昇率は2022年5月17日時点。21年末比

エルズ・ミッドランドの株価は22年4月21日、上場来高値の98・88ドルを付けた。穀物高が追い風となり、同業の米ブンゲも14年ぶりの高値圏で推移している。米モルガン・スタンレーは今後も食料を巡る需要の強さは続くとみて、5月に入り両社の目標株価を引き上げた。米食肉加工大手タイソン・フーズも、22年1〜3月期決算で純利益が74%増となった。

こうした銘柄を組み入れる農業・食料系上場投資信託（ETF）も好調だ。ニューヨーク証券取引所（NYSE）アーカ上場の「ヴァンエック・アグリビジネスETF」は、4月に付けた上場来高値からはやや下落したものの、コロナショック直前の20年2月中旬と比べ4割超高い。

食品大手の好調な業績を苦々しくみているのがバイデン政権だ。食料高への国民の不満が政権に向かっており、支持率の低下につながっている。米食品業界と政権との対立は今後の市場の火種となる可能性もある。

インタビュー

コメ増産・輸出が最大の備蓄に

山下一仁氏◆キヤノングローバル戦略研究所研究主幹

食料危機の原因には大きく2つのパターンがある。食料を輸入するにあたって(1)経済的な力（お金）がなくなる、(2)物流網に影響が出る、という要素だ。小麦の価格高騰で苦しむ途上国は(1)に、ロシア軍に包囲されているウクライナ南東部マリウポリは(2)に該当する。日本は(1)の影響は小さい。食料支出に占める輸入農水産物の割合は2%ほど。穀物が急騰した2008年でも消費者物価指数は2・6%しか上がらなかった。

危惧しなければならないのは(2)だ。例えば、台湾有事で海外からの船が日本に近づけなくなれば、大規模な食料危機につながるだろう。今回のウクライナ侵攻をきっかけに「まさか」は起こり得るとはっきりした。

日本は終戦直後ですら年１４００万～１５００万トン規模ものコメ配給を必要としていたが、22年のコメ生産は６７５万トンほどにとどまる見通しだ。このままでは輸入路が断絶された途端にたちまち食べ物が不足し、日本の食事は深刻な危機に陥る。畜産物は飼料となる作物を輸入に依存しており、食べられなくなる。簡単に見積もっても国民の半数が飢餓に苦しむと考えられる。

こうした事態を回避するためには、やはり国内のコメの生産量を増やすしかない。稲作の規模を拡大させ、面積当たりの収穫量を増やせば生産コストは低下する。輸出ができるようになれば、危機時には、輸出用のコメを国内で消費することもできる。「輸出はコストのかからない最大の備蓄」だ。

しかし日本では生産量を増加させる品種改良はタブーになっている。それどころか農林水産省は毎年、巨費を投じてコメの減反政策を実施している。日本の食料自給率の半分以上はコメが占めており、食料危機において最重要の食料だ。それにもかかわらず補助金を出してまで生産を減らしている。

農林水産省やＪＡグループには国民への食料供給という視点がない。最終手段として既存農地をイモ畑にするという考え方があるが、海路が絶たれれば肥料も輸入できない。農機を動かすガソリンもなく、生産性が著しく低下する。今の倍以上の農地がなければ国民に必要な食料を供給できない。耕作放棄された土地の再生や、ゴルフ場などの耕作地への一時的な転換など、危機下の有事法制を作る必要がある。

インタビュー
危機の今こそ「国消国産」実践を
中家徹氏◆全国農業協同組合中央会（JA全中）代表理事会長

新型コロナの感染拡大と世界情勢の緊迫で、食料安定供給のリスクが現実のものとなっている。輸入食品の高騰に加え、日本の農業分野でも燃料や原材料、配合飼料など生産資材の価格が高騰しており、安定生産や営農継続に支障をきたしかねない状況にある。

肥料や飼料がなければ農畜産物の安定供給は難しく、価格高騰への対応など生産資材対策の強化は待ったなしの状況にある。

食料や資材を輸入に依存している我が国は、このような依存からの脱却を目指し、国内資源を有効活用しながら生産基盤を強化し、国内生産を増やしていくことが極めて大事だと考える。

特に環境負荷を抑えた農業を実現するための農林水産省の指針「みどりの食料システム戦略」を踏まえ、土壌診断に基づく適正な施肥や耕畜連携をはじめとする既存技術の活用など、国内資源の有効活用と国内飼料の増産を進め、国内生産を増やしていく取り組みが欠かせない。

大半を輸入に頼る家畜向け濃厚飼料の国内生産を底上げしようと、（栄養価の高い部分だけを収穫する）子実用トウモロコシの生産に積極的に取り組む地域も出始めた。

経済安全保障で国内製造の強化を進めているのと同じように、国内の食品産業は（農畜産物などの）国産の利用を強力に進める必要がある。1995年に8割を超えていた国産利用の割合が20年後の2015年には66％に減少している。輸入食品の値上げが連日報道されているが、今のままではこの状況が続き、消費者のためにもならない。

食と農を取り巻くリスクが高まる中、国民が必要として消費する食料はできるだけその国で生産するという「国消国産《こくしょうこくさん》」の実践が重要だ。

日本の食料自給率は先進国最低の水準で、世界の食料事情に変化や危機が発生すれば、輸入依存度の高い農畜産物は深刻な不足に陥る。農業は生命産業であり、今日不足したからといって明日からすぐに増産することはできない。消費者のみなさんには、日本の食と農の実態や課題を知っていただくことでより「国消国産」を意識してもらい、国産農畜産物を積極的に選ぶなど日本農業を応援していただきたい。

（2022年5月22日掲載）

第5章

資源が足りない

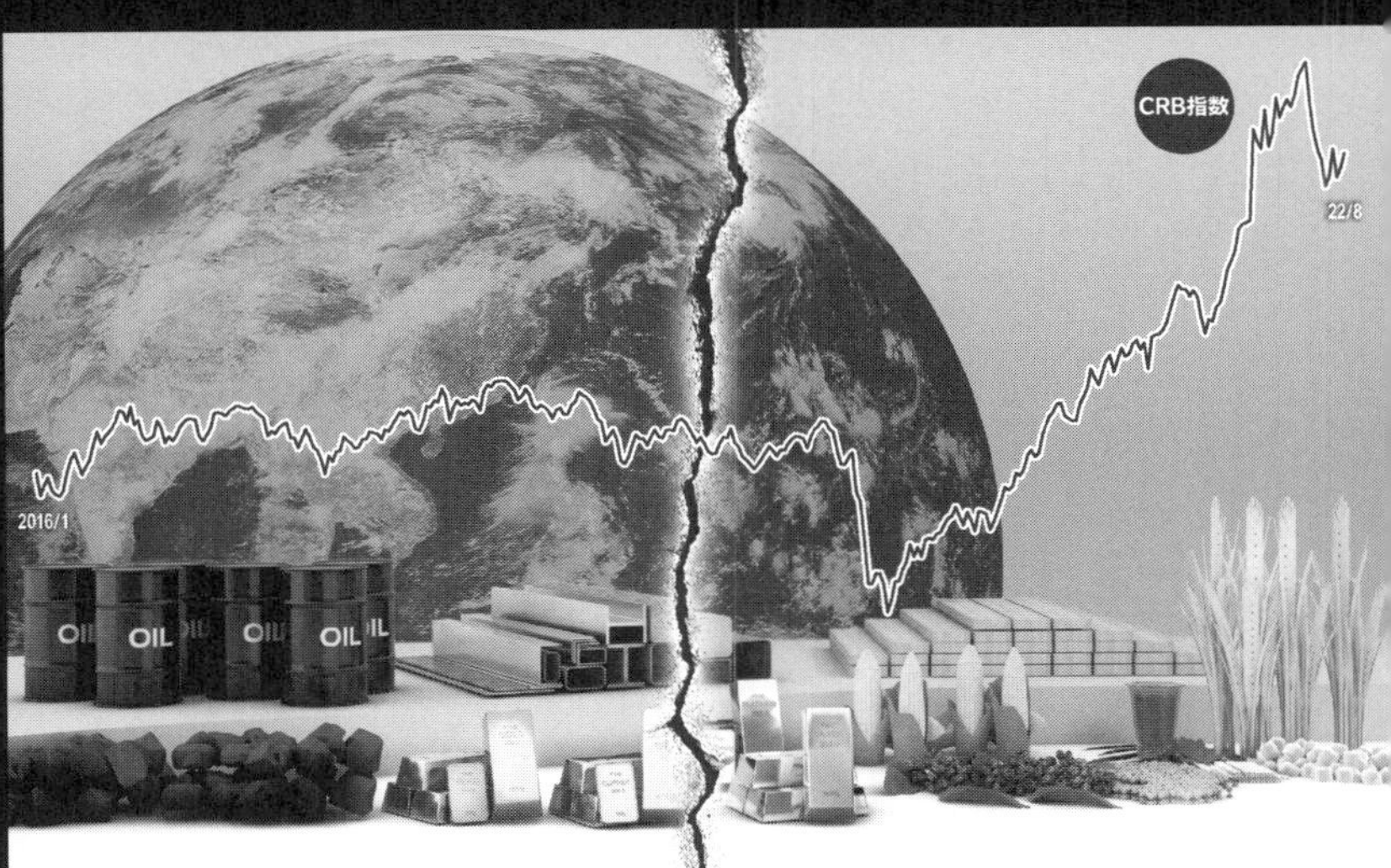

NIKKEI montage/iStock

資源インフレ　解けない鎖

戻らぬ供給、世界分断で深まる制約

「喜ばしいことだ。ガソリン価格が1ドル以上下がっている」

バイデン米大統領は2022年8月12日、こうツイートした。全米自動車協会（AAA）がまとめる平均価格は8月、5カ月ぶりに1ガロン（約3・8リットル）4ドルを割り込んだ。

ロシアのウクライナ侵攻で22年3月に一時1バレル130ドルを突破した原油相場は今、世界的な金融引き締めが招く景気鈍化と需要減少への警戒から90ドル前後まで下落した。景気動向に敏感な銅も侵攻前に比べて2割下がり、穀物は同1割程度安くなった。

金融市場で過度なインフレ警戒が和らぎ、日経平均株価が一時2万9000円台を回復するなど国内外の株式相場も上向いている。空前の資源高は収束に向かっているのか。少なくとも商品市場の関係者から楽観論は聞こえてこない。

亜鉛とアルミの生産能力5割失う

背景にはウクライナ侵攻と米欧の対ロシア制裁で、エネルギーを中心に資源の供給網が分断され、世界の商品市場が一変したことがある。欧州連合（ＥＵ）ではロシア産石炭の輸入禁止措置が22年8月11日から発効した。さらにロシア産原油の輸入を段階的に減らして22年12月までに停止する。ロシア側は中国やインドなど制裁に参加しない国に対して割安な原油や石炭を供給する一方、西側には天然ガスなどの供給を絞っている。

ロシア国営ガスプロムは22年7月下旬以降、ドイツにつながる主要パイプライン「ノルドストリーム」の供給量を8割削減。欧州の天然ガス価格は侵攻前の3倍近くに高騰し、暖房需要が高まる冬場のガス不足を防ごうと各国は消費の削減を急ぐ。

エネルギー不足が直撃する業界の一つが、電力を多く消費する非鉄金属メーカーだ。欧州の業界団体のユーロメタルは22年7月下旬「さらに多くの設備が永久閉鎖の危機にさらされる」と訴えた。同団体は「欧州では亜鉛とアルミの生産能力の5割が失われている」といい、欧米ではアルミがアジアより割高な価格で取引される場面が目立つ。

食料生産に不可欠な肥料のメーカーも危機に直面する。ノルウェーの肥料大手ヤラは22年7月、天然ガス価格の高騰を受けて「これまでに年間130万トンのアンモニアと、肥料製品170万トンの生産能力を削減した」と明らかにした。肥料不足と価格高騰は、穀物などの生産にも悪影響を及ぼす。ウクライナ産の輸出再開で高騰が一服した穀物価格も再上昇のリスクをはらむ。

石油セクターへの慢性的な投資不足

新型コロナウイルス禍以降のサプライチェーンの混乱や脱炭素の潮流も尾を引いている。「石油セクターへの慢性的な投資不足が余剰生産能力を低下させている」。石油輸出国機構（ＯＰＥＣ）とロシアなど非加盟の主要産油国で構成するＯＰＥＣプラスは米国などが求める増産が進まない理由をこう説明する。ナイジェリアなど一部の加盟国は生産目標割れが長引き、ＯＰＥＣプラス全体でも生産実績が計画に届かない。

供給網や労働市場の逼迫で資材費や人件費も上昇。好業績に沸く米エクソンモービルなど石油メジャーも投資には慎重だ。

制裁で物流も停滞する。英国を含む欧州は制裁に参加しない国と石油取引を続けるロシアの戦費調達を断つため、遅くとも22年12月から一定水準を上回る価格で売買されたロシア産原油を積んだ船舶に保険を提供することも禁止する方針だ。

マーケット・リスク・アドバイザリーの新村直弘共同代表は「供給制約は新常態（ニューノーマル）になり得る。ロシアへの制裁に参加する西側諸国とロシアと取引を続ける東側で、同じ物の価格が異なる『一物二価』の時代が到来するかもしれない」と指摘する。各国中銀の懸命な利上げは需要を冷やす効果はあっても供給制約の改善には効きづらい。インフレ鎮圧を阻む資源供給の「鉄のカーテン」。世界の物価を揺らし続けるエネルギーや金属、穀物を中心に商品市場の深層を読み解く。

欧州ガス危機、出口遠く

米産輸出に限界、価格の地域差一段と

ウクライナ危機が世界の供給地図を一変させたのが天然ガスだ。石油天然ガス・金属鉱物資源機構（ＪＯＧＭＥＣ）の白川裕調査役は「天然ガスの世界では、ロシアがひとりで石油輸出国機構（ＯＰＥＣ）の役割を演じている」と話す。

ロシアの天然ガス生産量は世界全体の2割弱。ＯＰＥＣの産油シェア（3割強）に比べれば小さいが、ロシア産は欧州連合（ＥＵ）の天然ガス消費量の4割を占めてきた。ロシアは供給量を絞ることで欧州のガス価格を高騰させ、ドイツなどの経済に打撃を与えるこ

とが可能だ。

金融情報会社リフィニティブのデータによると、ロシアからの主要パイプライン経由の欧州向け供給量は直近で月130万トン程度のペースで、2022年5月時点に比べて7割少ない。この影響で、欧州天然ガス価格は22年8月18日時点で100万BTU（英国熱量単位）当たり70ドルを超え、21年末の3倍以上に高騰している。

冬場の需要期に向けて枯渇リスクが高まっている欧州諸国はロシア以外の地域から液化天然ガス（LNG）をかき集めているが、ロシア産の穴埋めは困難だ。主要調達先の米国では、液化プラントを運営するフリーポートLNG社の設備で22年6月上旬に大規模な火災が発生し、復旧に時間がかかっている。欧州側も受け入れ設備の能力の限界が近く、これ以上の輸入拡大が難しいとの見方がある。

ロシアが欧州への輸出を絞る一方で、「東側」の中国には供給拡大を図っている。19年に稼働を始めた中国向けパイプライン「シベリアの力」は21年の輸送量が700万トン超で、数年後には2800万トン程度まで増える見通し。新たなパイプライン建設も計画している。パイプライン網に限りがあるロシアは欧州向けの輸出分をそのまま中国向けには回せないが、強硬な対欧姿勢を支える一因といえそうだ。

欧州の天然ガス価格の高さが際立つ

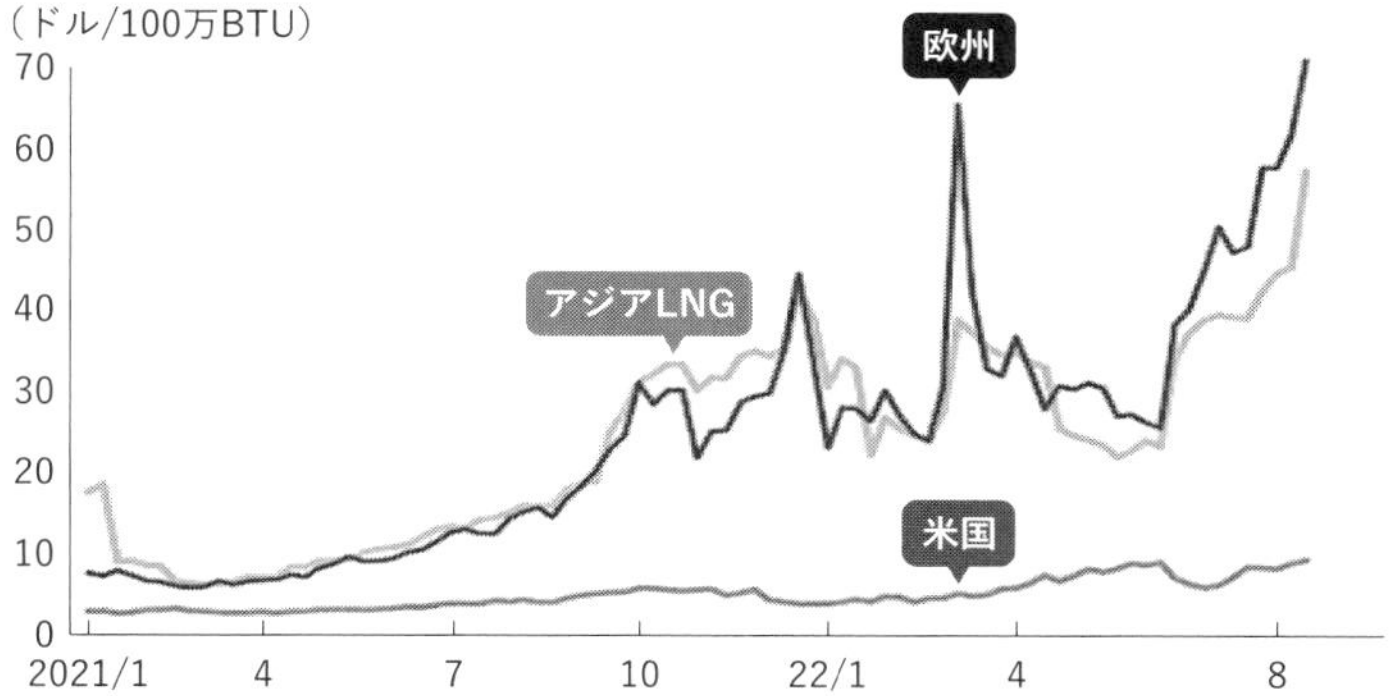

出所：リフィニティブなどのデータから作成。米国とアジアLNGは先物

ロシアの対欧輸出量（主要パイプライン経由）

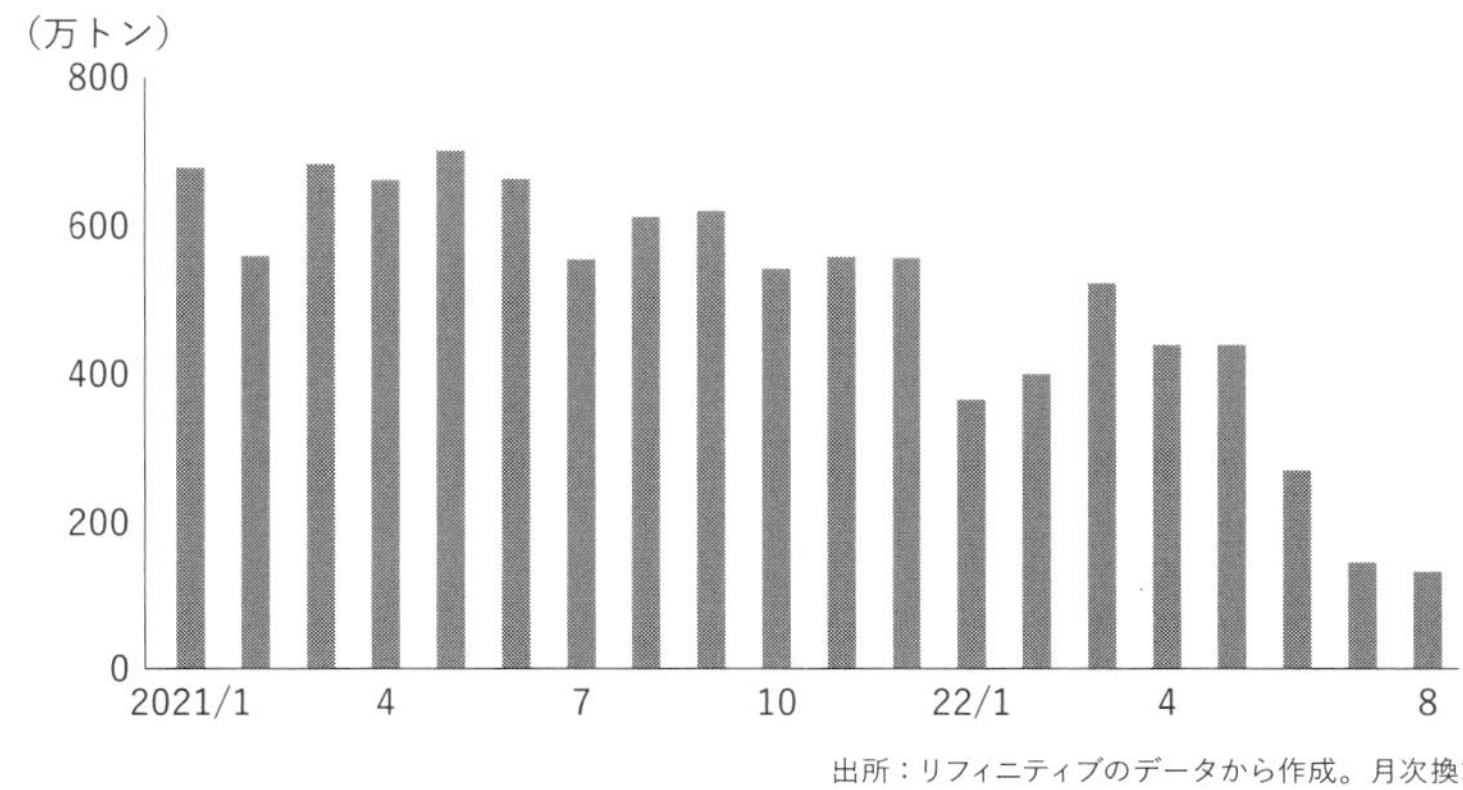

出所：リフィニティブのデータから作成。月次換算

天然ガスだけではなく、石炭もロシア依存

こうしたロシア発の供給ショックは世界の価格を高騰させるとともに、地域間の相場の格差を大きくしている。アジアのLNGの先物価格は22年8月18日時点で100万BTU当たり58ドル程度。1年前の3倍を超えるが、景気減速下の中国が調達を抑制しているため欧州より10ドル以上安くなっている。

米国の天然ガス先物も1年前の2倍を超えるものの、水準自体は9ドル程度と欧州の2割以下。液化プラントの能力不足で産ガス量の1割程度しかLNG輸出ができず、ガスが国内に滞留している。プラント能力の増強が追いつかず、欧州への供給量も限られるため現地相場とは十分に連動しない。

同じ発電燃料となる石炭の供給不安も強い。欧州は22年8月にロシア産の禁輸制裁を発動。21年は輸入量の5割をロシア産に頼っていた。天然ガス危機が叫ばれる中で石炭火力の重要性は増しており、欧州諸国は米国や南アフリカなどで発電用石炭の代替調達を急いでいる。

世界的な脱炭素の潮流で開発投資がしにくい事情もあり、ロシア産の穴埋めは容易ではない。欧州の発電用石炭の先物価格は8月18日時点で1トン360ドル台と21年末に比べ2倍以上に高騰している。

アジアの産地にも代替調達の動きは広がっており、オーストラリア産の発電用石炭のスポット（随時契約）価格は22年8月中旬時点で1トン400ドル程度と1年前の2・4倍の高値に達している。年初にインドネシアが石炭輸出を一時禁止した影響で、日本などの需要家が豪州炭に切り替える動きを見せていた。そこにロシア産の代替需要も重なり、品薄感は強い。

豪州では天候不順が目立つほか、コロナ禍が鉱山の操業に悪影響を与え続けているとの指摘もある。リフィニティブのデータでは、22年7月の豪州の石炭輸出量（製鋼用の原料炭を含む）は前年同月比で3割近く減った。

需給のタイトさから、豪州炭の価格が大幅に下がるという期待はしにくい。豪英資源大手BHPグループのような生産者には追い風となる一方、豪州産の調達が多い日本の電力会社などはコスト高の逆風にさらされる。

米シェールオイル増産、利上げが影落とす

資金調達コスト上昇で投資停滞

「（生産）活動のレベルを横ばいに保つことで、自分たちの役割を果たしている」。米国の独立系シェールオイル・ガス大手、ダイヤモンドバック・エナジーのケイス・ヴァントホフ最高財務責任者（ＣＦＯ）は、２０２２年5月に開いた1～3月期決算説明会の中でこう述べた。

開発のリードタイムが短く、原油価格が上がると比較的早く増産に転じてきた米シェールオイル企業の動きが鈍い。米エネルギー情報局（ＥＩＡ）によると、米国のシェールオイル生産量は22年5月時点で日量７９０万バレルとコロナ禍前のピーク（日量８３８万バレル）をなお6％下回る。

米原油指標のＷＴＩ（ウエスト・テキサス・インターミディエート）先物は1バレル90ドル前後と、2月以来の安値圏にある。世界景気の鈍化懸念を背景に調整色が強まっているとはいえ、1年前に比べれば約4割高い。米国のシェールオイル企業の平均的な採算ラインを上回っているとされる。

米シェール生産の回復は鈍い

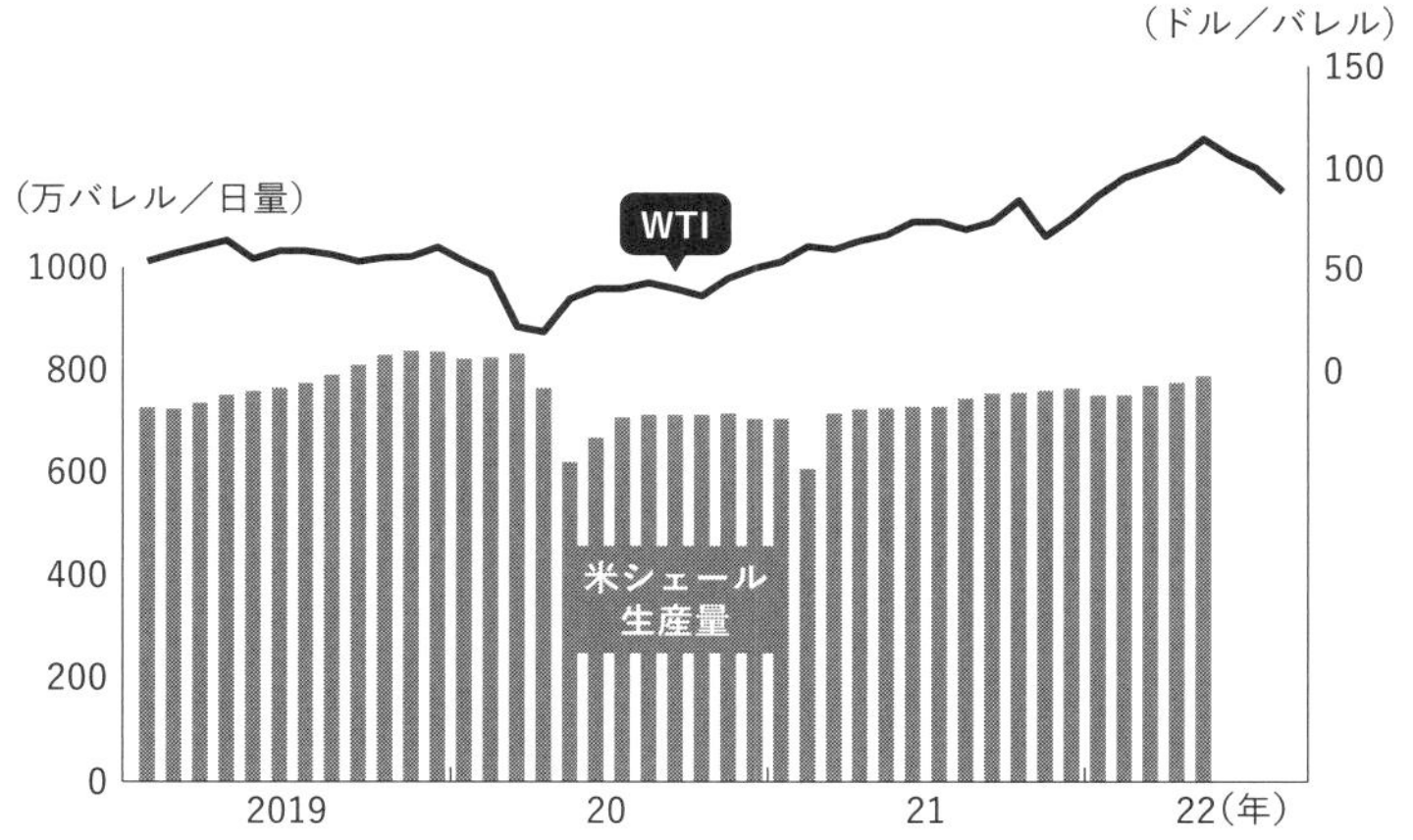

出所：EIA、リフィニティブ。生産量の直近値は2022年5月

それでも増産の動きが強まらないのは、必要な資材や人件費の高騰に伴うコストが上昇しているためだ。EIAによれば、米国国内で原油を生産する上場53社の売上原価は22年1～3月期に「コロナ前の平均の2倍以上に上昇した」と指摘した。ヴァントホフCFOも「砂、鋼管、ハイスペックな掘削リグ、作業員などすべてが全面的にタイトになっている」と話す。

金融面では急ピッチな利上げがシェール企業の資金調達コストを上昇させる要因になっている。東レ経営研究所の福田佳之チーフエコノミストは「中規模の生産者は社債発行などを通じて増産のための資金を調達しており、生産水準は金利動向にも左右される」と指摘する。インフレ抑制のための利上げがかえって増産にブレーキをかける皮肉な状況を生んでいる。

株主還元の優先も増産を鈍らせる要因だ。シェール企業の多くは足元の原油高で利益が改善する一方、資金を投資に回すより、配当や自社株買いなど株主還元に充てる傾向を強めている。米シェール企業のチェサピーク・エナジーは22年8月2日、年間基本配当を10％増の1株当たり2・20ドルにすると発表。パイオニア・ナチュラル・リソーシズも4～6月期のフリーキャッシュフロー（純現金収支）の27億ドルの95％を株主に還元するとした。

大規模な油田開発を手掛ける欧米石油メジャーも同様だ。株主還元を優先して増産しない業界にしびれを切らし、バイデン米大統領は22年6月、「エクソンは神よりも稼いでいる」と批判した。

開発投資の停滞は石油企業だけの責任とは言い切れない。脱炭素化の流れが強まる中、化石燃料を手掛ける企業から投資資金を引き揚げる「ダイベストメント（投資撤退）」の動きが加速。石油各社はより魅力的な株主還元策を打ち出さざるを得なくなっている。

石炭などへの需要回帰の動きもあるが「中長期で脱炭素の価値観は変わらず、企業にとって新たな開発投資のインセンティブは強くない」（石油天然ガス・金属鉱物資源機構

〈ＪＯＧＭＥＣ〉の野神隆之首席エコノミスト）。

脱炭素とロシアへの制裁で西側諸国のエネルギー供給は不安定化し、原油相場の乱高下を招きやすい。

穀物、天候不順と肥料高がネック

ウクライナ・豪州産「渋滞」、秋に高騰第2波も

ロシアのウクライナ侵攻で混乱に陥った穀物市場は、ウクライナからの輸出再開で小康状態に入った。ただ輸出の正常化には時間を要する上、世界の穀倉地帯を襲う天候不順やコスト高も波乱要因だ。市場の期待ほど供給不安は和らいでいない可能性がある。

小麦の国際指標となる米シカゴ商品取引所の先物価格は足元で1ブッシェル7ドル台とロシアの侵攻前より2割弱安い。黒海経由の輸出再開で品薄感の緩和期待が高まっているが、輸出の本格回復までは時間がかかるとの見方も多い。

ウクライナはおおむね11月～翌年の5月までがトウモロコシの輸出シーズン。そのさな

欧州産小麦の割高感が目立つ

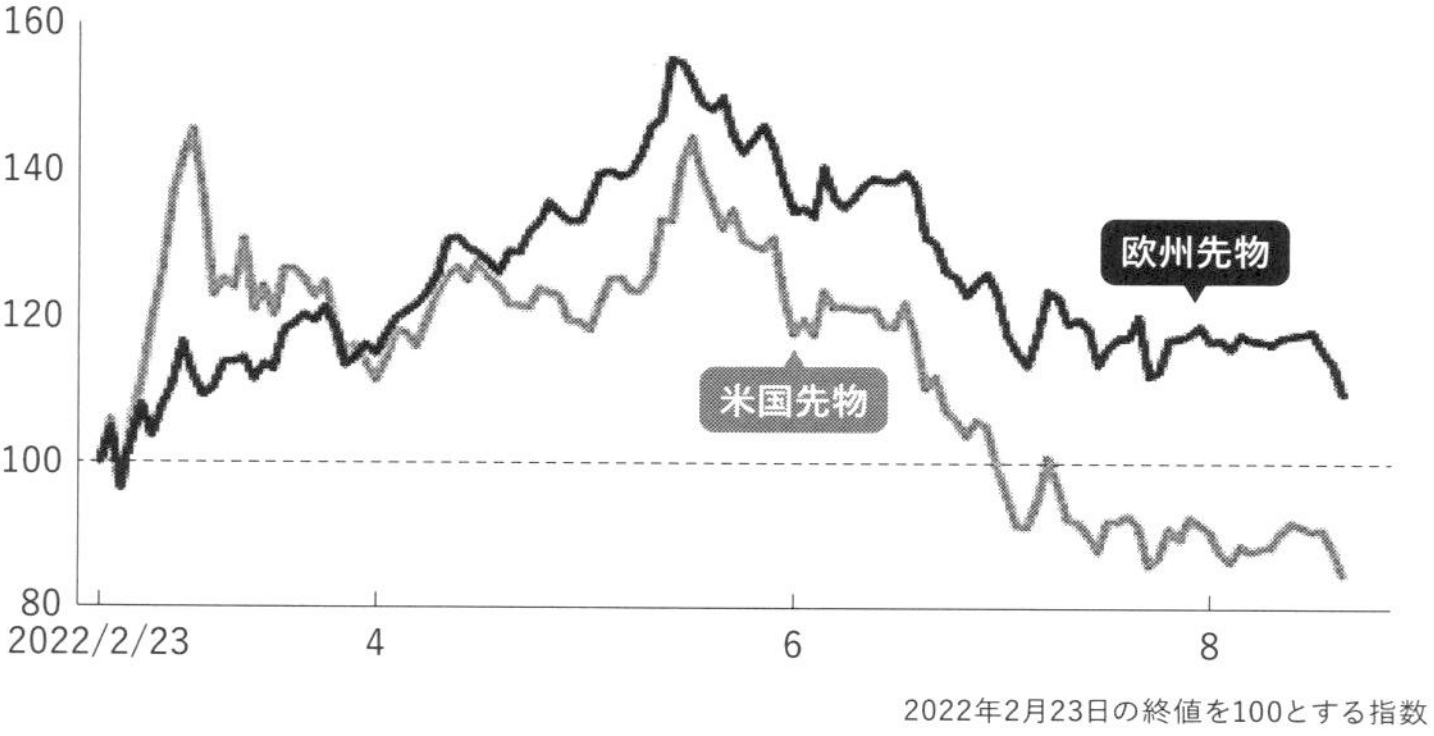

2022年2月23日の終値を100とする指数

9年ぶり低水準に落ち込む見通し
（ウクライナの小麦輸出量）

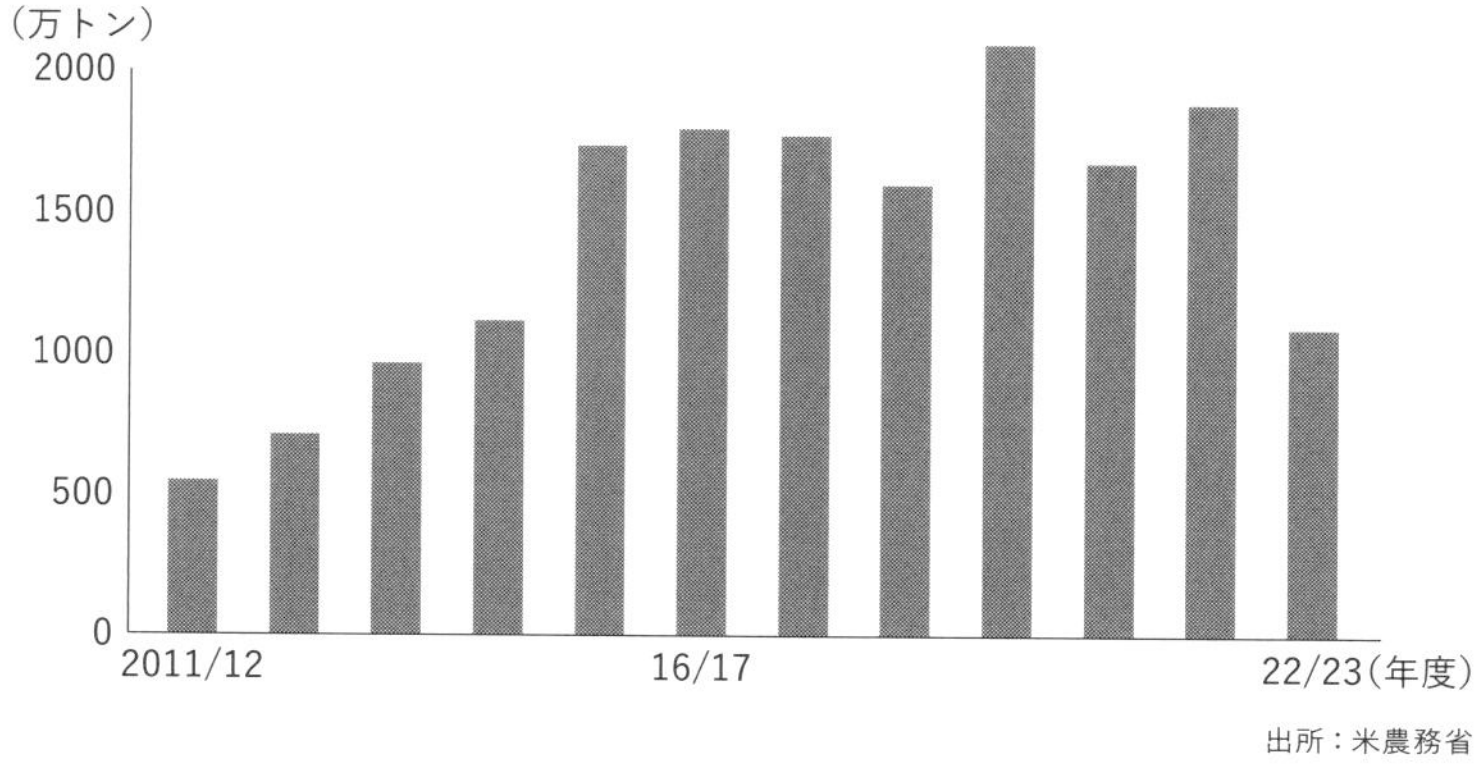

出所：米農務省

かに侵攻されたためスケジュールが大幅に遅れている。農林中金総合研究所の阮蔚理事研究員は「例年8月中旬に小麦輸出が本格化するが、まずトウモロコシを出さなくては進まない」と話す。

ウクライナ産の穴を埋める代替産地からの供給も安定しない。世界生産5位のフランスは熱波に見舞われ、2022～23年度の生産が前年度比5％強減る見込みだ。地理的に近いモロッコでも生産が減る。そのためウクライナの穴埋めもあり仏産の新興国向け輸出は増えている。米市場とは対照的に欧州の小麦先物は侵攻前比で1割高く、局所的な不足感を示している。

22年3月以降に熱波に襲われたインドは8月上旬に入り小麦の輸入関税を撤廃するとの観測が高まった。世界生産2位の同国は一時はウクライナの代替として期待されていたが、国内価格を下げるため5月には輸出禁止に踏み切った。豊トラスティ証券の七原匠郎氏は「インドが輸入を増やす可能性が警戒されている」と指摘する。

米国では8月に大豆が重要な生育段階を迎えるが、高温・乾燥が厳しくなる予報もあり神経質な相場展開が続く。春先に降雨が続いた影響でトウモロコシの作付けが遅れ、急ピッチの作業が続いた。米農務省によると22～23年度のトウモロコシの1エーカー当たりの収量は175・4ブッシェルと前月予想より引き下げられた。

肥料やエネルギー高もネックとなる。肥料の調達を手掛ける国内の総合商社の担当者は「22年6〜8月は需要が落ち着き一旦価格は下がったが、（南米の作付けが始まる）秋からはまた引き合いが強くなる」とみる。農機の燃料も高止まりが予想され、資源・食糧問題研究所の柴田明夫代表は「10月以降、食料高第2波が来る」とみている。

小麦輸出の世界シェアの1割を占めるオーストラリアは干ばつで落ち込んだ生産が21〜22年度は回復し、ウクライナの代替として需要が拡大。だが港湾設備の投資が間に合わず、港へ穀物を運ぶトラック運転手も足りない。「通常なら数日で穀物を積み出港できるはずが、6月ごろから30日程度待たなくてはならない」（国内海運仲介業者）

日本国内は食品の値上げラッシュが続く。大豆や菜種の搾りかすであるミールは畜産の飼料に使われ、足元で平成以降の最高値で推移する。価格の参考となる米市場の先物価格は落ち着いてきたが、円安で輸入コストが膨らむ。市場に年内出回るミールの大半は、干ばつで生産が落ち込み高い価格で輸入した21〜22年度産の原料を使う。そのため「価格上昇が落ち着くのは少なくとも23年に入ってからだろう」（国内製油大手）との声がある。

非鉄金属の供給にも脅威
欧州の電力高が直撃

アルミニウム、亜鉛でも「一物二価」

欧州を中心としたエネルギー不足はアルミニウムや亜鉛といった非鉄金属の供給網も脅かしている。グレンコア（スイス）など製錬大手が操業度を大きく落とし、欧州の非鉄製錬能力の約5割を喪失させた。資源大国であるロシア産金属の供給リスクもくすぶり、欧州とアジアで価格差も目立っている。

アルミや亜鉛は製錬の際に電力を多く使用する。みずほ銀行の能見真行氏は欧州のアルミ生産について「供給回復は遅れ気味だ」と指摘する。自動車や建材向けを中心とした地金の需要低迷で、ロンドン金属取引所（ＬＭＥ）のアルミ先物は2022年4月以降下げ基調にあったが、電力コスト高で相場は下げ渋っている。

欧州の供給事情の悪さはアジアのアルミ価格と比べると鮮明だ。ＬＭＥ3カ月先物と中国の上海期貨交易所（ＳＨＦＥ）に上場する先物価格の差を調べると、ドル換算ベースで100ドル程度ＳＨＦＥのほうが安い状況が続いている。銅や亜鉛など他の非鉄も、中国

アルミ先物は「欧州高・中国安」が鮮明（LMEとSHFEの値差）

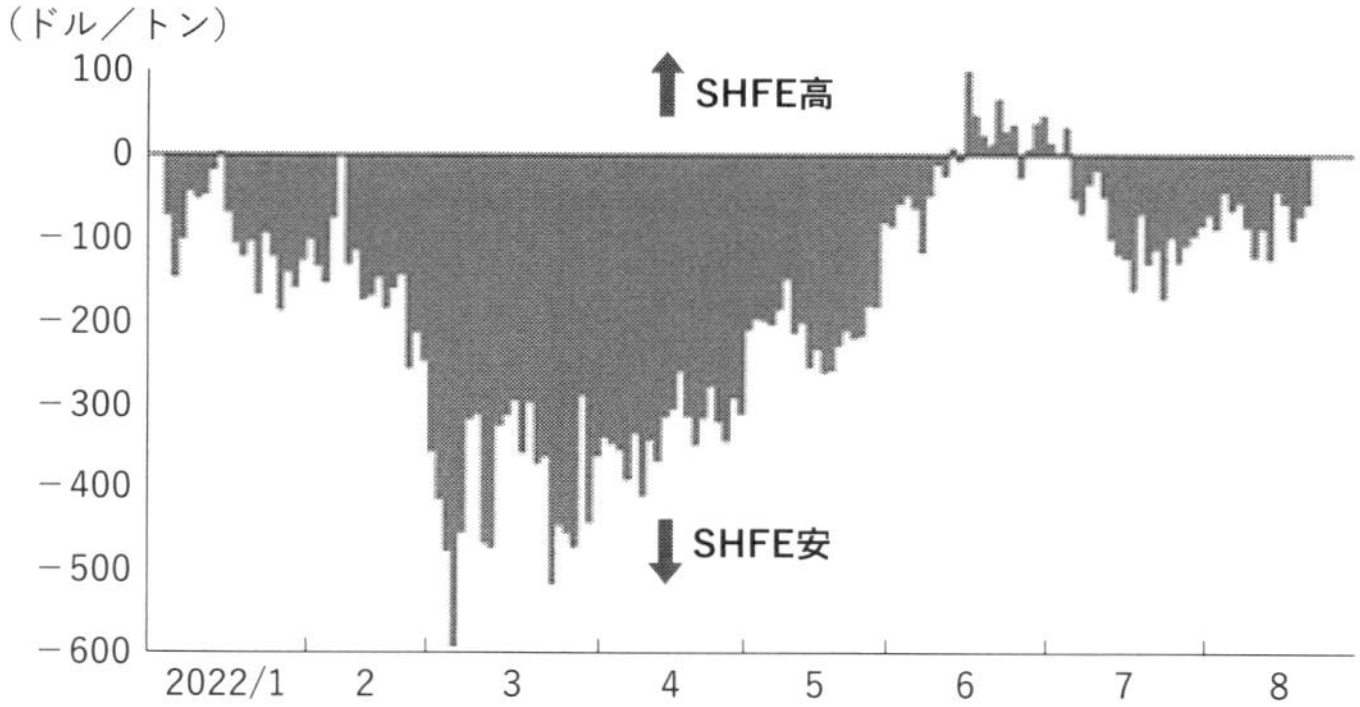

上海期貨交易所（SHFE）先物をドル換算した上で税金を控除したものと、ロンドン金属取引所（LME）3カ月先物を比較

市場のほうが安い傾向にある。

中国勢は石炭など自国産のエネルギー資源を活用し、欧州大手が動けない中でも増産に動いている。22年8月15日に中国国家統計局が発表した7月のアルミ生産量は、単月で過去最高となった。エネルギー供給力の差が生産力の差となり、非鉄でも東西で価格差が開く「一物二価」が生じ始めている。

非鉄では、ウクライナ危機を巡る地政学リスクも影を落とす。アルミは世界に占めるロシア産シェアが6%、ニッケルは9%に達する。それぞれルサールやノリリスク・ニッケルといったロシア企業の存在感が大きく、現状は米欧の制裁対象になっていないため主要国への供給も続いている。ただ「ロシア産金属が年間契約の見直しのタイミングで途絶えるリスクは残っている」（大手商社）。

非鉄生産のコスト高はエネルギーにとどまらない。電線などに幅広く使う銅は鉱山の操業コストが上昇傾向にある。「（社会全般の）ＥＳＧ（環境・社会・企業統治）に対する関心の高まりを受け、環境対策コストが重くなっている」。住友金属鉱山の松本伸弘取締役はこう話す。同社はチリで権益を持つケブラダ・ブランカ銅鉱山の本格稼働を年内に控えるが、銅事業における収益面での楽観ムードは乏しい。

銅相場の国際指標であるＬＭＥの３カ月先物は8月現在1トン約８０００ドル。これに対して住友鉱山の採算ラインは同７０００ドル程度とみられ、今の相場で得られる利幅は少ない。採算ラインも高まっているという。

品位が高い鉱石が採取しづらくなっているのに加え、鉱山の高地化が進み採掘コストが年々上昇。そこにＥＳＧ対応のコストや現地の人件費が重くのしかかる。脱炭素に伴う電線需要もあり、中長期の先高観は強い。

マーケット・リスク・アドバイザリーの新村直弘共同代表は「東西対立が激化し、海運の運行ルートが制限される中では、必然的に物流コストも上昇する。これまでと違う形の供給制約が定常化する可能性がある」と話す。銅やアルミの価格は新型コロナウイルス禍前の19年末と比べるとなお3割ほど高い。国際情勢の変化や開発コストの上昇は、高値の長期化を招きかねない。

金、インフレと利上げで綱引き

ロシア産禁輸の影響は限定的

資源価格の高騰は、インフレに強い金融資産とされる金（ゴールド）にとっても重要なテーマの一つだ。インフレの長期化や景気後退への懸念が強材料となる一方、米連邦準備理事会（FRB）の利上げは金相場の圧迫要因となる。国際指標のニューヨーク先物は、2022年6月中旬ごろから1トロイオンス1800ドルを挟んで一進一退で推移する。

ウクライナ危機が噴出し、世界の金融市場が混乱した22年3月は「安全資産」としての金にマネーが逃避。2000ドルを上回って過去最高値に迫った。物価上昇で通貨価値が相対的に下がるインフレが急速に進み、投資マネーを吸い寄せた。

足元ではFRBの急速な利上げを受け、米長期金利の上昇とともにドル高が進行。金利

金は市場の不安感が高まると買われやすい

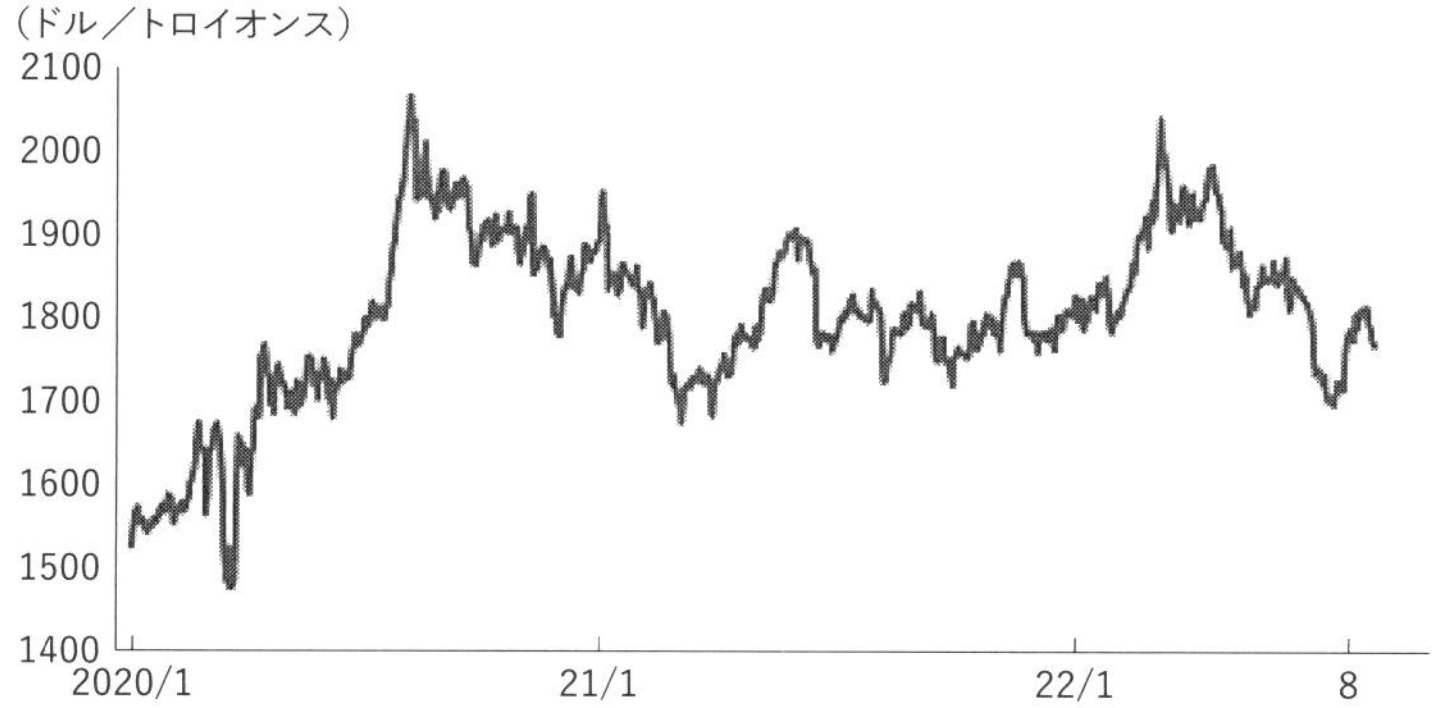

NY先物

がつかずドルの代替投資先とされる金相場は上値が重くなっている。

インフレの行方は今後も金市場の関心事となりそうだ。金融引き締めの効果でインフレの収束感が強まれば、市場はソフトランディング（軟着陸）と評価して金相場は軟調に推移する可能性がある。逆に景気後退とインフレが同時進行するスタグフレーションが現実味を増すと、市場の不安感が高まって相場上昇が見込まれる。

資源大国のロシアは、世界の金の生産シェアの1割を握る存在でもある。主要7カ国（G7）は22年6月末、ウクライナ侵攻への新たな制裁としてロシア産金の禁輸を打ち出した。ドル決済網から外れたロシアが金を売却して外貨を得る「抜け道」をふさぐ狙いだ

金はインフレに強い資産として注目される

が、流動性の高い金市場で短期的な相場への影響は限定的とみられている。

一方、同じ貴金属の白金やパラジウムは工業用途が多いこともあり、ロシア発の供給リスクが強く意識される。白金はロシアの世界生産シェアが1割、パラジウムは4割ほどを占める。

欧州の貴金属業界団体のロンドン・プラチナ・パラジウム・マーケット（LPPM）は22年4月、ロシア産の白金とパラジウムの一部ブランドを認定リストから外すと決定した。取引の中心拠点の一つであるロンドン市場から事実上締め出した。ロシアは貴金属を（制裁に消極的な）中国などに売り込むのではとの見方が多い。

個人が利用しやすい金投資の手段には、金の地金やコインの購入、純金積立、金価格に連動する上場投資信託（ETF）などがある。数千円台と少額から投資可能なのは純金積立とETFだ。金ETFの多くは金現物を裏付けとしており、株式と同じように証券口座で手軽に小口から売買可能となる。株式投資の経験がある人にとっては利便性が高い。金ETFの売買は近年、世界的に活発化している。金の国際調査機関、ワールド・ゴールド・カウンシル（WGC）によると、世界の金ETFの22年7月末時点の運用残高は3708トン。20年後半に付けた過去最高（3900トン超）に迫る水準で、5年前と比べると約6割増えている。

コラム

商品投資、多彩な選択肢　先物やETF、関連株で配当収入も

インフレの長期化が懸念される中、個人投資家にとっても関連リスクを抑制することが重要となる。金や原油など商品は、株や債券と異なる値動きをすることが多い。商品をポートフォリオの一部に組み入れ分散投資することで、運用収益の変動を抑える効果が期待できる。

商品投資は現物購入や先物取引、商品指数に連動する金融商品の購入などの手段がある。ただ原油などの現物に投資できるのは保管するタンクを持つ会社などに限られ

る。個人は商品先物や上場投資信託（ＥＴＦ）に投資するのが一般的だ。

商品先物は、少ない資金で多額の取引ができる半面、損失も膨らみやすくなる。より手軽な投資手法として商品ＥＴＦもある。基本的に手元資金だけで投資し、先物と比べても少額から投資できるのも利点だ。

東京証券取引所には原油や金、非鉄、穀物などに投資するＥＴＦが上場している。投資先も現物から先物まである。ＥＴＦは株の譲渡損益と合算できることもあり資産の管理がしやすい。少額投資非課税制度（ＮＩＳＡ）も使えるため、税制面の恩恵も期待できる。

商品先物に投資するＥＴＦには特有のリスクもある。例えば米原油先物、ＷＴＩ（ウエスト・テキサス・インターミディエート）に投資するＥＴＦの場合、ＷＴＩが２割上昇しても、ＥＴＦの値上がり益が２割になるとは限らない。満期前に期近物を売り、期先物を買う「ロールオーバー」という先物特有の運用手法が影響している。

期近物が期先物より安い「コンタンゴ」が続くと、ニュースなどで報道される原油先物の価格を、投資するＥＴＦの基準価格が下回った状態になる。一般に原油など商品は保管コストがかかるため、コンタンゴが起きやすい。こうした局面ではロールオーバーのたびにＥＴＦの価値が減価するため、原油相場が上がっても運用成績が停滞

資源関連株とETFの値動き

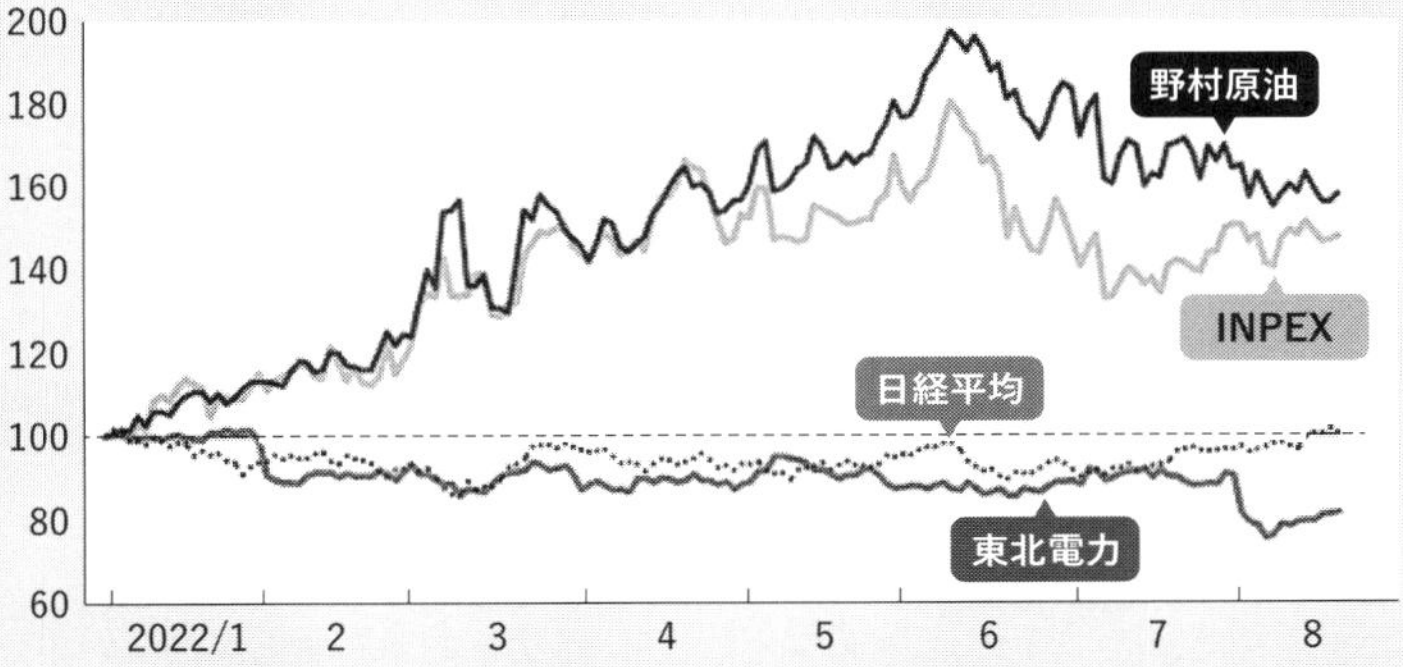

2021年末＝100として指数化。22年8月18日時点

する。長期運用では避けたほうが無難だ。商品投資は運用益の性質にも注意が必要だ。商品投資は商品価格の値上がりによるキャピタルゲインが中心になる。すでに幅広い商品が高騰し、上値余地が限られる可能性もある。株式の配当金のように、保有し続けることで得られるインカムゲインは期待しづらい。

難しさを感じる投資家にとっては、株式投資の中で物価高の恩恵を受ける銘柄を組み入れることで、配当による収益を狙う手もある。

米大手運用会社ヌビーン日本法人の坂本浩明プロダクト・マネージャーは「インフレ長期化に対応するためにも、インカムを軸にした運用が重要になる」と指摘する。

国内で上場している商品ETF

原油	NEXT FUNDS NOMURA原油インデックス連動型上場投信
金	純金上場信託・現物国内保管型
非鉄	WisdomTree銅上場投資信託
穀物	WisdomTree穀物上場投資信託

今後、物価が高止まりするとすれば、それを追い風に収益を稼げる個別企業に目を向けることが安定運用のカギとなる。

坂本氏はインフラ関連など「収益体系が物価に連動しやすい銘柄」に注目する。例えば天然ガスパイプラインを手掛ける米ウィリアムズ・カンパニーズは、生活に欠かせないエネルギー輸送という基幹インフラを担う。配当利回りも5%近い。

一方、国内のインフラ関連に投資する際は注意が必要だ。例えば、電力株は本来なら景気動向に左右されにくいディフェンシブ銘柄の代表格だが、足元では脆弱性が目立つ。想定外の燃料高が、料金に転嫁できる制度の上限を超え業績が悪化しているためだ。インフレの文脈では個別企業の価格転嫁力を見極めた銘柄選別が必要となる。

（2022年8月21日掲載）

世界経済を映すリサイクル市場

再生資源に注目　企業の業績拡大期待

資源価格が高止まりする中、金属スクラップや使用済みプラスチックといった再生資源が注目されている。脱炭素や政策面の追い風もあって長期的な需要拡大が見込まれ、リサイクルを手掛ける企業の株価は堅調に推移する。これらの再生資源の相場は世界経済の動向を敏感に映し、各市場特有の需給メカニズムを知ることが投資家にとって重要になる。

「鉄スクラップには2万円程度の『環境価値』が加わった」。資源リサイクルを手掛けるエンビプロ・ホールディングスの佐野富和社長は2022年8月下旬、東京都内で開いた決算説明会で強調した。鉄スクラップ（標準品）の東京地区の価格は、21年の平均で1トン4万6000円程度。従来は2万～3万円程度を中心に推移していた価格が大幅に上がった効果もあり、同社は22年6月期に過去最高益を更新した。

鉄スクラップは東京製鉄など電炉で生産する鉄鋼会社の主原料だ。鉄鉱石を石炭で還元し新たに鋼材を作る高炉と比べ、再生資源を使う電炉の二酸化炭素（CO_2）排出量は4分の1に抑えられる。日本の鉄鋼業のCO_2排出量は産業部門全体の4割。

電炉が原料に使う鉄スクラップ

脱炭素の潮流を背景に高炉から電炉へ切り替える動きも出ており、鉄スクラップ需要は今後も高まる見通し。東京製鉄も30年の鉄スクラップ購入量を600万トンと前期の2倍に増やす計画だ。

脱炭素は電気自動車（ＥＶ）や再生可能エネルギーの普及を促し、関連する希少金属のリサイクルの追い風にもなる。アサカ理研は東邦亜鉛と共同で、使用済みのリチウムイオン電池からリチウムやコバルトなどを効率よく回収するための技術開発を推進。フルヤ金属は次世代エネルギーの水素を生産するための触媒に使う貴金属イリジウムなどについて、使用量抑制の技術を開発すると同時に、使用済み触媒からの回収計画も打ち出す。

金にもリサイクルの波

世界的にインフレが進む中、ヘッジ手段として投資対象になりやすい金も価格高騰でリサイクルのニーズが高まっている。貴金属リサイクル大手のアサヒホールディングスは22年3月期の連結営業利益が5％増加した。23年3月期は新工場稼働に伴う旧設備の除却損発生で減益を見込むが、いちよし経済研究所の張谷幸一氏は「全国に回収ルートを持つ同社の強みが生きる」と評価。足元のＰＥＲ（株価収益率）は割安とみる。

資源リサイクル銘柄には政策面の追い風も吹く。環境省は30年までに「循環経済」関連の市場規模を現在の50兆円から、80兆円以上に拡大させる目標を掲げ、金属リサイクル原料の処理量を倍増させる方針を打ち出す。

22年4月にはプラスチック使用量削減を企業に促す「プラスチック資源循環促進法」も施行。プラスチックを代替する石灰石由来の独自素材「ＬＩＭＥＸ（ライメックス）」を開発・販売するＴＢＭ（東京・千代田）が神奈川県横須賀市でリサイクル工場を立ち上げるなど、スタートアップ企業の動きも活性化している。

将来性が期待できるリサイクル銘柄だが、業績が再生資源の価格変動に左右されやすい点には注意が必要だ。エンビプロも23年6月期は鉄スクラップ相場の上昇一服の影響で減益を見込む。投資先を選ぶ際には、各銘柄が扱う再生資源の需給や価格動向を十分に把握するのが賢明といえそうだ。

鉄スクラップ　アジア鋼材需要が左右

「鉄スクラップ」はビルの解体や廃車、製造業の工場などで発生する鉄くずで、経済成長が一巡した先進国で多く供給される。日本鉄源協会によれば21年度の国内発生量は約3500万トン。資源の乏しい日本では貴重な鉄鋼原料になっている。

国内で余ったスクラップは海外にも活発に輸出される。日本鉄リサイクル工業会（東京・中央）によると21年の輸出量は年間730万トン。主な輸出先は韓国やベトナムで、鋼材消費地の中国などアジアの経済動向が鉄スクラップの需要を左右する。

国内では鋼材の需要先である建設や自動車の生産活動の影響を受けることが多い。相場は国内外の需給バランスの変化に加え、先行きの期待や思惑を反映して動く。

鉄スクラップの国内の指標価格として参照されるのが、国内の電炉が購入する標準品種「H2」。20年10月時点で1トン3万円弱だった価格は、鋼材の需要先である自動車や機械など製造業の持ち直しを背景に21年に5万円台まで上昇した。22年にはロシアのウクライナ侵攻による供給懸念も加わり、4月下旬に1トン6万5750円と約14年ぶりの高値を付けた。

スクラップ高は電炉各社の原料コストの上昇につながるが、鋼材の値上げで転嫁すれば収益は確保される。22年春以降は中国の景気減速で日本からの輸出が鈍り、相場は下落し

鉄スクラップは価格水準が切り上がった

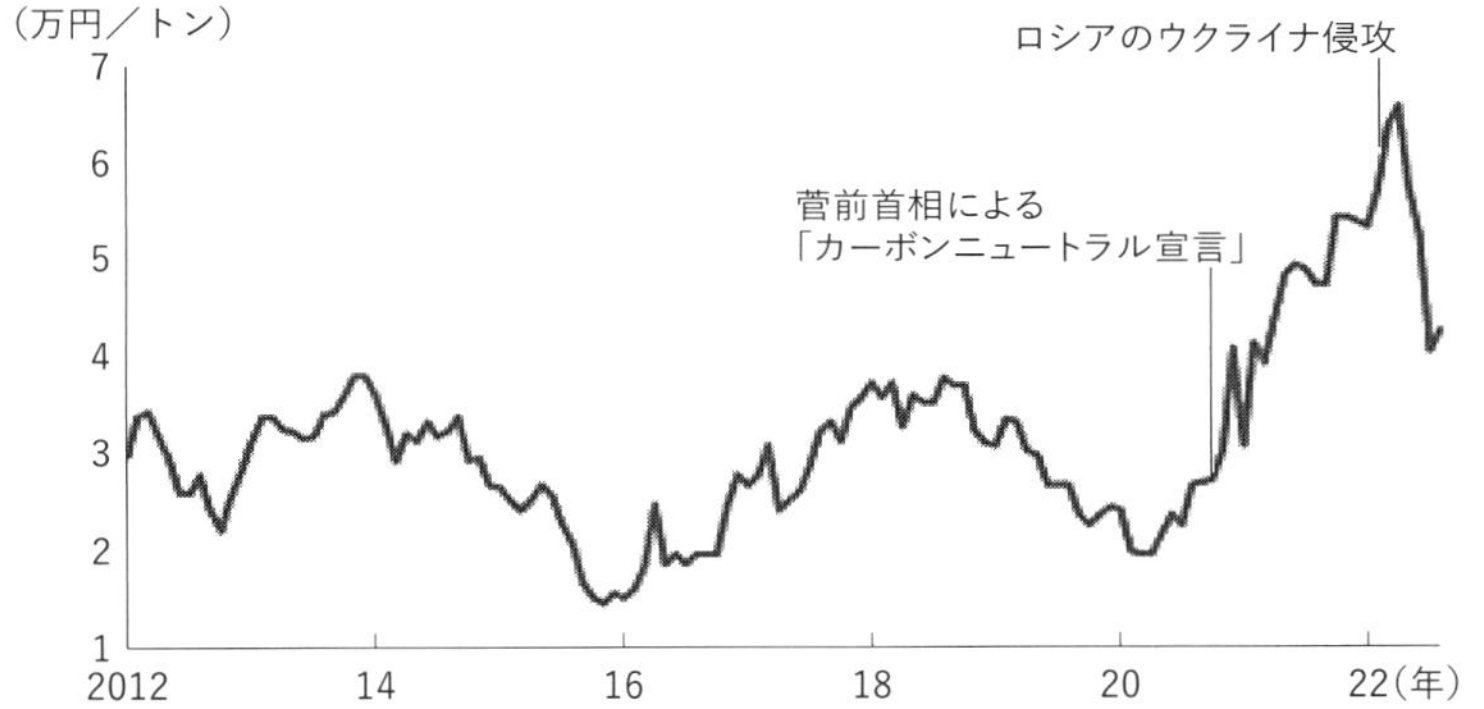

メーカー買値、標準品種［H2］

た。

経済活動の中で自然発生する鉄スクラップは、供給量を意図的に調整することが難しいことから景気の先行指標ともいわれる。かつて米連邦準備理事会（ＦＲＢ）のグリーンスパン氏が、景気の判断材料として鉄スクラップ価格を重視していたことでも知られる。

日本政府が「２０５０年の温暖化ガス排出実質ゼロ」を掲げて以降、国内の鉄鋼業界でも脱炭素の動きが加速。日本製鉄やＪＦＥホールディングス傘下のＪＦＥスチールなど高炉各社も鉄スクラップの調達を増やしている。副原料として不純物が少ない鉄スクラップの配合を増やすほか、高炉の電炉への転換、電炉を使った高級鋼の生産を検討する動きがある。

東京製鉄の購買担当の津田聰一朗総務部長代理は「鉄スクラップ相場は長く2～3万円前後で推移してきたが、脱炭素で需要が高まり価格のレンジが切り上がった」と話す。世界最大の鋼材生産国である中国は60年までのカーボンゼロを表明し、電炉導入や鉄スクラップ回収に注力している。中国の需要が増えれば鉄スクラップの争奪戦が激しくなる可能性がある。

廃ペットボトル　原油高で需要増、最高値

金属とともにリサイクルの拡大が期待されるプラスチック（樹脂）。包装容器や繊維などに生まれ変わる使用済みペットボトルは、原油高などを受けて価格も高騰している。

日本容器包装リサイクル協会（容リ協、東京・港）が22年夏に実施した22年度下半期の入札では、リサイクル会社が費用を払って引き取る「有償」分の落札単価（加重平均）が1トン11万7358円だった。上半期比で77％高く、2期連続で過去最高値となった。

入札参加者が費用を受け取る「逆有償」を含めた総平均は11万5371円と同80％高い。ロシアのウクライナ侵攻などで、石油化学製品の基礎原料となるナフサ（粗製ガソリン）価格が高騰。新品の樹脂価格が最高値を付け、割安な再生樹脂の需要が伸びている。リサイクル業者はボトル高を転嫁するため再生樹脂の値上げを進める見通しだ。

廃ペットボトルは自治体が分別回収し、容リ協に引き渡す。容リ協が年に2回実施する入札に、使用済みのペットボトルを求める事業者が参加する仕組みだ。制度が始まった当初はリサイクル会社が費用を受け取る「逆有償」が基本だったが、再生樹脂の需要が増えてからは「有償」が定着している。

新型コロナウイルスの感染拡大前は飲料向けなどを中心に再生樹脂の需要拡大が見込まれ、高値落札が増えていた。一方で、新型コロナの感染拡大後は人の動きが減り、産業活動も停滞。再生樹脂の需要が鈍り、20年度下期には有償分の落札単価は1万円台まで下落していた。

コロナ禍2年目となった21年度も上期の有償分は2万3648円と低水準だった。21年度下期からは生産活動の持ち直しや原油高で風向きが変わり、4万5252円とコロナ前の水準まで回復。22年度上期には6万6340円と最高値を付けていた。

脱炭素が求められる中、包装容器大手のエフピコは製品売上高のうち、リサイクル製品の売り上げが4割超を占める。リサイクル原料を使った製品は石油由来の樹脂から作る製品と比べて温暖化ガスの排出量を3割削減できるという。買い手となる小売店でも環境への配慮をアピールできるため、引き合いが強まっている。

使用済みペットボトルを新しいペットボトルに再生する「水平リサイクル」や、衣服をペットボトル由来の繊維で作る動きも広がっている。脱炭素が加速すれば、再生樹脂の需要はさらに高まりそうだ。

非鉄スクラップ　LME高と円安で値上がり

世界的な脱炭素化を追い風に成長が期待される金属リサイクル。鉄と並ぶ主役となるのが銅やアルミニウムといった非鉄スクラップだ。工場で発生する端材や削り粉、サッシ、電線のほか、缶や自動車といった製品の金属くずを指し、再び非鉄製品の原料として使う。アルミ缶から自動車のエンジン部品まで用途は様々だ。

銅やアルミは電気自動車（EV）向けの需要が拡大している。軽量素材のアルミはEVの航続距離を伸ばすために欠かせない半面、原料のボーキサイトからアルミを製錬する過程で大量の電力を消費する。その点、アルミスクラップを地金に再生するのに必要なエネルギーは、新品地金の製錬時より9割強少ない。スクラップへのシフトは温暖化ガスの排出削減につながる。

スクラップの価格は、非鉄の国際指標であるロンドン金属取引所（LME）相場や為替を参考に決められる。ウクライナ危機に伴う供給不安などで銅やアルミのLME相場はいずれも22年3月に最高値を更新した。足元では最大市場である中国の景気懸念などで軟調に推移しているものの、円安の影響もあって中長期的には高値圏にある。

アルミスクラップの代表品種で、圧延品の切断くずである「新切れ」は22年8月下旬時点で1トン23万9500円前後。10年前の3・3倍まで値上がりした。銅スクラップの代表品種「1号銅線」は1トン101万2500円前後と同2倍、亜鉛を含む「黄銅削り」は75万7500円前後と同2・4倍だ。

アルミスクラップは脱炭素の面でも重要に

再生アルミ大手の大紀アルミニウム工業所はスクラップから車部品向けのアルミ二次合金を製造する。スクラップの高騰などを受け、22年4月までの1年間で合金を3割値上げした。業績は前期、今期とも大幅な増収基調を保つ。
非鉄スクラップは海外への輸出も多い。銅スクラップの21年の輸出量は、14年ぶりに40万トンを超えた。20年に中国が環境政策の一環で輸入基準を緩和し、日本から輸出しやすくなった。日本の輸出のおよそ8割を中国とマレーシアが占める。円安も輸出の追い風となっている。

アルミ缶スクラップの輸出量も15年の4万トンから21年は9万トン台まで伸びた。「国内のアルミ缶材料メーカーが現地生産に切り替えた影響が大きい」（阪和興業）という。輸出先は韓国やタイに広がっている。

古紙　コロナで発生減、相場反転

製紙原料となる古紙も国内外で活発に取引される再生資源だ。使い終えた段ボールや新聞、雑誌を回収し、再び段ボールや新聞紙、トイレットペーパーなどに再生する。日本の古紙リサイクルは回収率、利用率ともに世界トップクラス。日本は古紙から異物やインキを取り出す技術などが優れており、「日本の古紙は品質が高いとの評価を受けている」（古紙問屋）。

国内の古紙相場は17年ごろをピークに下落基調をたどり、段ボール古紙は当時の高値と比べると半値水準にある。日本の古紙の主力市場だった中国が17年ごろから環境保護を理由に輸入を段階的に制限し、21年に全面禁止した。対中輸出の「蒸発」で日本国内の需給が緩んだ。

潮目を変えたのが新型コロナウイルス禍だ。段ボールの集団回収が減少し、デジタル化も進んで新聞や雑誌の発行部数が低迷。古紙の発生が減る中でトラック燃料が高騰し、回収費用が上がった。古紙相場は上昇に転じ、問屋が回収事業者から仕入れる段ボール古紙は現在1キロ6・5円（中心値）、新聞古紙は同6・5円、雑誌古紙は同3円とそれぞれ直近安値の20年4月比で1～4割ほど高い。

レンゴーや日本製紙など製紙各社は21年秋以降、原燃料価格や物流コスト急騰を背景に製品の値上げを相次ぎ発表した。22年2月のロシアのウクライナ侵攻による石炭価格急騰を受けて、2回目の値上げを表明している。「エネルギー価格高騰が最も響いているが、コロナ禍以降の古紙高も製紙会社の収益を圧迫している」（業界アナリスト）という。

現在、国産古紙の主な輸出先となっているのは東南アジアだ。現地で段ボール原紙に加工され、中国に供給される。最近は「この物流過程で排出される温暖化ガスが膨大」（紙商社）との問題意識から、自国内で古紙を製品化して段ボール原紙などを輸出すべきという議論が拡大。脱炭素の流れが古紙を巡るサプライチェーンにも変革を迫っている。

（2022年9月4日掲載）

第6章 忍び寄るスタグフレーション

NIKKEI montage/iStock

インフレ不況に備えよ　株・債券同時安、日本も影響不可避

「物価安定の回復に失敗すれば、後々にはるかに大きな痛みを伴う」。米連邦準備理事会（ＦＲＢ）のパウエル議長は２０２２年９月21日、米連邦公開市場委員会（ＦＯＭＣ）後の記者会見で強調した。

今回のＦＯＭＣでは３会合連続となる０・７５％の大幅利上げを決定。政策金利の誘導目標は３・００〜３・２５％に達した。ＦＯＭＣ参加者の22年末時点での政策金利見通しの中央値は４・４％となり、11月の次回会合でも大幅利上げが継続する可能性が高まった。

ＦＲＢが改めてタカ派姿勢を示したことで、インフレがピークアウトし利上げが早期に止まるとの楽観論は後退した。９月21日の米ダウ工業株30種平均が３カ月ぶりの安値で終え、米２年物国債利回りは一時４・１％台と15年ぶりの水準まで上昇（債券価格は下落）。株と債券の同時安が進んだ。

欧州中央銀行（ＥＣＢ）も９月に０・７５％の利上げを決めており、米欧の中銀は競う

ようにインフレ鎮圧に向けた利上げを急ぐ。8月の米消費者物価指数（CPI）は前年同月比8・3％上昇と市場予想を上回り、家賃などの上昇が目立つ。ユーロ圏の消費者物価指数も8月に9・1％上がり、インフレが加速している。

供給制約に効かず

第4次中東戦争やイラン革命により二度のオイルショックが発生した1970〜80年代には、FRBの不十分な利上げがインフレ加速を招き、米国経済は大きな打撃を受けた。「中央銀行が当時の失敗を強く意識している」（インベスコ・アセット・マネジメントの木下智夫グローバル・マーケット・ストラテジスト）だけに、目先の景気を犠牲にしてでも利上げを推進し続ける可能性は高い。

ただ、利上げが抑制できるのはあくまで雇用や消費といった需要だ。ロシアのウクライナ侵攻による資源高のような、インフレの元凶ともいえる供給制約の改善には役に立たない。高インフレと景気後退が併存する「スタグフレーション」が現実味を帯びる。

こうした状況下では株・債券の同時安が進行するリスクは高い。世界景気の後退懸念が強まり、MSCIの先進国株指数は22年すでに2割下落。本来ならば株価と逆方向に動きやすい米国債の代表的な指数も、FRBの利上げの影響で1割以上下がった。

現金保有比率は高水準に

株にも債券にも投資しにくい中、機関投資家は身を縮める。バンク・オブ・アメリカの22年9月のファンドマネジャー調査によると、世界株への資産配分が大幅に縮小する一方、現金保有比率は6・1％と米同時多発テロ直後の01年10月以来の高水準となった。だがインフレ下ではドルやユーロの価値の目減りも避けられず、現金逃避は苦肉の策にすぎない。

投資家はどう資産防衛を図るべきか。世界最大のヘッジファンド、ブリッジウォーター・アソシエーツのレベッカ・パターソン氏は米誌インタビューで「スタグフレーション期には『物価連動債』や金、幅広いコモディティ（商品）が最も良い成績を収める傾向がある」と指摘。特に物価連動債は物価上昇率に応じて元本が調整されるため、株式などからの資金分散を勧める専門家は多い。

リターンが相対的に安定している不動産も分散投資先の候補に挙がる。株式も高いブランド力などを武器にコスト高を転嫁できるような銘柄であれば投資を検討する価値がある。

日本は欧米と比べて物価上昇が緩やかで、日銀も低金利政策を維持している。それでも欧米で物価高と景気後退が同時進行すれば、日本の株価や金利も影響は免れず「日本の資産だけに資金を振り向けている投資家にとってもスタグフレーションは他人事ではない」

（ニッセイ基礎研究所の上野剛志上席エコノミスト）。多くの投資家にとって未知の困難に立ち向かい、資産を守る方法を探ってみよう。

伝統資産への分散通じず　現金も目減り

「60／40ポートフォリオは死んだのか」。市場関係者の一部で最近、こんな議論が巻き起こっている。運用資産の6割を株式に、4割を一般的な債券に投じる伝統的な分散投資の有効性が低下しているのではないか、という疑念が高まっているのだ。

フィデリティ投信によると、先進国株を6割・米国債を4割保有するポートフォリオのリターンは、2022年1～8月実績がマイナス15％。リーマン・ショックによる金融危機で様々な資産が同時に急落した08年以来のマイナス幅を記録している。

株と債券は本来、逆方向の値動きをしやすい。景気が良くなると企業業績の拡大に伴って株価は上がる半面、景気が過熱すればインフレ抑制のための利上げにつながり、債券価格が下落する。反対に不況時は株価が低迷する一方、景気テコ入れのための利下げへの期

1970～80年代のスタグフレーション期は株価に対して物価が逆相関を示す一方、商品や米国債は順相関が目立った

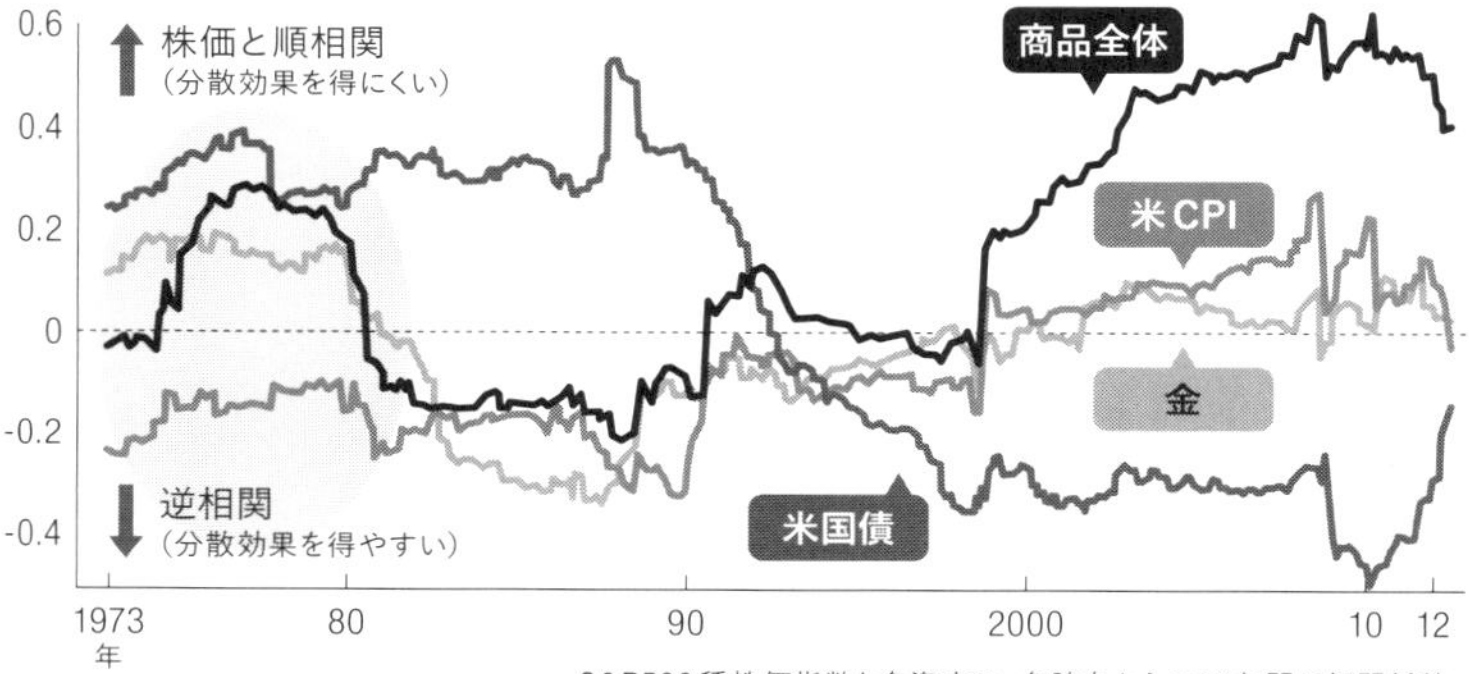

S&P500種株価指数と各資産の、各時点からの10年間の相関係数。
商品全体はS&P、米国債はブルームバーグの指数
出所：フィデリティ投信

待で債券価格は上がりやすい。

ただ、こうしたメカニズムが機能するようになったのは、米国のインフレ率が恒常的に低水準となった1990年代以降だ。70～80年代は過度のインフレによる景気悪化と金利上昇が並行して進行し、株と債券が同時安となる局面が目立った。

現在も高インフレが進行する。米連邦準備理事会（FRB）や欧州中央銀行（ECB）は急ピッチで利上げを進めているが、家賃やサービス価格の上昇の粘着性が強いこともあり、インフレは簡単には退治できない。欧米がスタグフレーションに陥り、過去のように株と債券の分散効果が効かなくなる局面が長引く可能性は否定できない。

コラム

株・債券同時安に負けない投資のヒント

投資家はこの状況にどう対応すべきか。現金の保有比率を高めれば、株や債券の価格急落に翻弄されるリスクは低下する。だが今はインフレが進行しているため、ドルやユーロの価値は実質的に目減りするのが避けられない。日本も緩やかに物価が上昇している上、日米の金融政策の格差を背景とする円安がどこまで進むか不透明で、円の保有にもリスクはつきまとう。

投資を縮小するのではなく、伝統的な株や債券以外に分散先を広げるのも一手だ。特に、物価上昇率に応じて元本が増える「物価連動債」の長期保有が有効だとする市場関係者は多い。米国の物価連動国債に投資する上場投資信託（ＥＴＦ）「ｉシェアーズ米国物価連動国債ＥＴＦ」などを通じて、個人も気軽に投資できる。

二度のオイルショックによりスタグフレーションに見舞われた１９７０年代から80年代初頭を振り返ると、米国の株価と消費者物価指数（ＣＰＩ）は逆相関の関係だった。今回もインフレが収まらず本格的に景気が悪化すれば株価は下がる上、ＦＲＢの利上げで米国債も値下がりしやすいが、物価連動債には有利になりやすい。フィデリティ投信の重見吉徳マクロストラテジストは、スタグフレーションへの備えとして「運用資産の2割前後を物価連動債に振り向けてもよい」と語る。

不動産投資という選択

インフレ時代の投資先としてもう一つ候補に挙がるのが不動産だ。「米国の不動産賃料や不動産投資信託（REIT）の一株当たり配当は、物価上昇率並みで増加する」（フィデリティ投信の重見氏）。米REITをみると、スタグフレーションが発生した70年代や80年代を含めて、安定したリターンを稼ぎ続けている。

インベスコ・アセット・マネジメントの木下智夫グローバル・マーケット・ストラテジストは「不動産へ投資するなら日本のほうが有利ではないか」と指摘する。米欧では中央銀行の利上げが物件購入のための借入金の利払いコストを押し上げ、不動産価格に逆風となる。その点、日本の利上げ圧力の弱さが強みになり得る。

投資する不動産やREITのタイプを選別するのも重要だ。米国のオフィスビルは「すでに空室が増加しており、不況により完全な回復も遅れる」（不動産サービス大手CBREのグローバル・チーフ・エコノミスト、リチャード・バーカム氏）。一方で米債券運用大手ピムコのエグゼクティブ・バイス・プレジデント、デビン・チェン氏は

2022年は先進国株6割・米国債4割のリターンが大幅なマイナスに

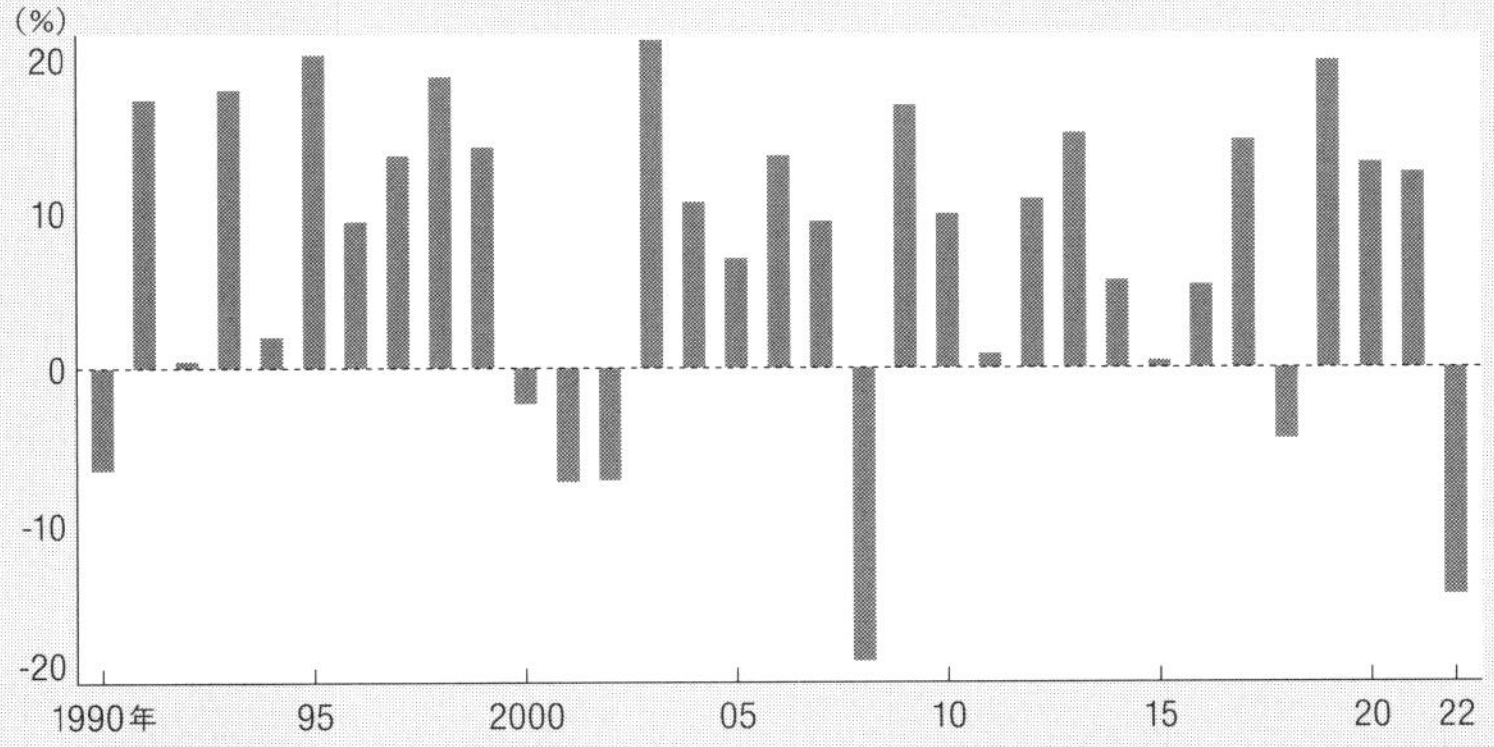

ドルベース、2022年は8月まで
出所：フィデリティ投信

米REITは各年代で安定したリターンを稼いでいる

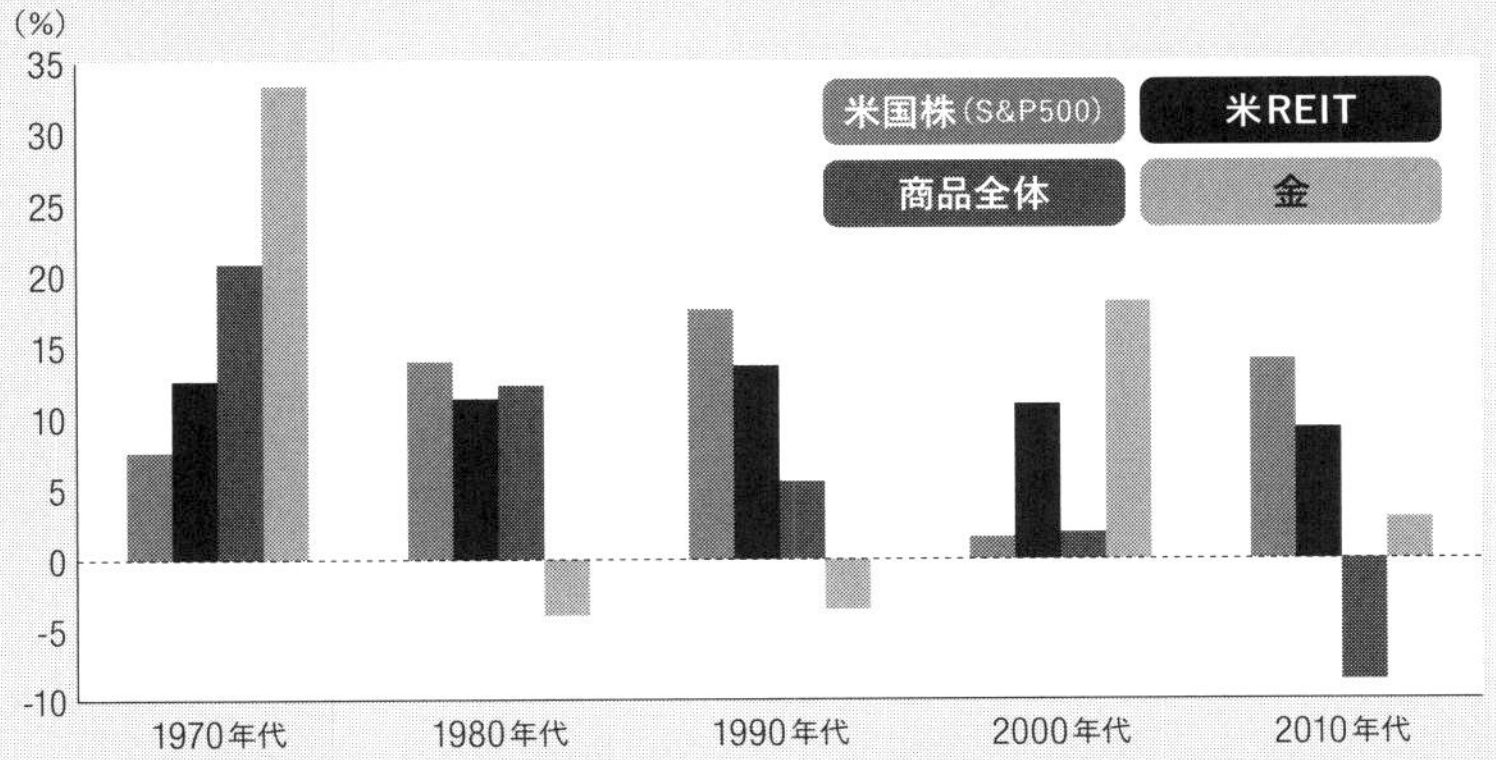

出所：フィデリティ投信。商品全体はS&P、米REITはFTSEの指数

「住宅所有が価格と金利の上昇で難しくなっている点は、賃貸住宅の需要増加につながる」とみる。

インフレの「主犯」といえる国際商品（資源）はどうか。原油や穀物といった主要資源もＥＴＦや先物を通じて投資できる。ウクライナ紛争の長期化や産油国の供給抑制を背景に、国際商品全体の値動きを示すリフィニティブの指数は２０２１年末より２割高い水準で推移しており、当面は大幅な下落が見込みにくい。

ただ１９７０年代を振り返ると、商品と米国株は値動きが同一方向に動く「順相関」が目立ち、分散投資の効果が薄かった。原油や非鉄の需要は景気と連動しやすいため、最近も株安・商品安の局面が目立っている。２０２２年は値動きの不安定さから機関投資家が持ち高を減らし、流動性の低下によってボラティリティー（変動性）がさらに高まる傾向がみられる。

先物に投資するタイプの商品ＥＴＦは、満期前に期近物を売り期先物を買う「ロールオーバー」という運用手法の影響で、値動きが商品先物とかい離しやすい点にも注意が必要だ。投資を検討する場合はリスクを十分に理解する必要がある。

株「値上げ力」と「資源」に耐性　エネルギー関連、注目度高く

スタグフレーションは企業業績を悪化させ、株式市場全体に逆風となる。その中で「買える銘柄」をどう選ぶか。多くの市場関係者が「値上げ力」のある企業やインフレの恩恵を受ける業種を選択肢に挙げた。

三井住友トラスト・アセットマネジメントの上野裕之チーフストラテジストが有望視するのは、食品など生活必需品の業種で値上げ耐性のある企業だ。生活必需品は景気に左右されにくいが、スタグフレーション下ではコストを販売価格に転嫁するため値上げせざるを得ない。

「物価高で消費者の財布のひもは固くなる。値上げしても消費者に選ばれるブランド力を持つかどうかで同じ業種でも差が出やすくなる」と上野氏はみる。

例えば食用油大手の日清オイリオとJ—オイルミルズは原料に使う大豆・菜種の高騰や円安によるコスト高を受け、21年から製品の値上げを続ける。業界首位の日清オイリオは知名度の高さを生かして値上げを有利に進め、22年9月21日時点の株価は21年末比11％高い。2位のJオイルは6％安にとどまり、値上げの進展の違いによって明暗が分かれた。

JPモルガン証券の高田将成クオンツストラテジストは資源株に注目する。単なる

食品や資源関連銘柄の値動きが堅調

		予想PER（倍）	2021年末比の株価騰落率（%）	特徴
生活必需品	キリンHD	13.6	23	ビールや飲料を値上げ
	日清食品HD	31.9	16	即席麺などを値上げ
	味の素	27.4	13	家庭用調味料などを値上げ
資源・商社	INPEX	5.8	50	原油・天然ガス開発の国内最大手
	三菱商事	6.0	18	資源ビジネスの割合高い
	三井物産	6.3	18	金属資源分野に強み
海外	オキシデンタル・ペトロリアム（米）	6.0	122	米石油・ガス大手
	シェル（英）	4.7	42	英エネルギー大手
	シュルンベルジェ（米）	19.0	29	油田開発装置などを手掛ける

2022年9月21日時点。海外企業は20日時点。PERは株価収益率

景気悪化なら原油などの資源価格は需要減少を受け下落するが、スタグフレーションは資源高が同居する。「天然ガスの高騰も顕著で、エネルギー企業の利益は上向く」（高田氏）という。

海外の石油・ガス大手も資金流入が続く。米オキシデンタル・ペトロリアムの株価は9月20日時点で21年末比で2・2倍に上昇した。英シェルも同4割高い。

総合商社株も同様だ。楽天証券の窪田真之チーフストラテジストは「インフレ下では値段が

スタグフレーションへの警戒が高まる

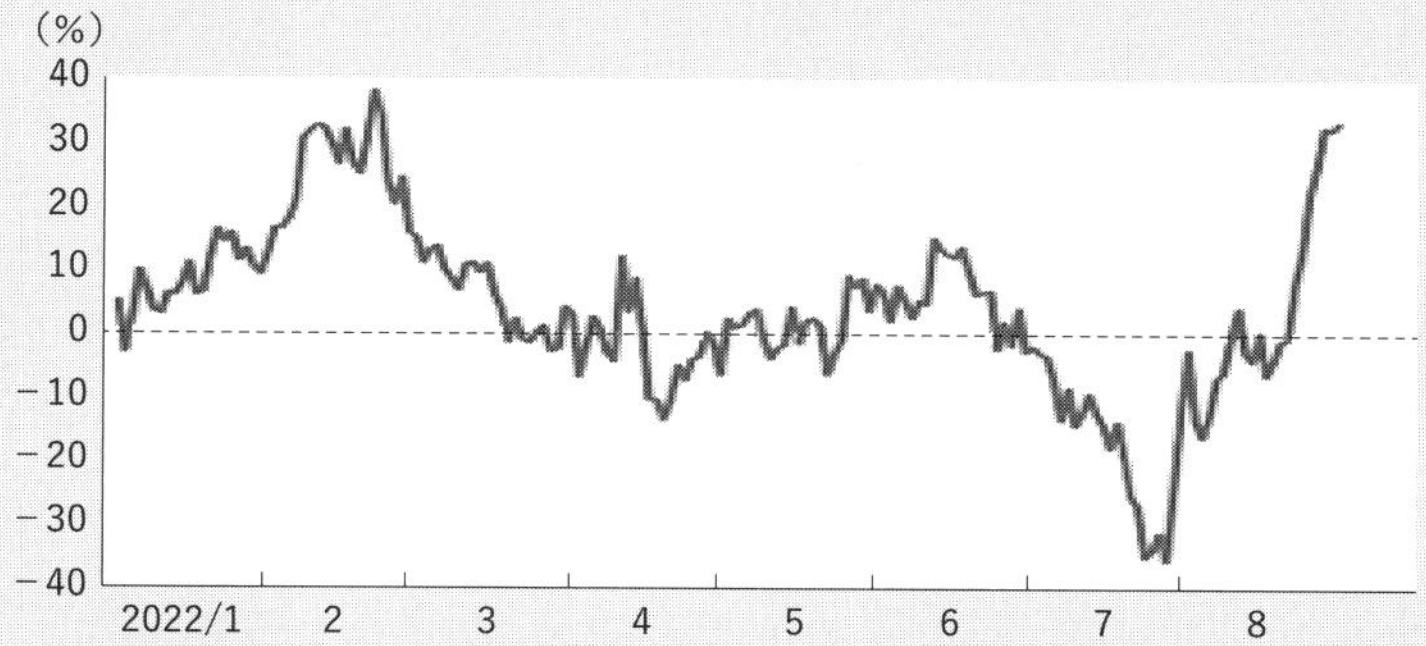

出所：JPモルガン証券。業種別株価などから推計した市場のスタグフレーションの想定度合い

上がるものを作る企業がもうかる。資源価格の高止まりを見込むなら権益を持つ商社が投資対象の一つ」と指摘する。

これらの銘柄の値動きはスタグフレーションへの市場の警戒度を測る目安にもなる。JPモルガンの高田氏は商品市況や米長短金利に対する業種別の抵抗度を基に「スタグフレーション織り込みスコア」を算出。抵抗度が高い業種は石油や石炭といったエネルギー関連が中心で、これらが買われるほどスコアが上がり警戒が高まっていることを示す。逆に精密機械や非鉄金属は抵抗度が低い。

織り込みスコアはロシアがウクライナに侵攻した22年2月末に急騰した。原油高騰が徐々に落ち着くと低下傾向をたどったが、パウエル米連邦準備理事会（FRB）議長が金融引き締め姿勢を鮮明にした8月下旬のジャクソンホール会議後に再び跳ね上がった。「高インフレと金融引き締めの長期化が意識され、スタグフレーションへの警戒が高まった」（高田氏）

海外景気の後退が国内消費や設備投資にどう響くかも見極めが必要だ。楽天証券の窪田氏は新型コロナウイルス禍からの経済再開を踏まえ「インバウンド（訪日外国人）の恩恵を受ける銘柄が選択肢」と話す。

設備投資への懸念から機械や電子部品は弱気な見方が多いが「生産コスト削減につながる自動化ニーズは景気に左右されにくく、産業機械などの需要は底堅い」（クレディ・スイス・アセット・マネジメントのアンガス・ミュアヘッド株式部門ヘッド）との指摘もある。

金、石油危機時にも上昇 米利上げで目先軟調、円安が支え

金（ゴールド）は過去の経験則から、スタグフレーション懸念が強まった時の資産防衛に向くという期待がある。第４次中東戦争やイラン革命、オイルショック（石油危機）などが起きた１９７０～80年代初めにかけて、金価格はドル建てと円建てともに上昇する場面が目立った。

国際調査機関のワールド・ゴールド・カウンシル（ＷＧＣ）は、73年から２０２１年にかけてスタグフレーションに近い経済状況が四半期ベースで過去68回あったと分析。各資産の値動きを比較したところ多くの時期で金のパフォーマンスが相対的によく「明らかに勝者だった」と結論づけた。「景気減速」と「インフレ」の両方が金の買い材料になりやすいためだ。

景気に対する市場の不安感が高まった場合、金は希少性や「安全資産」としての需要から買われやすい。カナダのビジュアルキャピタリストによると、１９７３年以降に米国が景気後退に陥った7回のうち、金の国際価格が景気後退直前と比べて上昇したケースが6

円建て金価格は足元で過去最高値圏

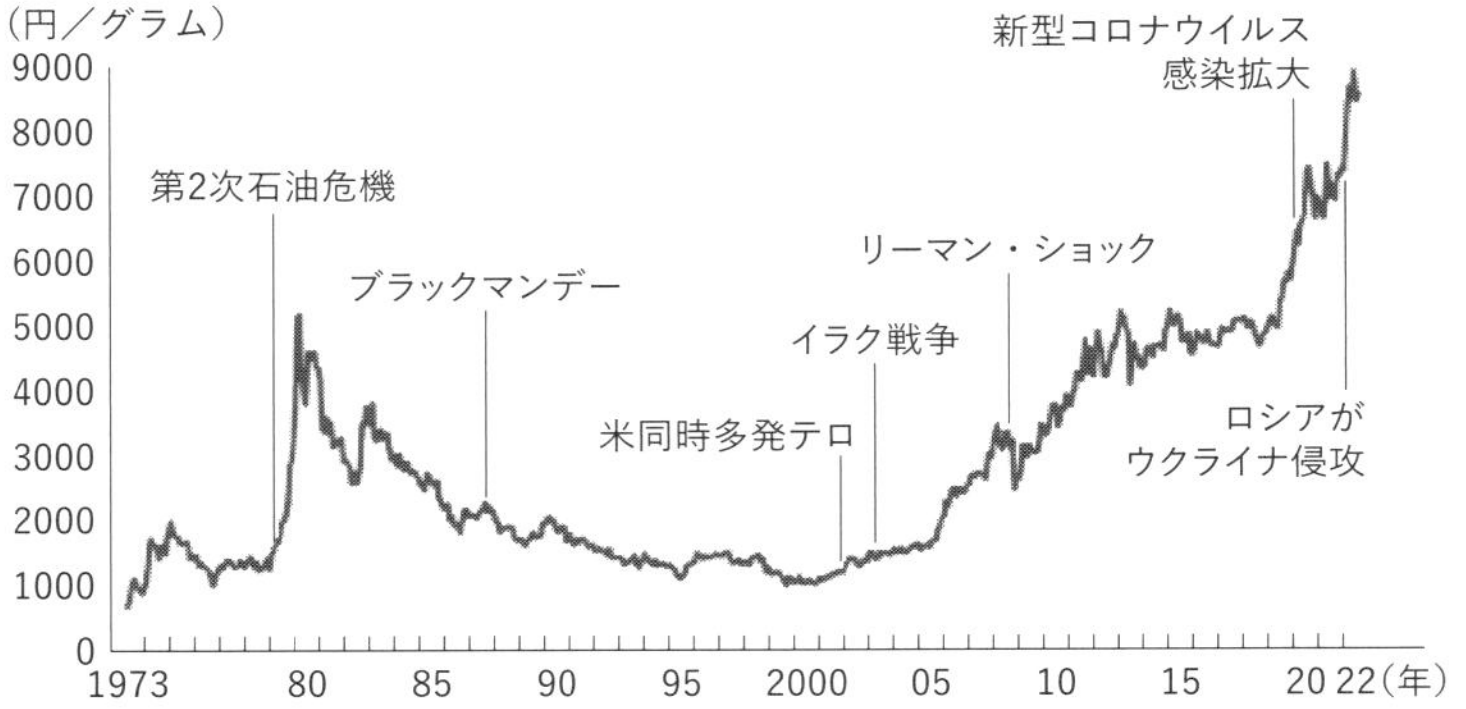

出所：田中貴金属工業。月足、小売価格

回あったという。

さらに金は71年の「ニクソン・ショック」まで基軸通貨ドルの裏付けだった。代替通貨として使われた歴史的背景から、インフレの進行で通貨価値が低下した場合、投資家は実物資産の金に資金を振り向ける動機になる。

足元では米連邦準備理事会（ＦＲＢ）が進める急速かつ大幅な利上げが嫌気され、利息のつかない金の国際価格は軟調な推移が続く。指標となるニューヨーク先物（中心限月）は１トロイオンス１６７０ドル前後と約２年５カ月ぶりの安値圏で推移する。一方で景気後退やスタグフレーションに陥れば、金の国際価格は再上昇するとの見立ても多い。

ＦＲＢが利上げを進めるなら日米の金利差が意識されて円安・ドル高がさらに進む可能

性がある。円安の影響で高止まりする円建て金価格が一段と値上がりする可能性もある。ファイナンシャルプランナー（ＦＰ）の伊藤亮太氏は「長期目線を持つ投資家にとっては金の保有は分散投資の一環として有用」と指摘する。

一方、白金（プラチナ）や銀など工業用途の多い貴金属にとっては、スタグフレーションが需要減の連想につながって相場を押し下げやすい。特に２０２２年は中国は新型コロナウイルスの感染拡大を抑える「ゼロコロナ政策」も重なって消費が冷えている。貴金属投資においても対象の選別には注意が必要だ。

止まらぬ米インフレ、賃金上昇重く

不況覚悟の利上げ、資源高再燃リスクも

世界の主要な中央銀行は景気の冷え込みを覚悟でインフレ退治に最優先で取り組む姿勢を鮮明にしている。欧州中央銀行（ＥＣＢ）が２０２２年9月8日にユーロ導入後最大となる０・７５％の利上げに踏み切ったのに続き、米連邦準備理事会（ＦＲＢ）も9月21日

の米連邦公開市場委員会（ＦＯＭＣ）で０・75％の利上げを決めた。「ソフトランディング（経済の軟着陸）を達成しながら物価の安定を回復するのは本当に難しい」。同日記者会見したパウエルＦＲＢ議長はこう述べた。

今回公表したＦＯＭＣ参加者の見通しでは22年末時点の政策金利の中央値を４・４％と前回予想の３・４％から大幅に上方修正した。他方の景気は22年10～12月の国内総生産（ＧＤＰ）を前年同期比０・２％増と、前回（１・７％）から下方修正した。

インフレ圧力が幅広い品目に広がり、長期化の様相が強まったことが背景だ。景気が鈍化しても利上げの手綱を早々に緩めることはできそうにない。

「インフレは最悪期を脱したとの期待は、わずか１カ月で覆されてしまった」。ＳＭＢＣ日興証券の丸山義正チーフマーケットエコノミストは、22年９月13日に公表された８月の米消費者物価指数（ＣＰＩ）をこう振り返る。総合指数の前年比上昇率は８・３％と前月の８・５％から縮小したものの、市場予想（８・１％）を上回った。エネルギー・食品を除くコアＣＰＩの上昇率も前年比６・３％と伸びが再加速した。

ここ数カ月は原油や銅など国際商品価格の下落、海上輸送など物流混乱の緩和に伴い、モノの価格上昇は落ち着くと考えられてきた。だが、８月のＣＰＩでは家具・家事用品など一部品目で上昇が再加速した。

政策金利の見通しは大幅に上方修正

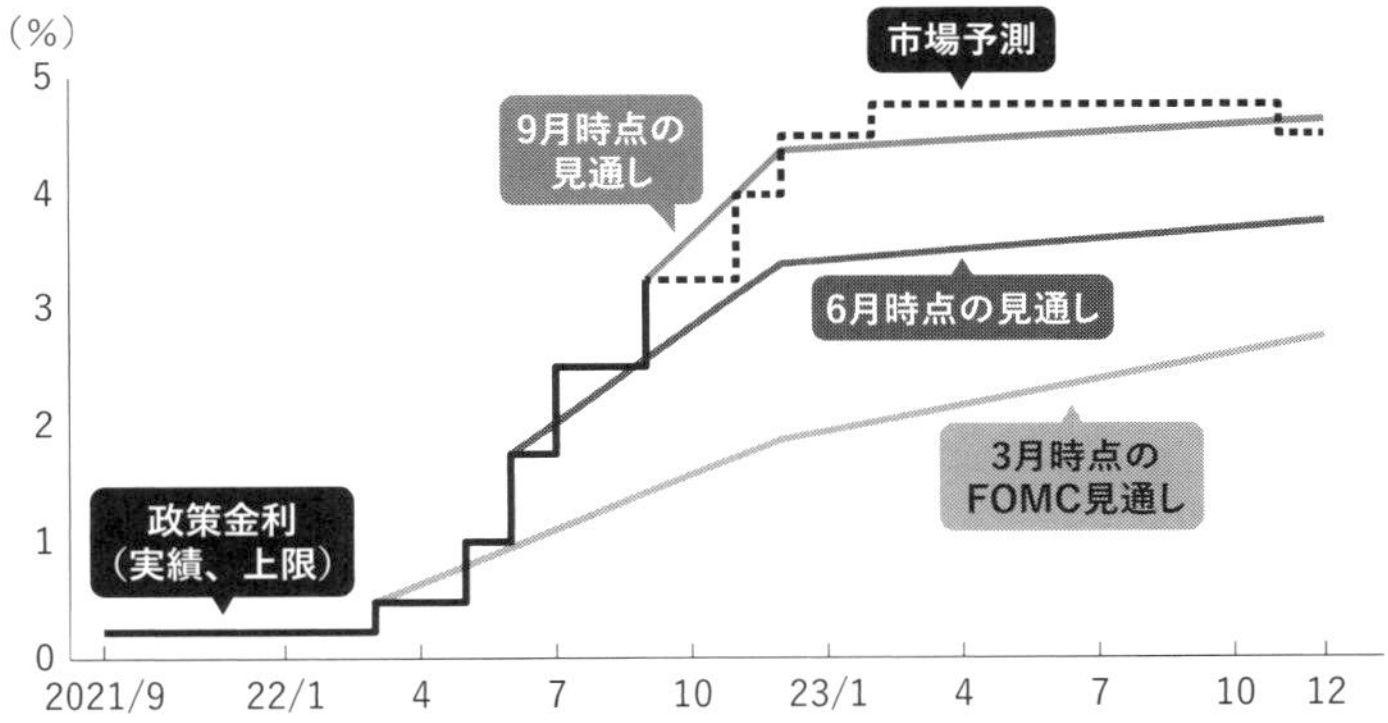

出所：FRB、CME。市場予測は「FedWatch」で確率が最も高いシナリオ

米国のインフレは長期化の様相

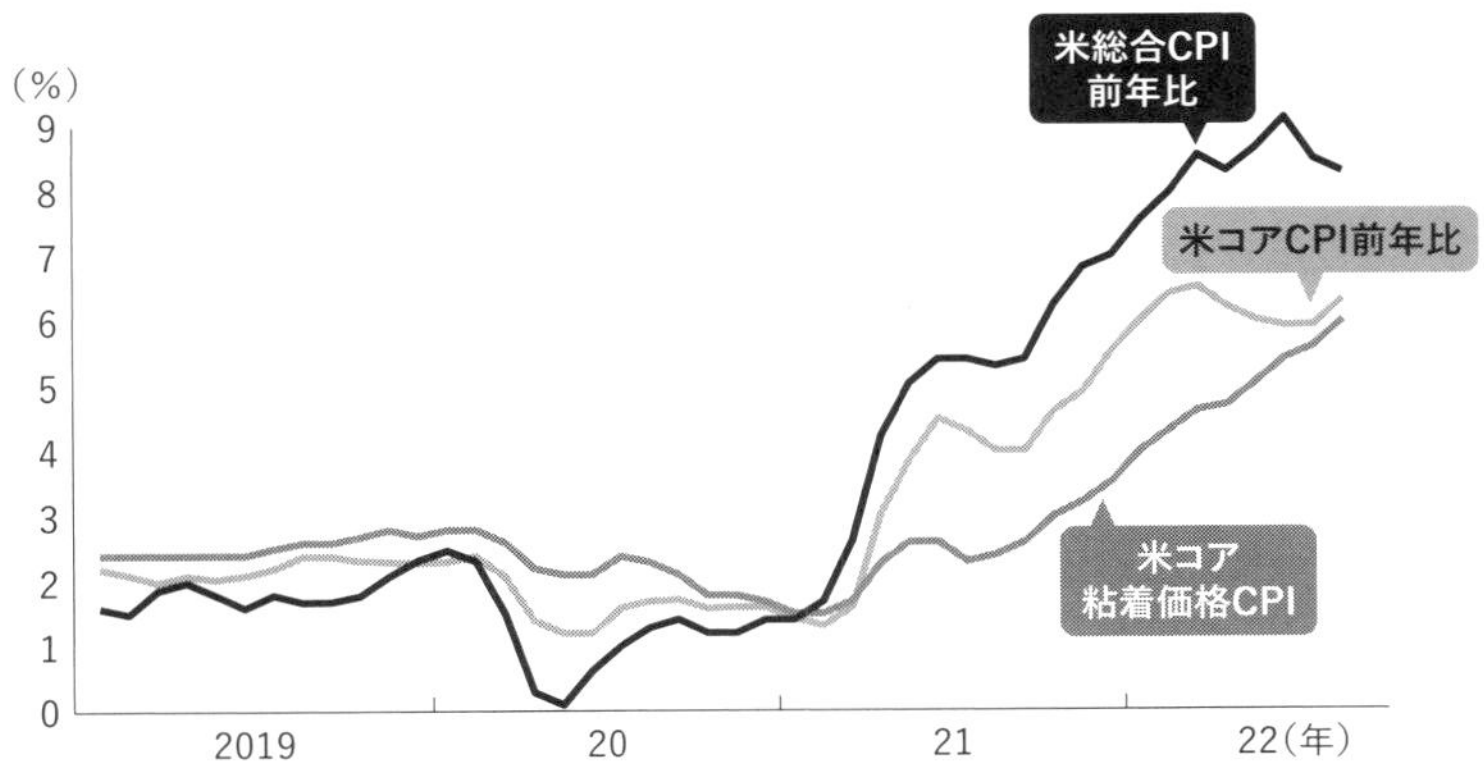

出所：米労働省、アトランタ連銀

家賃や医療関係などのサービス価格も値上がりが目立つ。これらの価格改定の頻度が低い品目に絞ってアトランタ連銀が算出するコア粘着価格CPIの上昇率は22年8月に前年比6・0%に達し、1982年10月以来40年ぶりの高さとなった。労働力不足による賃上げがサービス業の人件費上昇を招き、消費者向けの価格にも転嫁されている。

価格転嫁がさらなる賃上げにつながり、賃金と物価が相乗的に上昇する作用が強まるとインフレが止まらなくなる恐れもある。みずほリサーチ&テクノロジーズの門間一夫エグゼクティブエコノミストは「少なくとも労働市場に明らかな変調が見えるまでFRBは粘り強く利上げを続けざるを得ず、その過程で明白なリセッションに陥る可能性が高い」とみる。

金融市場でも織り込みが進む。米金利先物市場が予想する政策金利は2023年前半に4・75%に達する。2年債利回りが10年債を上回り不況のシグナルとされる「逆イールド」も定着した。

ただ、利上げで景気が後退してもインフレが収束するとは限らない。ウクライナ危機の終わりが見えず、エネルギー市場の混乱は長期化が懸念される。特にロシアにエネルギーを依存してきた欧州は供給制約が数年続くとの見方があり、世界のエネルギー価格にも影響する。中国の景気が落ち込みから脱し、落ち着いていた銅などの価格が反転する可能性も残る。

労働市場や景気が悪化してもインフレが収まらないスタグフレーションは、中央銀行にとって悪夢に他ならない。景気と物価抑制のどちらを優先するか、難しい二者択一を迫られる。

インタビュー

物価と雇用でジレンマ

門間一夫氏◆みずほリサーチ&テクノロジーズエグゼクティブエコノミスト

スタグフレーションに明確な定義はないが、過去の例を引くと、1980年前後の米国では10%超えかそれに近いインフレ率が3年間も続き、当時のボルカー米連邦準備理事会(FRB)議長が非常にタカ派的な金融政策を実施してようやく収まった。同じことが起きるとは思わないが、米国で景気後退(リセッション)と高めのインフレの組み合わせが今後1年くらいの間に起きる可能性は十分ある。

それほど米国のインフレは深刻だ。原油など商品価格は落ち着いてきたが、家賃やサービス価格が上昇基調にあり、ピークアウトしたとはいえない。賃金上昇率が5%台で高止まりしているのも問題だ。3%程度まで減速しないと、FRBが目指す2%物価目標と整合しない。賃金上昇を抑えるには歴史的に高水準の求人数が3〜4割減る必要もある。利上げで経済全体の需要をもっと抑える必要があり、その過程で景気後退は避けがたい。FRBのインフレとの戦いはここからが本番といえる。

FRBは今後利上げを続けて労働市場が悪化する一方、インフレ率がそれほど低下しないという展開はあり得る。その時に物価と雇用のどちらを優先するかはFRBにとって悩ましいジレンマとなる。4〜5%のインフレ率だと高すぎるが、3%程度なら無理に抑えず、雇用優先に舵を切る可能性もありそうだ。

現在の米国のインフレの裏にある需要過熱は金融政策で対処しやすい面もある。一方、欧州ではロシアのウクライナ侵攻に伴う供給制約も強く、スタグフレーション的な状況に陥るリスクは米国より高い。

インタビュー

公益株でリスク分散も

塚本卓治氏◆ピクテ・ジャパン投資戦略部長

スタグフレーションに備えるには投資の基本であるリスク分散を意識する必要がある。ポートフォリオを見直して、景気後退とインフレに強い資産を組み入れておくことが重要だ。

株の分野で分散投資先として有望とみているのが世界の公益株だ。日常生活に不可欠なサービスを提供する公益企業は景気後退への耐性が高い。また過去のインフレ局面では世界株式をアウトパフォームしてきた。例えば米国の電力会社は、各州の規制に従い燃料費の高騰を電力料金に転嫁できることからインフレは増益要因にもなる。

水道も物価に連動した料金を設定できるためインフレ耐性が高い。公共性が高いうえエネルギー価格の影響を受けにくく業績が安定している。このような公益株は配当利回りが高く、資産として長期保有に適する銘柄も多い。

各国の景気サイクルをみると、米国や欧州はすでに景気減速の局面に突入している。中央銀行は普通なら金融緩和で経済を支えようとするが、高インフレが続いているので利上げを続けざるを得ない状況だ。

米消費者物価指数（CPI）はガソリン価格の伸びが一服したことでピークアウトの兆しが出ているとする見方もあるが、CPIの約3割を占める住宅費の高止まりが懸念材料だ。家賃はいったん上がると下がりにくく、インフレの長期化をもたらしかねない。

労働市場の動向にも注目している。労働参加率が改善しないと賃金の上昇も止まらない。賃金が伸びれば個人消費を抑えることもできず、インフレ抑制のための利上げが続くだろう。そうなればスタグフレーションに向かうリスクがますます高まる。

（2022年9月25日掲載）

コラム

インフレ時代の投資、資産運用会社の戦略に学ぶ

欧米で歴史的なインフレが猛威を振るう中、主要中央銀行は相次ぎ急激な政策金利の引き上げに動き、世界のゼロ金利時代は事実上の終わりを迎えた。日本ではいまも日銀が超金融緩和政策を敷くが、金利上昇（債券価格の下落）や生活逼迫の波は国内

にも及びつつある。英米に拠点を置く資産運用会社の幹部にインフレ時代の投資戦略を聞いた。

ルーク・エリス氏
マン・グループCEO

――各国で歴史的なインフレがみられています。

「世界のほとんどのファンドマネージャーやトレーダーが経験したことのない経済環境だ。経験のない市場で相場の先行きを見通すことは難しい。市場のボラティリティー（変動率）が高まることは自然なことだ」

「マン・グループでは2021年5月にインフレで何が起こるかといった検証を行った。各国はコロナ禍で前例のない財政政策と金融緩和を実施し、インフレリスクがいずれ顕在化すると考えたためだ」

「1941年以降、過去8回のインフレ局面での様々な資産の価格変動を分析した。一定の水準を超えるインフレ下では債券だけでなく、株式も（リターンから物価上昇率を差し引いた）実質リターンはマイナスだった」

――米国のインフレの見通しを教えてください。

「資源価格の上昇は足元で一服しつつある。米国のガソリン価格も一時よりは低い水準にある。エネルギーを含めた米国のインフレ率はこの先半年程度で徐々に下がってくることは間違いない」

「問題は賃金の上昇だ。米国の賃金上昇率は5％を超えており、物価に強い上昇圧力をかけている。賃金インフレはエネルギー価格の高騰より根深い。賃金上昇を止めるためには失業率を大幅に増やさざるを得ないだろう」

——低インフレの時代は終わったという見方もあります。

「地政学リスクの高まりは無視できないほど大きくなっている。世界の分断、ブロック化が進んでいることは明らかだ」

「世界のブロック化はインフレに拍車をかける。経済圏の分断が深まれば人の移動が減っていくだろう。移民を受け入れて経済活動を進めてきた国での労働力不足は強まり、様々な製品やサービスの価格は上昇する。グローバリゼーションの終焉とともに低インフレの時代は転換点を迎える可能性がある」

——どのような投資戦略が有効になっていくでしょうか。

「インフレ下では従来議論されてきたリスクオン・リスクオフの議論は通用しないと考えたほうがいい。コモディティ（商品）への投資は有望な選択肢ではあるものの、特定の商品に集中して投資するのではなく分散することが大切だ」

「モメンタム（市場の勢い）をしっかり捉えることも重要だ。インフレが加速する局面では様々な資産のトレンドが発生しやすいという傾向がある。上昇や下落のトレンドに追随して投資する戦略も有効だろう」

「もっともトレンドの発生状況は日々変化する。インフレや世界経済を取り巻く状況が変われば、投資家の物色は変わる。市場の流れが大きく反転することもある。機動的なポジションの見直しも忘れてはいけない」

Luke Ellis

1985年、英ノムラ・インターナショナル入社。JPモルガンなど欧米の金融機関を経て、2010年にマン・グループに入社。16年から現職。マン・グループはロンドンに拠点を置く世界最大規模のヘッジファンドで、運用資産は1423億ドル（約21兆円）。

ジェイ・ユーン氏

ニューヨークライフ・インベストメント・マネジメントCIO

――世界経済の先行きをどうみていますか。

「米連邦準備理事会（FRB）は米国の高いインフレ率を抑えるため、政策金利の誘導目標を2022年末に4・25%~4・5%に引き上げるだろう。そして23年は少なくとも半年間、その水準に据え置くとみている。米国経済はこの間に減速し、23年の実質国内総生産（GDP）成長率は1%にとどまるとみる。景気後退（リセッション）に陥るリスクもある」

「急激な利上げに加え、欧州と中国の景気減速も米国経済にとって大きな問題だ。エネルギー問題を抱える欧州は、天候にも左右されるが22年末から23年初めにかけて景気後退に入る可能性が高い。ゼロコロナ政策を維持する中国からの需要もさらに見込みにくくなる」

――円相場も対ドルで引き続き弱さが目立ちます。

「日銀が長短金利操作（イールドカーブ・コントロール）を維持しているのは興味深い。日銀以外のほとんどの中央銀行は政策金利を引き上げているので、円には金利差から引き続き下落圧力がかかる。円相場は早期に1ドル＝150円まで円安が進んでも不思議ではない。その場合、日本は賃金の上昇がないまま3%の物価上昇率に達する可能性もある」

――世界でインフレが進む中、どのような投資戦略をとるべきでしょうか。

「日本の投資家にとって最適なのは、米国や欧州の債券だ。リターンは控えめだが、金利上昇を見込んだリスク調整後のリターンは十分だ。世界経済が不透明だからといって現金として置いておくのはよくない。日本は今後およそ1年間で物価上昇率が3～4％に達すると見込まれるからだ。物価上昇率を超えるリターンを得るためには一定程度のリスクを取る必要があるが、債券は大きなリスクなしに適切なリターンを得られる可能性が高い」

「それから日本株についても楽観的にみている。22年の世界の株式市場は非常に変動が激しかったが、その中にあって日本株の動きは限定的だった。顧客の資産を運用する身として、変動の少ない日本株は他の国の株式に比べて魅力的だといえる。日本の中堅・中小企業に注目している海外投資家も多い」

――実際に投資戦略を転換しますか。

「株式をアンダーウエートもしくは減らし、債券を積み増し始めている。インフレ率の高まりに伴い、債券投資はより魅力的になっている。米国の低格付け債（ハイイールド債）は金利が上昇し、米国債との利回り差（スプレッド）も拡大した。債務不履行（デフォルト）などネガティブなことが起きるリスクはもちろんあるものの、インフレに負けないことができると考えている」

Jae Yoon

米コーネル大修士。ＪＰモルガン証券などを経て２００５年にニューヨークライフ・インベストメント・マネジメントに入社。同アジア会長も務める。同社は１８４５年設立の米生命保険会社、ニューヨークライフ傘下の資産運用事業で運用資産は６５００億ドル超（約95兆円）。

（２０２２年10月16日掲載）

第7章

動く企業、上がる物価

NIKKEI montage/iStock

値上げサバイバル 脱デフレ時代のゲームチェンジャーは

「(消費者は)良い商品は適正な値段で買う」。ファーストリテイリングの柳井正会長兼社長は2022年10月13日に開いた決算説明会でこう強調した。

この日投資家が注目したのは主力ブランド「ユニクロ」での値上げの成否だ。円安や原材料高を受け8月下旬ごろから看板商品のフリースの価格を一気に1000円引き上げ2990円とし、秋冬商品の約2割を値上げした。

市場の一部では大幅値上げの影響を懸念する声もあったが、22年9月の既存店売上高(直営店、電子商取引含む)は前年同月比11%増と伸びが続いた。柳井社長は「(10月も)値上げの影響は出ていない。むしろ好調だ」と自信を見せる。市場は値上げの「成功」を好感し、同社株は10月14日に前日比8%高と急騰した。

円、150円台に急落

値上げが急速に広がっている。資源高や人手不足に、32年ぶりに1ドル=150円台を突破した急激な円安が加わり、多くの業種がコスト高に直面する。9月の企業物価指数は前年同月比9・7％上昇し、調査対象515品目のうち84％が値上がりした。9月の消費者物価指数（CPI）も変動の大きい生鮮食品を除く総合指数が3・0％上昇し、消費増税の影響を除くと31年1カ月ぶりの上昇率となった。

もっとも価格転嫁の浸透度や持続性など成否は企業ごとに異なる。「元の価格が商品価値と比べて安く値上げ余地があった」（フロンティア・マネジメントの山手剛人氏）。ユニクロはほんの一角。マヨネーズを値上げしたキユーピーが21年12月〜22年8月期に営業減益となるなど食品や外食では苦戦も目立つ。値上げに伴って販売が伸び悩み、原材料や資材の高騰分を補いきれない例は多い。

国内で値上げはなかなか定着してこなかった。消費者の購買力を高める賃上げが進まなかったことに加え、「低価格はいいものだという企業側のデフレマインドも背景にある」（第一生命経済研究所の永浜利広氏）。

ただ資源価格や人件費が高止まりする中で身を削り続けるのには限界がある。価格転嫁を一過性にとどめず、デフレ体質から抜け出そうとする新たな取り組みも出始めてきた。「この製品は値下げに応じられません」。家電量販店のパナソニック製品売り場でこんなやりとりが増えている。同社は22年8月以降、冷蔵庫や電子レンジなど幅広く値上げした。

同時に力を入れるのが値崩れを防ぐためパナソニック側が販売価格を指定する取り組みだ。

家電業界ではメーカーが値下げ原資となる販売奨励金を量販店に渡すのが一般的で、結果、新製品価格は発売から終売までに2～3割程度下がっていた。パナソニックは独自製品や市場シェアの高い製品に関して量販店から返品を受ける代わりに一定価格で売り続けてもらうことで値下がりを防ぐ。家電全体の8％（金額ベース）に導入し、すでに営業利益への貢献は年間100億円弱にのぼったとみられる。

個人の意識に変化

「百貨店に出店できるほどブランドイメージが高まってきた」。パルグループホールディングスの為田招志常務執行役員は語る。22年10月14日、東京・吉祥寺の東急百貨店内に大型店「3COINS+plus（スリーコインズプラス）」を開業。300円均一のイメージが強いが新店では1000円以上の製品も多くそろえる。都市部の男性など新しい顧客層に訴求する。

物価への個人の意識は変わりつつある。内閣府の消費動向調査では、2人以上世帯で1年後の物価が5％以上上昇すると見込む比率は22年9月時点で63％と、04年に現行の調査方法になって以来最高となった。値上げは不可避との認識が広がる中、低価格よりも価格に見合う品質を求める消費行動が出てきている。

こうした需要を捉えて価格を底上げし、新たな製品やサービスの開発につなげられるか。企業にとって死活問題ともいえる値上げ戦略の最前線を追った。

取引形態を変更、価格底上げ探る

パナソニック「価格指定」

「新しい取引形態の導入を進めるほうが値上げよりも利益確保につながるかもしれない」。パナソニックのある幹部は「価格指定取引」への手応えを語る。

従来の販売奨励金を渡す仕組みは同社製品の値崩れも招いていた。調査会社BCNのデータによると2021年春発売のパナソニック製液晶テレビ（43型）は半年で16%、1年で29%値下がりした。パナソニックの品田正弘社長は「（下がった）売価を元に戻すため頻繁に新製品を投入していた」と振り返る。

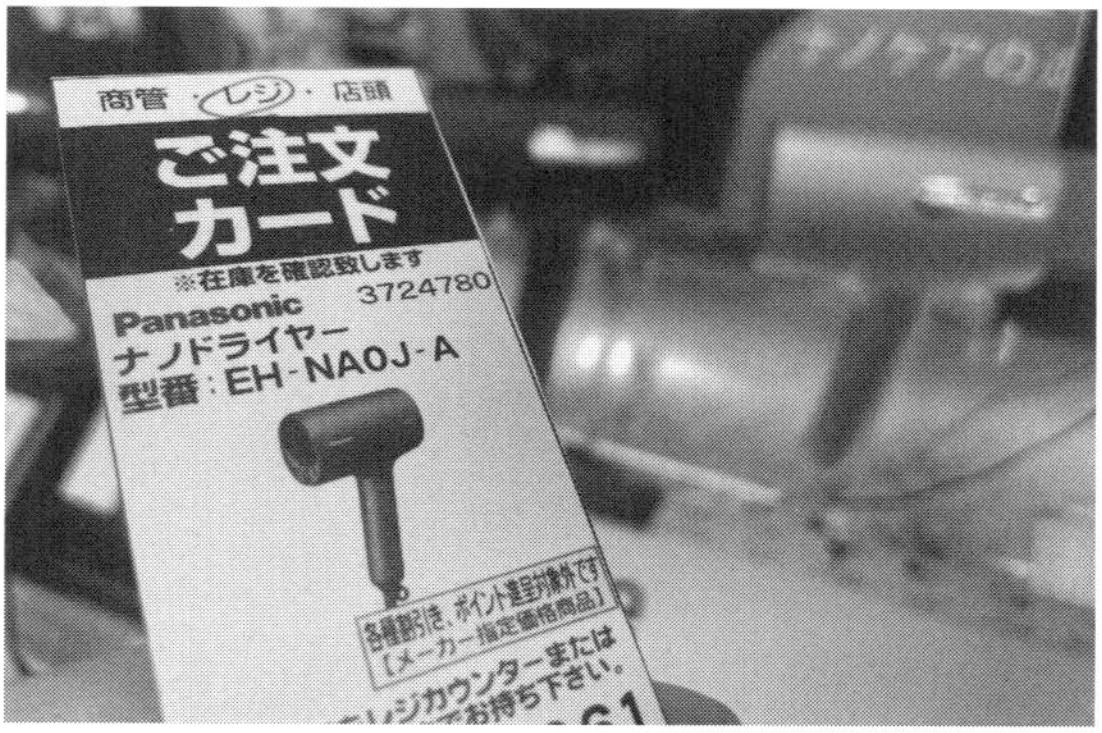

パナソニックは2022年9月に出した新型ドライヤーを「指定価格」で販売

新製品の大量投入は売れ残った在庫の処分や廃棄にもつながる。結果として販売単価は下がり、収益性も悪化する悪循環となっていた。

こうした「負のサイクル」から脱するべく、念頭に置くのが新興家電のバルミューダのような開発・販売モデルだ。15年に初代機種を発売した看板商品のトースターは大きなリニューアルは1回のみ。22年4月には原材料高で定価を引き上げたが「販売台数の大きな落ち込みはない」（バルミューダ）という。

パナソニックは今後、独自製品や市場シェアの高い製品に関しては販売期間を2～3年程度まで伸ばしていきたい考え。「商品刷新時には格段に良い製品になっているのが理想」（品田社長）だとする。

鉄鋼は契約期間短縮

取引のあり方を見直すことで価格の底上げを図る取り組みは他の業界でもみられる。一つが鉄鋼業界だ。建設資材価格の高騰を機に、ゼネコンとの商習慣の見直しが本格化している。

「ここまで急激な値上がりは過去に経験がない」。問屋大手、中央鋼材（東京・中央）の後藤信三社長は驚きと困惑の声を上げる。ビルの柱や梁《はり》に使うH形鋼の東京地区・問屋仲間価格は11月現在1トン12万3０００円前後。ロシア発の資源高で価格上昇が加速し、20年の直近底値（同7万6０００円）からの上げ幅は4万7０００円（62％）に達する。

こうした価格変動を大口需要先との直接取引にも反映させようと日本製鉄は22年からさらなる価格の契約期間短縮に取り組んでいる。大口の「プロジェクト向け」のH形鋼について、商談開始時を含む3カ月を基本とし、それを超える期間については市況やコストなどの変化に応じて価格を再交渉する条件付きの値決め方式に見直す。

プロジェクト向けでは従来、契約時に決めた価格で供給していた。首都圏の再開発ビルなど都心部の大型物件は契約期間が半年から2年など長期にわたる。価格は一度決めると変更が難しく、契約期間中に原料価格が大幅に上昇しても転嫁できず、採算悪化につながっていた。「建設サプライチェーン全体で持続可能になるような仕組みを目指す」（日本製

建設資材は軒並み上昇した（東京地区）

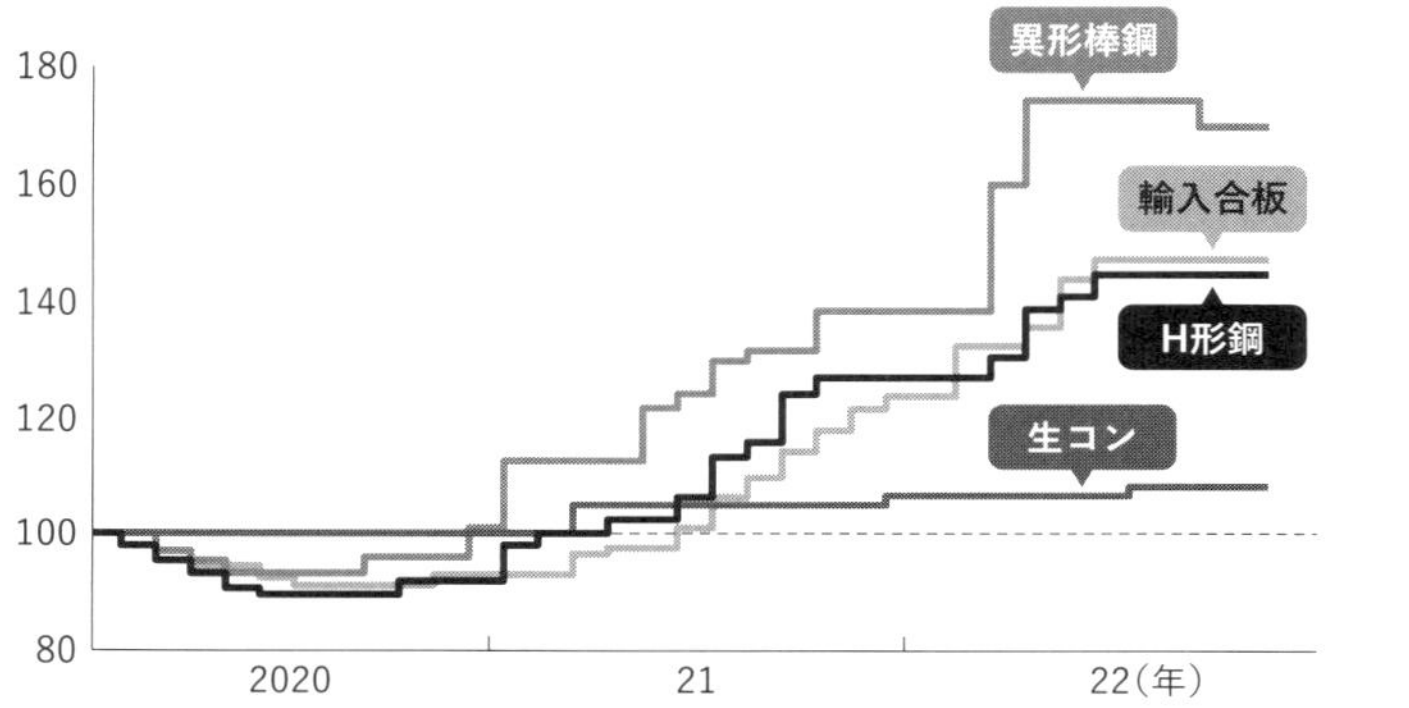

2019年末を100として指数化

鉄）

セメント業界も値決め方法の変更を模索する。国内最大手の太平洋セメントは石炭価格の上昇分をセメントの販売価格に転嫁するサーチャージ制の導入を探る。セメントは石灰石などを熱する燃料として石炭を大量に使う。ウクライナ危機で石炭価格はアジア向けの指標品が前期比2倍に高騰した。「石炭の値動きが読めない中、固定した価格でセメントの追加値上げを実施するよりも超過分を反映させる仕組みのほうが透明性がある」（中野幸正取締役専務執行役員）と導入に踏み切った。

ただ需要家の生コンクリート業界は抵抗している。「セメント価格が変動しても、その都度ゼネコン業界向けの生コン価格に転嫁するのは難しく、セメント上昇分をかぶることになる」

というのが理由だ。このため太平洋セメントは22年10月から石炭価格の変動を転嫁するサーチャージ制に加え定額の値上げを生コンメーカーが選べるようにした。

流通過程の一部で仕組みを見直しても、全体に広がらなければ負担は他の部分にしわ寄せされる。サプライチェーン全体での取り組みも不可欠だ。

新機軸探る企業　価値向上で需要開拓

3COINS、1000円強化／KeePer、コスパに商機

パルグループホールディングスが東京・吉祥寺に開いた「3COINS+plus」。店内にはワイヤレスイヤホンなど1000～1500円程度の製品が多く並ぶ。「基本となる300円の商品以外を強化することで、男性も含めた幅広い消費者に対する訴求力を高めた」と為田招志常務執行役員は話す。

同社では300円商品の比率が足元で全体の約7割と1年前から10ポイントほど減った。高単価化と都市部出店が奏功し、円安で仕入れコストが増加する中にあっても

2022年3～8月期の連結純利益は前年同期比3・3倍となり、過去最高を更新した。安売りのイメージからも脱却しつつある。

デフレに慣れきった消費者に単純な価格転嫁は受け入れられにくい。ビジネスモデルを変革し、「新たな価値」を打ち出すことが企業の成長のカギを握る。

女性という新たな客層を開拓しているのが自動車コーティング剤を手掛けるKeePer技研だ。22年9月に新商品「フレッシュキーパー」を発売。既存商品より約5000円高いが、雨で汚れが落ちるため洗車の回数が減り、1年間は効力が落ちないという触れ込みで、「コスパ」に敏感な女性客を捉えた。

谷好通会長は「開発段階から経済性と利便性への感度が高い女性へのアプローチを意識した」と話す。従来商品で15％程度だった女性の購入比率は、フレッシュキーパーでは約35％と大幅に高まっているという。

同社は輸入材料費の高騰を背景に22年4月に一斉値上げした。それでも客足が減っていないのは「車を美しく見せたいという消費者ニーズが強いからだ」（谷会長）と見る。新製品効果もあり、相場下落局面でも値上げ前の3月末に比べて同社株は53％高（22年10月20日時点）と堅調が続く。

「カップヌードル」など人気ブランドを持つ日清食品ホールディングスも原材料や資材の

高騰に、値上げと付加価値商品の両軸で対応しようとしている。注力するのが健康の分野だ。

21年、たんぱく質を多く配合した「カップヌードルPRO　高たんぱく&低糖質」を発売。さらに一日に必要な栄養素をバランスよく摂取できる「完全メシ」ブランドで即席米飯や即席麺を22年5月、ネット販売し始めた。従来商品より高価格だが発売後1カ月で100万食を売り上げ、9月からは全国の食品スーパーなどに販路を広げている。完全メシブランドで22年度に30億円、23年度に100億円を売り上げる目標だ。

インフレが加速し、家計の負担が増す中で、単なる値上げは一段と通りにくくなっている。日本よりも価格転嫁が受け入れられやすい米欧でも、高いブランド力やシェアを持つ企業の苦境が目につく。日用品大手プロクター・アンド・ギャンブル（P&G）は22年10月19日、23年6月期通期の売上高見通しを下方修正した。消費者の間で安価なプライベートブランド（PB）に乗り換える動きが出ているからだ。

値上げには価格に見合う価値があるか「消費者に納得感を与えること」（ニッセイ基礎研究所の山下大輔准主任研究員）が重要になる。値上げの実現で収益力を高め、新しい製品やサービスにつないでいくサイクルが成長の原動力となる。

柔軟な値付け　需給に応じて価格変動

様々なコストが急速に上昇する中で商品・サービス価格の引き上げスピードは企業の収益を大きく左右する。需給に応じて価格を柔軟に変動させる「ダイナミックプライシング」のような仕組みはホテルやレジャーなどで先行して普及してきたが、最近は硬直的な価格設定を続けてきた産業でも広がっている。

レンタカー料金見直し

「レンタカーは曜日や季節によって需要の変動が大きい。新型コロナウイルス禍で需要が落ち込んだのを契機に思い切って料金体系の変更に着手した」。東京センチュリー傘下のニッポンレンタカーサービスの板垣勇治取締役専務執行役員はこう話す。2022年9月の連休に割増料金を初めて適用し、従来より1割値上げしたが、悪天候の影響を除けば需要は減らなかったという。

これまで割増料金は年末年始とゴールデンウイーク、お盆だけに設定し、それ以外の連休などへの適用は競合他社の動向や社内システムの技術的な問題から見送っていた。今後は消毒清掃の徹底や性能が高い車の導入などサービス向上策を継続しながら、通常の連休

商品・サービスの価格を柔軟に設定する企業が増えている

レンタカー料金	東京センチュリー子会社が 需要に応じた割増料金の適用を拡大
レジャー施設のチケット料金	OLCやサンリオ子会社が 変動価格制を導入
新築マンション価格	大手不動産会社が「期分け販売」で 値上げするケースが増加
鉄道運賃	JR東日本が 「オフピーク定期券」導入を予定
ホテル宿泊料	需要予測・料金設定を 支援するサービスが広がる
電気料金	「燃料費調整制度」の上限を 東北電力などが撤廃

でも需要に応じて割増料金を設定していく方針だ。

需給を分析して価格を変動させる仕組みはダイナミックプライシングと呼ばれ、1980年代に米航空大手が本格導入したのが先駆けとされる。米国では航空運賃のほかスポーツ観戦のチケット代、電力料金など幅広い分野で普及。日本でもレジャー施設やホテルなどで取り入れられている。

東京センチュリー子会社が運営する「ホテルインディゴ軽井沢」（長野県軽井沢町）では一般的な平日の宿泊料金が1部屋3万〜4万円程度なのに対し、繁忙期は10万円程度。3カ月先までの予約状況を日々監視し、料金設定を適宜見直す。料金は軽井沢の中でも比較的高級な部類に入るが、30〜40代のファミリー層などから人気を集めている。

最近は料金設定の精度を高めるサービスも広がっている。メトロエンジン（東京・品川）はホテルごとの需要を予測し、適切な宿泊料金を算出するシステムを開発。上場企業も採用しており、導入施設数は２０１８年比で4倍以上に増えたという。アイドルのファンクラブに加入してライブ情報をいち早くつかむなど、いつどのようなイベントがあるのかデータを作成。ホテルごとの過去の宿泊実績と組み合わせて将来の宿泊需要を予測し、需要の多さに見合った適切な宿泊料金をはじき出す。

インターネット上の予約サイトの口コミ情報から、コロナ禍前の宿泊客に占める外国人客や国別の比率をホテルごとに推計したデータもあるため、「リオープン」後の予測精度も高められるという。ホテル以外にゴルフ場や不動産、レンタカー業界向けなどのシステムも開発しており、東急不動産ホールディングスが資金を出すファンドなどの出資も相次ぐ。

マンション販売でも増加

柔軟な値上げは不動産会社の間でも広がっている。東急不ＨＤ傘下の東急不動産の幹部は「ここ1～2年で新築マンションを値上げするケースが業界全体で出てきた」と証言する。戸数の多い新築マンションは第1期で１００戸、第2期は50戸というように「期分け」をして販売するのが一般的。最近は第1期で人気が出た物件は、その後の販売で単価を引き上げる例が珍しくなくなった。

以前は不人気物件を値下げするケースが散見されたが、今は供給戸数が絞られている影響もあり状況が一変している。リクルートの池本洋一SUUMO編集長は「この5年ほどでデベロッパー各社が販売スピードや単価設定を調整する経験を積み、短期間で売り切ることを重視しなくなってきた」と指摘する。

不動産大手各社は高級マンションの売れ行きがよく、業績も堅調に推移する。柔軟な値上げに取り組む企業は今後さらに増えそうだ。

「あえて値下げ」組も、客離れ防ぐ

トヨタ「クラウン」下げ

コスト高を転嫁するために値上げを急ぐ日本企業。一方で価格を上げると消費者が離れ、ライバルメーカーにシェアも奪われかねない。原価抑制などの工夫をしつつ、値下げ

トヨタは新型クラウンを値下げした

に活路を見いだす企業もある。

「若年層を含めた幅広い世代に乗ってもらうため、開発段階から価格の引き下げを狙った」。トヨタ自動車は2022年9月に全面改良して発売した高級セダン「クラウン」の最低価格を従来より50万～100万円引き下げた。日産自動車が10月末にライバル車種「スカイライン」を最大で約5％値上げし、マツダなども主力車種の価格を引き上げたのとは対照的だ。

トヨタは22年8月発売のミニバン「シエンタ」の新型車で、先進安全機能を標準搭載するなど性能を充実させる一方、ベース価格は約13万円の上昇にとどめた。開発担当者は「感覚的には実質値下げだ」と話す。同年10月にはサブスクリプション（定額課金）で利用する新型電気自動車（EV）の頭金・月額料金の引き下げにも踏み切った。

コストは上昇しており、日本製鉄との直近の鋼材調達価格交渉では過去最大の値上げをのんだ。需給逼迫が続く半導体についても「一部で調達価格の上昇を受け入れざるを得ない」（トヨタ関係者）。23年3月期はコストがかさむ部品会社への支援費用も例外的に約7000億円積み増す。

それでも一部車種を値下げするのは、国内自動車市場の縮小傾向が止まらないためだ。国内新車販売は1990年の777万台をピークに2021年は444万台まで減少。最近は半導体など部品不足の影響もあるが、高齢化などの構造要因はより解決が難しい。高級車や海外の一部地域で値上げを進める一方、ボリュームゾーンである日本の大衆車については顧客のつなぎ留めを優先している格好で、若者などに顧客層を広げたいという危機感もにじむ。

MrMax、特売廃止で原資捻出

もともと安売りを武器にする企業が多い小売業でも、改めて値下げに踏み切る例がみられる。九州地盤のMrMaxは22年9月から11月末まで、メーカー製のナショナルブランド（NB）商品2000品目を値下げ。乾麺・チョコレートなどの食品や日用品、家電などを8月末時点の販売価格から最大30％程度安くしている。

値下げの原資は特売廃止による販管費の削減などを通じて捻出した。親会社ミスターマックス・ホールディングスの担当者は「セール日だけ特定の商品を大量入荷して専用売り場を設け、終われば元に戻す必要がありコストがかかっていた」と説明。物流費や人件費も削減できたという。

伊藤園は22年3〜4月にかけて、「お〜いお茶」の緑茶や玄米茶など量販店向けペットボトル4商品の容量を525ミリリットルから600ミリリットルに引き上げた。価格は据え置いたため「ステルス値下げ」となった形だ。もともとコンビニエンスストア向けで600ミリリットルの商品を同じ価格で提供しており、量販店向け商品も容量を統一することで製造効率を上げ、物流コストを削減する。

一方、10月にはコンビニ向けの「お〜いお茶」の希望小売価格（税別）を160円と20円引き上げた。「値上げで販売数量は必ず落ちる。事前にシェアを拡大し埋める狙いもあった」（伊藤園）という。

物価と賃金上がる「普通の経済」へ

デフレは経済の活力を奪う。

物価が下がり続ければ、借りたお金の負担感は年々増す。設備投資のために借金をする会社が損をして、現金をため込む側が得をする。リスクを取って挑戦する経済主体から、リスクを取らず現状維持にとどまる側に実質的な所得移転がなされる。日本経済の停滞の30年とデフレとは表裏一体の関係にある。

足元で消費者物価指数（ＣＰＩ）は31年ぶりの伸び率だが、総合的な物価動向を示すＧＤＰデフレーターは２０２２年４〜６月期で６四半期連続マイナスに沈む。経済協力開発機構（ＯＥＣＤ）予測では日本のＧＤＰデフレーター上昇率は22年全体で０・４％と、米国（６・４％）やドイツ（６・１％）などを大きく下回る。

ＧＤＰデフレーターは輸入物価の影響を取り除き、純粋に国内要因のインフレ率を示す指標だ。デフレーターの低迷は輸入物価の上昇が適切に価格転嫁されていないことを示す。世界的にみても、日本に染みついたデフレマインドの強さが分かる。

このしわ寄せは産業界全体に及ぶ。

「スーパーへの納入価格は激しい価格競争で、値上げができない状況が続いている。特にPB品は難しい」（小麦加工品メーカー）

「全品目について数量の多寡にかかわらず年数％の原価低減の要請を受けている。要請方法はかつては文書だったが、現在は口頭だ」（自動車関連メーカー）

22年3月に中小企業庁が公表したヒアリング調査では取引価格の引き上げに苦悶《くもん》する下請け企業の声が集まった。コスト高を無理に企業努力で吸収させれば、必要な設備投資や研究開発に振り向けるお金は減る。中長期的な競争力がそがれ、賃金も上がらず、消費も伸び悩む。

日銀がはじく「最終需要・中間需要物価指数」について直近22年8月の結果をみると、引き続き価格転嫁の難しさが垣間見られる。原油や粗鋼などの川上側である「ステージ1」のインフレ率は40・2％と高いが、プラスチック製品や鋼材などの「ステージ2」は25・3％、自動車部品や集積回路などの「ステージ3」は12・4％、乗用車や工作機械などの「ステージ4」は7・5％、「最終需要」は3・8％にとどまる。川下に向かうにつれ、価格上昇率は大きく鈍る。

米国の場合、産業構造の違いに注意は必要だが、「ステージ1」は10・4％、「ステージ2」は21・3％、「ステージ3」は12・2％、「ステージ4」は8・6％、「最終需要」は

日本は川下ほどインフレ率が鈍る（需要段階別物価指数）

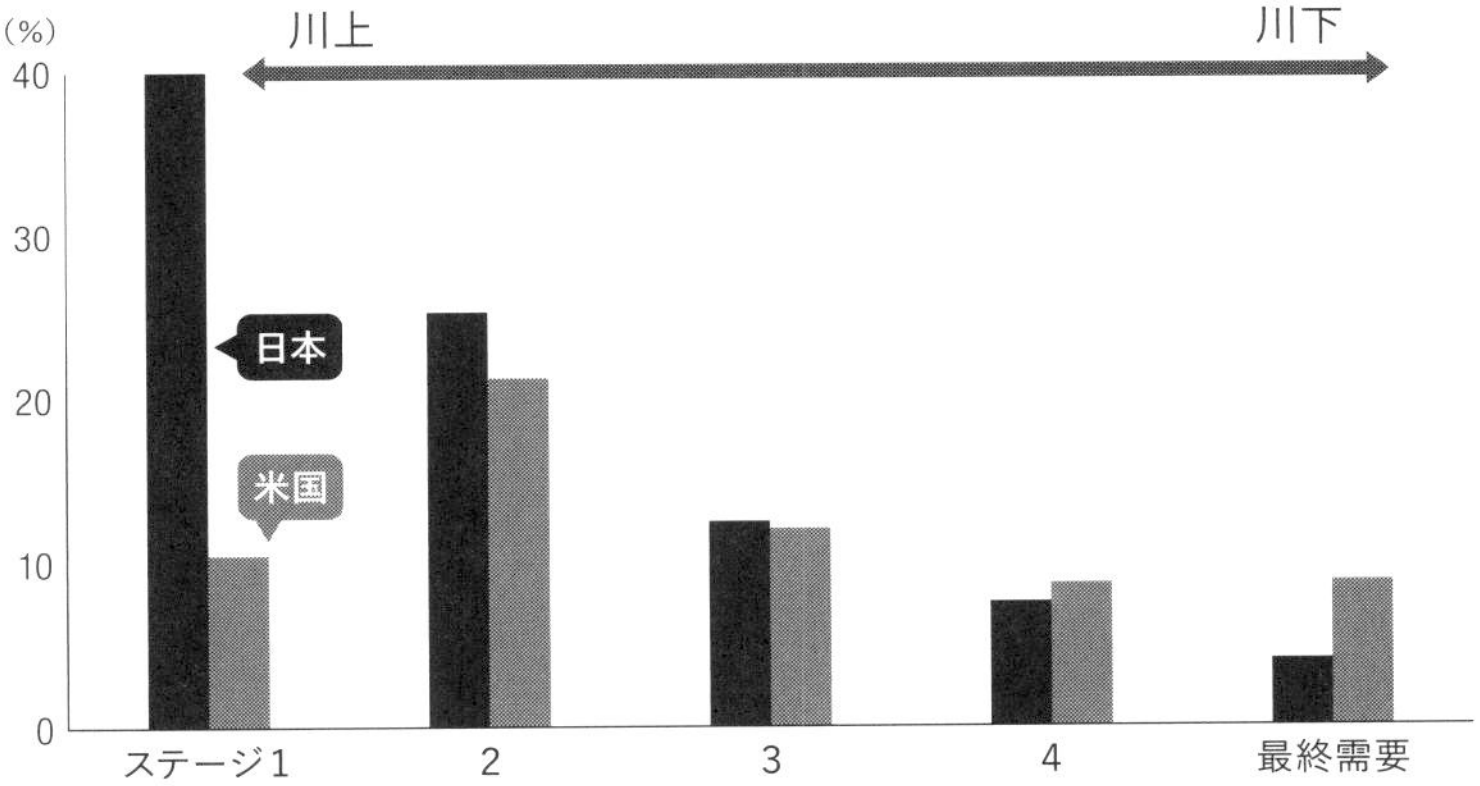

日銀と米労働省の資料を基に作成。2022年8月、前年同月比

消費者物価上昇率はプラスが定着

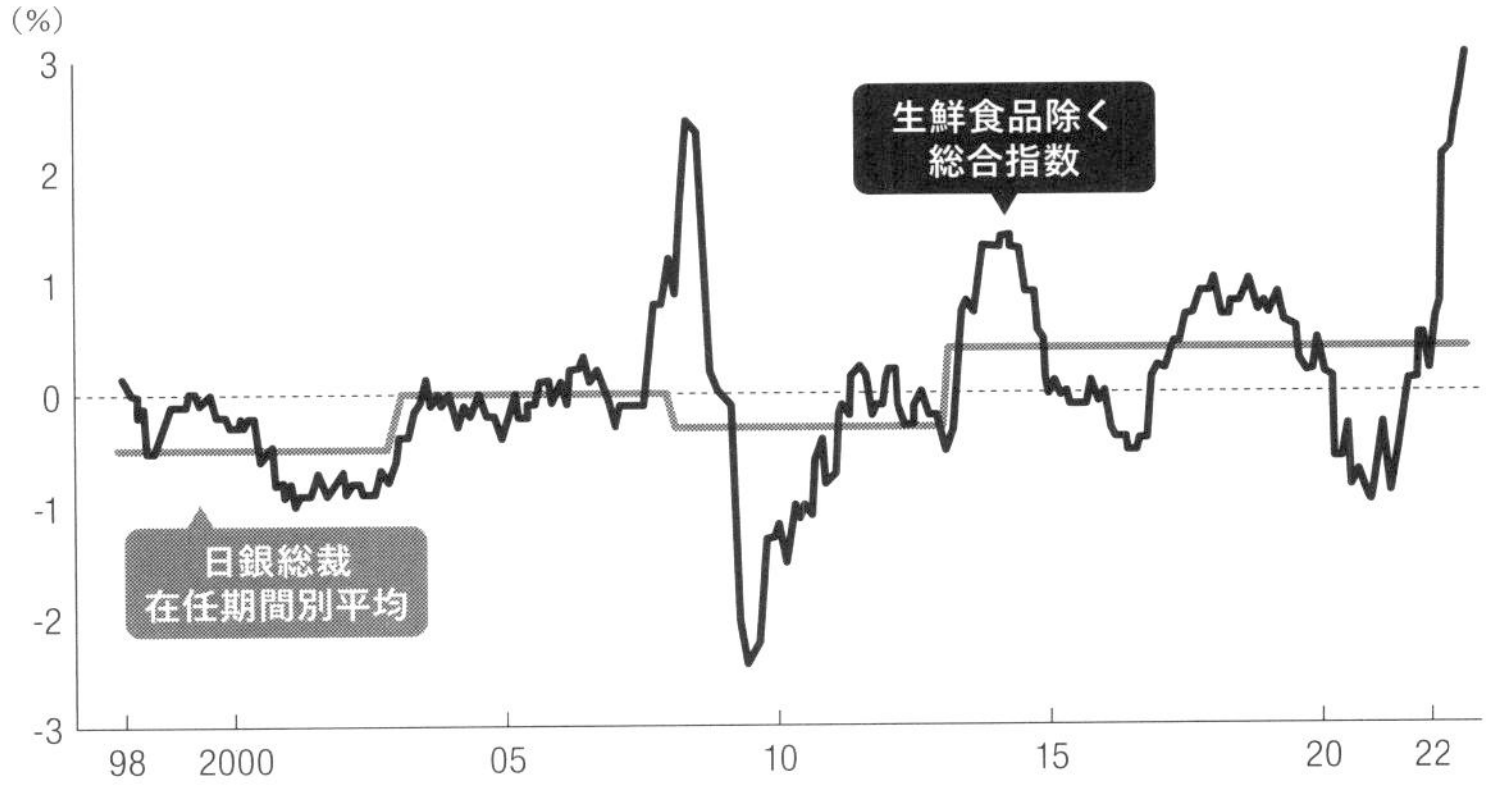

総務省の資料を基に作成。消費増税除く、前年同月比

8・7%と、日本のような川下での大幅縮小はみられない。産業全体にインフレが定着しており、賃金も上がりやすい。

連合は23年の春季労使交渉で5%程度の賃上げを求める方針だ。うちベースアップ（ベア）は3%になる。デフレというノルム（社会通念）を打ち破るには、賃上げによる好循環の拡大が不可欠だ。同時にインフレを前提とした取引価格を定着させ、過度な下請けへのコスト削減要請を緩和させる必要がある。

日銀総裁に黒田東彦氏が就任した13年以降のインフレ率は生鮮食品と消費税を除くベースで平均0・4%だ。目標の2%を下回るが、前任者（任期平均マイナス0・3%）や前々任者（同0・0%）と異なり、ゼロではない状態を実現させたのは事実といえる。

現下の歴史的な物価高は好機でもある。インフレを前提とした企業経営に日本全体が生まれ変われば、物価と賃金が上がるという普通の経済が、30年ぶりに実現するかもしれない。

インタビュー

消費者、「安さ」だけには閉塞感

山下大輔氏◆ニッセイ基礎研究所准主任研究員

2022年9月の企業物価指数は前年同月比9・7%上昇と、民間予想を大きく上回った。背景にあるのは、円安や資源高が長期化するとの懸念だ。他社が値上げをしている中で、自社も今のうちに値上げをしないと先々苦しくなるという心理があるとみている。ただし、コスト上昇分を価格に十分転嫁できていない企業は多く、資源高や円安がさらに進めば当面値上げが続く可能性がある。

バブル崩壊や金融危機が起こった1990年代以降、長期にわたる景気低迷により、消費者は生活防衛意識から「より安いもの」を求めた。これが継続的な物価下落(デフレ)につながった。消費者が低価格志向を強める中、企業は資源高などのコスト増に直面しても価格を十分に引き上げられず、人件費などの削減や商品の数量を減らす実質的な値上げで対応してきた。

それによって賃金が上がらず、消費者が豊かさを感じられなくなった。安いだけの状況には閉塞感が生じた面もある。このまま賃金が上がらなければ、消費者は値上げされた商品を買わなくなり、結果デフレに戻る可能性もある。その意味で賃上げの重要性は高まっている。

若い世代を中心に日本人はインフレに慣れていないという面もある。賃金が大きく上昇しない中で値上げに直面し、購入を続けるか厳しく選別するはずだ。価格が高くても納得できるような「新しい価値」が商品やサービスにあるかを見極めようとするだろう。

企業にとっても、値上げに耐えられる商品を提供できているか問い直す機会となる。商品の競争力を高めるための人材・設備面での投資を加速させる必要がある。

インタビュー

値上げ「第2ラウンド」難しく

山手剛人氏◆フロンティア・マネジメントマネージング・ディレクター

2022年、各社が取り組む値上げは原材料高を背景とした「第1ラウンド」だ。各社一斉に値上げに動いているだけに企業側の心理的ハードルは低く、消費者にもある程度は受け入れられるだろう。しかしESG（環境・社会・企業統治）の浸透などに伴い企業活動のコストは上昇が続いている。これを転嫁するための「第2ラウンド」の値上げは困難なものとなるとみる。

これをどう実現するかが企業業績のカギとなる。一つの解が「バンドリング（抱き合わせ）」だ。色々なモノやサービスをパッケージで安く販売し、消費者にお得感を持たせる手法だ。米アマゾン・ドット・コムなど大手ネット企業で浸透している手法で、日本でも形を変えて取り組む動きがみられる。

例えば食品スーパーではセブン&アイ・ホールディングスがメーカー商品であるナショナルブランド（NB）の値上げを進める一方、低価格のプライベートブランド（PB）を拡充している。値ごろ感のあるPBを強化することで、NBを含めた全体の売り上げを高める狙いがある。

インフレへ進む中、あえて価格を据え置いたり値下げしたりする企業に消費者の注目は集まりやすくなっている。日本の消費者はデフレに慣れすぎたため、「いいものを安く」という戦略があまり報われていなかった。インフレ局面でこうした「安くていいもの」に改めて目が向く可能性がある。

ファーストリテイリングが典型だ。カジュアル衣料品店「ジーユー（GU）」はほとんどの商品価格を据え置いている。22年8月期決算で純利益が過去最高となった背景にもこうした価格戦略の妙があるとみている。

（2022年10月23日掲載）

回転ずし「一皿100円」終了か死守か

円安コスト転嫁、客離れの不安

回転ずし大手の「スシロー」や「くら寿司」が2022年10月から値上げに踏み切り、長年守り続けてきた最低価格「一皿100円」が終了した。魚を中心とする原材料の高騰に加えて円安の波が押し寄せ、価格維持が限界だと判断したためだ。一方で「かっぱ寿司」や「はま寿司」「元気寿司」では最低価格の値上げに追随していない。値上げの有無で客足がどう変化するか、稼ぐ力が戻るのかに注目が集まる。

「スシロー」を運営する回転ずし業界最大手のFOOD&LIFE COMPANIESは、22年10月1日に一皿の最低価格を値上げした。郊外型店舗では税込み110円の皿が120円に、165円は180円、330円は360円となった。

主要各社の概況

社名 （店舗ブランド）	コスト対応	業績
F&LC （スシロー）	郊外型店舗で一皿の最低価格を110円から120円に値上げ	2022年9月期の営業利益は前の期比6割減の見通し。「おとり広告」など不祥事によるイメージ悪化も響く
くら寿司 （同）	1皿の最低価格を110円から115円に値上げ	22年10月期の営業損益は期初の黒字の見通しが一転赤字に。7〜8月の来店客数が計画を大きく下回る
ゼンショーHD （はま寿司）	1皿110円と165円の主力商品は据え置き	22年4〜6月期のはま寿司を含むファストフードカテゴリーの売上高は約3割増収
カッパ・クリエイト （かっぱ寿司）	1皿110円を据え置き	22年4〜6月期の営業損益は赤字。20年4〜6月期から赤字傾向が続く
元気寿司 （同）	1皿110円を据え置き	22年4〜6月期の連結営業利益は大幅増益。海外事業は好調だが国内は苦戦

1984年の創業以来、守り続けてきた「税抜き一皿100円」だが、同社は2022年5月の時点で他社に先駆けて値上げを発表している。水留浩一社長は「質を維持して価格を変える道を選び、100円という呪縛を自分たちで外す判断をした」と語っており、時間をかけ綿密な計算をした上での方針転換だったことがうかがえる。

「企業努力でコスト増の吸収を図ってきたが限界だ」。くら寿司の田中邦彦社長は9月の記者発表会で、水産物の高騰などを理由に基本価格の改定を発表した。10月から都市型店舗などを除いて110円の価格設定を115円に引き上げ、220円は165円に引き下げることにした。

田中社長は正式発表前から「（値上げは）どこよりも遅く、どこよりも低くしたい」と発言。結果として値上げ幅をスシローより抑え、時期は足並みをそろえる形となった。値上げと値下げを組み合わせる打ち出し方については、「最低価格を5円値上げするからには、一部の商品を値下げして（顧客に）納得してもらう必要がある」（田中社長）と説明する。

一方で、大手2社に追随せず「一皿100円」を続ける判断をした企業もある。「かっぱ寿司」のカッパ・クリエイトは最低価格を据え置きながら、22年9月には一皿110円の商品を30種類追加して、計80種類超まで増やした。元気寿司は一皿110円を維持し、数種類の商品を値上げした。

ゼンショーホールディングス傘下の「はま寿司」は、5月に一皿308円の商品群を319円に値上げして、「平日1皿90円キャンペーン」を6月に終了したが、一皿110円と165円で提供している主力商品は据え置きとした。

水産物の価格上昇の背景には大きくは原油高、円安進行、世界で需要が高まっていることの3つの要因がある。東京都中央卸売市場によると、人気のすしネタである輸入メバチマグロの22年8月の1キロ当たりの平均価格は前年同月比で24%増の2555円、輸入サケ・マスは実に44%増の2263円に高騰している。

F&LCの水留社長は「原材料の約7割を輸入に頼っているため、円安環境は厳しい」と発言しており、くら寿司も「金額ベースでみると原材料の約6割が輸入」(同社)としている。

回転ずしチェーン各社の施策の行方は読みにくい。主力商品の値上げに加えて水産物の国内調達を増やすといった選択をする場合、利用客が「リーズナブルな価格」と感じる商品数が減少することにつながる。客単価と客足がどう変化するかを慎重に見極める必要がある。

一方、価格を維持する選択は、利益率の低下リスクが高いが、低価格志向の利用客を「値上げ組」から引きはがす効果も期待できる。

業績不振、利益削る消耗戦

各社の足元の業績は振るわない。くら寿司は22年10月期の連結営業損益が9億2００万円の赤字を見込む。9月に従来予想の28億円の黒字から一転赤字になる見通しを発表した。また、田中社長は「今回の値上げで(23年10月期は)利益を十分に確保できるが、大きな利益があげられるわけではない」と話す。

F&LCの22年9月期の連結営業利益(国際会計基準)は前の期比63%減の85億円を見

回転ずし各社の株価動向

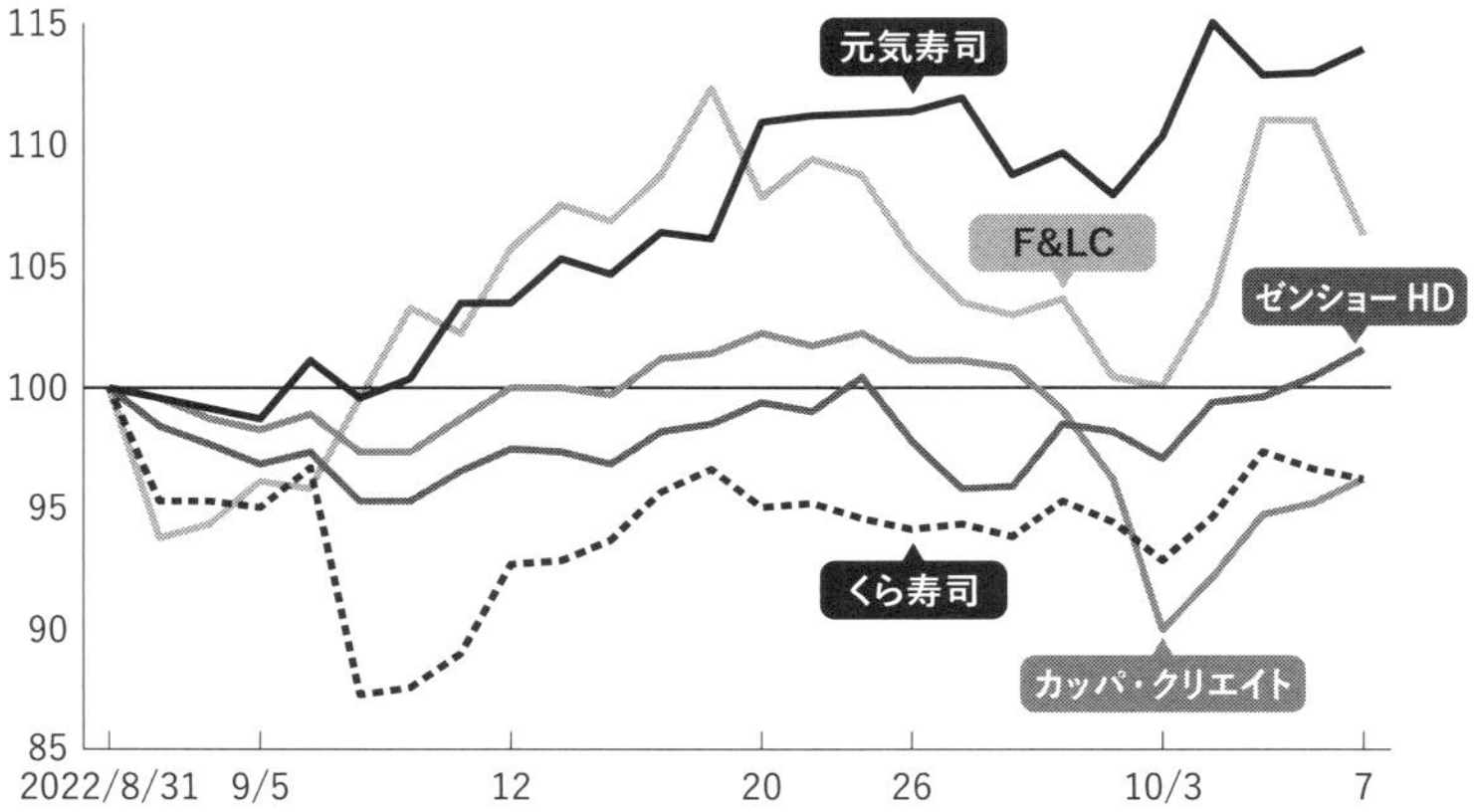

2022年8月31日の株価を100とする

込む。8月に従来予想から75億円下方修正した。水産物の仕入れコスト増に加え、足元で売り上げが低迷。「おとり広告」など相次ぐ不祥事によるイメージ悪化も販売不振につながっている。

「かっぱ寿司」のカッパ・クリエイトは、22年4～6月期の連結営業損益が3億5000万円の赤字（前年同期は10億円の赤字）だった。コロナ禍の影響が出始めた20年4～6月期から赤字傾向が続く。また、田辺公己前社長が競合の「はま寿司」内部データを不正に取得したなどとして不正競争防止法違反の疑いで逮捕された。ブランドイメージの悪化は、今後の客足に影響する可能性もある。

元気寿司は、米国など海外の店舗数が

国内より多い。円安の恩恵も受け22年4～6月期の連結営業利益は前年同期の24倍の5億3800万円だったが、国内事業の売上高営業利益率は1％に満たずに苦戦している。

業界の現状を市場関係者はどうみているのか。いちよし経済研究所の鮫島誠一郎氏は「回転ずしチェーンはファミリー客が中心で、価格に敏感とみている。（値上げで）客数減もしくは1人当たりの消費皿量が減少する可能性もある」と指摘する。SMBC日興証券の皆川良造氏は「最低価格帯の値上げを発表していない業界3位のはま寿司の動きに注目したい」とみる。

株価には、各社の価格戦略はまだ十分には織り込まれておらず、投資家は様子見のようだ。22年9月以降の動向をみると、値上げしたF&LCと価格を据え置いている元気寿司の株価が比較的堅調。くら寿司は9月7日に発表した22年10月期の連結営業損益の赤字見通しが尾を引いている。価格据え置き組のカッパ・クリエイトの株価は堅調だったが、社長逮捕が報じられた9月30日に急落し低迷が続いている。

（2022年10月9日掲載）

コンビニのインフレ耐性は本物か

円安や原料高の影響でコンビニ商品の値上げが止まらない一方、大きな客離れは起きていない。もともと価格より利便性やプライベートブランド（ＰＢ）の品質で集客するビジネスモデルだったことや、旅行需要の回復に伴う人流の回復が底上げしている。ただコンビニ業界の仕入れスケジュールの関係で本格的な価格転嫁は２０２４年2月期以降という見方もあり、セブン&アイ・ホールディングス傘下のセブン－イレブン・ジャパンなど大手3社は、商品の割高感を抑える施策に躍起になっている。

初めての「からあげクン」値上げ

23年2月期に入り、大手各社はオリジナル総菜やＰＢを相次いで値上げしてきた。ローソンは5月に１９８６年の販売開始以来初めて「からあげクン」を約10％値上げし、セブン－イレブン・ジャパンは7月に店頭でいれるコーヒー「セブンカフェ」を約10～20％値上げした。伊藤忠商事傘下のファミリーマートも「ファミチキ」を8月に10％値上げしている。

既存店客数はコロナ前水準に戻っていない

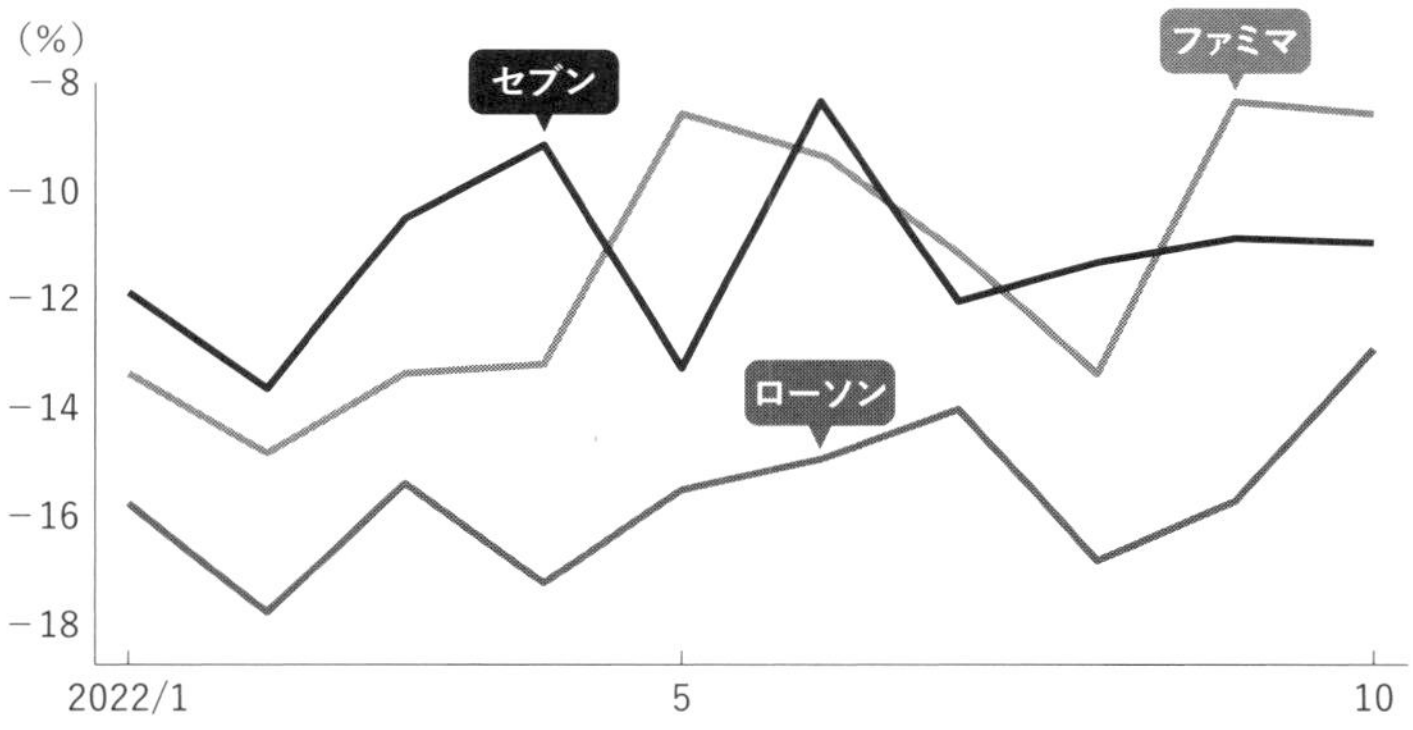

各社公表データから算出。2019年同月比

既存店客単価はコロナ前を上回っている

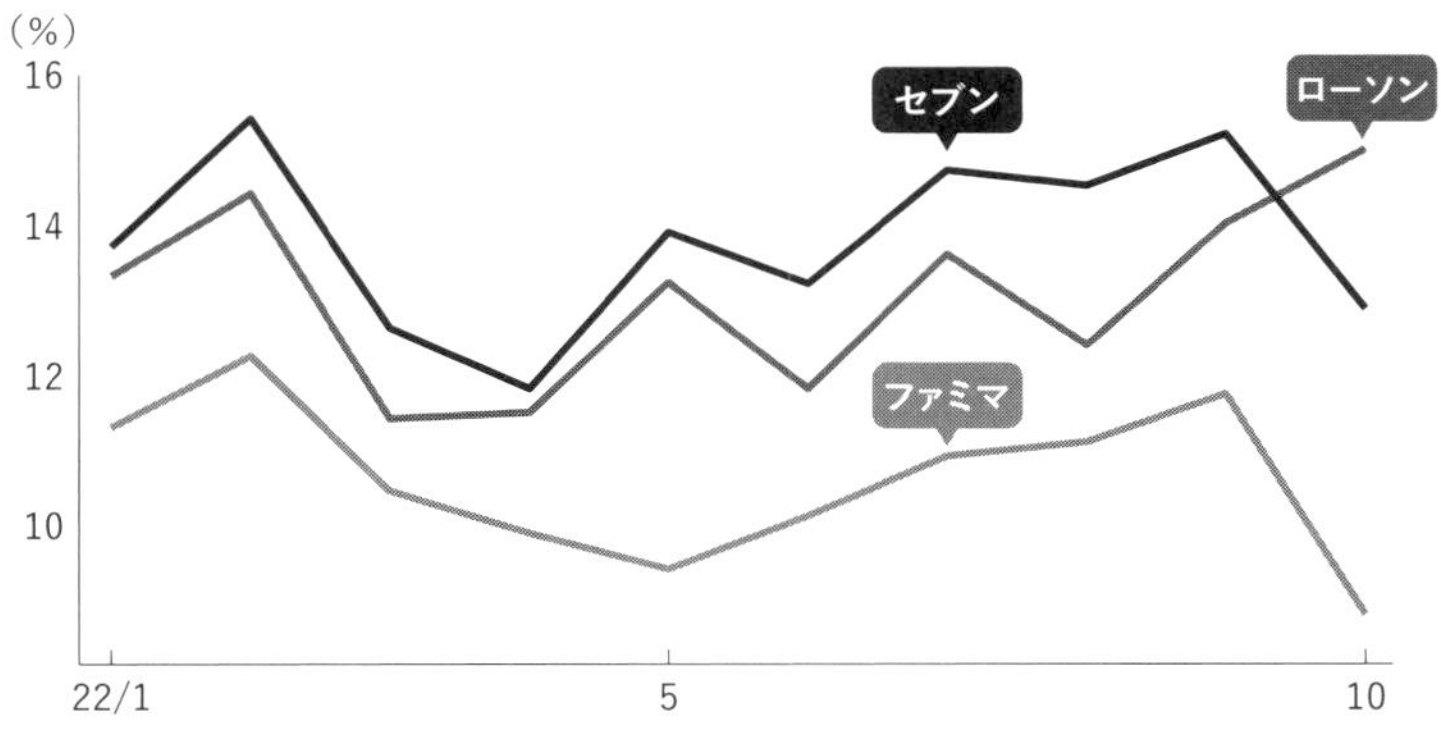

各社公表データから算出。2019年同月比

「客数減×客単価増」で既存店売上高はほぼコロナ前並みに

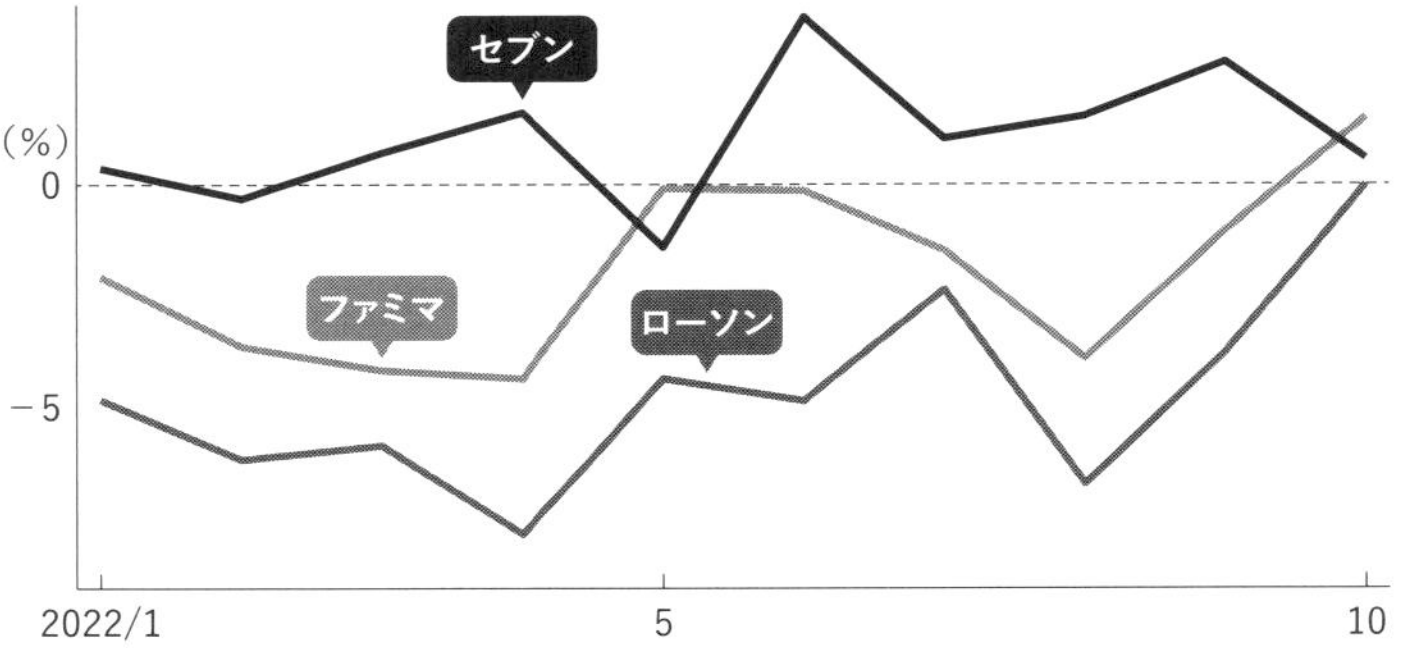

各社公表データから算出。2019年同月比

このほか総菜や弁当なども値上げを随時実施しており、ファミマやローソンでは２０２２年３～８月期にＰＢやオリジナル商品の２割で値上げしている。現在はこの割合がさらに高まっているもようだ。セブンは値上げ品の割合を「非公表」としている。

それでも現状では３社とも「値上げによる目立った買い控えは起きていない」と説明する。もっとも、安定して新型コロナウイルス感染拡大前の19年同月を上回っているのはセブンだけだ。同社は22年３月以降、５月を除きすべての月で19年同月を上回る状況が続いている。

ファミマやローソンも21年同月比では一貫して上回っているが、コロナ前の19年同月比でほぼ同水準になったのは22年10月から。同月はファミマが１・３％増、ローソンが０・１％減だった。ビールなどのメーカー品値上げの影響が本格化する11月以降も継続できるか、市場も注目している。

売上高と並んで市場が注視している既存店客数では3社ともコロナ前の水準に届いていない。3～8月期の客数は19年同期比でそれぞれ10～15％減と厳しい状況で、客単価の上昇で客数の減少を補っている。

客数減の背景にはコロナ下でリモートワークが定着したことや観光需要が戻りきらないなどの人流要因に加え、1店舗でまとめ買いする「ワンストップショッピング」の定着がある。

スーパーやドラッグストアなどとの競争は一層激化している。クレディ・スイス証券の風早隆弘氏は「コロナ禍が一巡してからの客数を今後も維持できるかが焦点になる」と指摘し、コロナ前との比較ではなく、22年と23年の比較が実力を表す重要指標になるとみる。

堅調の理由は「謎」

買い控えが起きていない本当の理由は〝謎〟だ。セブンがコーヒーの濃さを選べるようにするなど、各社は値上げタイミングでリニューアルやサービスを追加している。ただ、

店頭に並ぶ低価格PB「セブン・ザ・プライス」（東京都杉並区のセブンイレブン西荻南2丁目店）

こうした企業努力が奏功しているのか全体的な経済活動の正常化の恩恵なのか判別が難しいからだ。

ローソンの竹増貞信社長は「ずっと我慢している消費行動を実行に移す意欲と、日常生活の防衛意識が両方発生している状態。（2つの動きに相殺されて）実情は見えない段階にあるが、これだけ値上げが続くと消費意欲がそがれることになる」と懸念する。

こうした危機感から各社はこれまでになく価格訴求戦略を打ち出している。22年10月以降、セブン‐イレブンの店頭で「安心価格」と銘打った販促物が目立つようになった。ビールやペットボトル飲料などメーカー品（NB）で値上げが相次ぐ中、価格を変更していないPB商品を消費者に認知してもらうための取り組みだ。店舗によっては専用コーナーも設ける。

また22年9月には同じセブン＆アイ傘下のイトーヨーカ堂の低価格PBだった「ザ・プ

ライス」を「セブン・ザ・プライス」とグループ全体のPBに格上げし、一部店舗で販売を始めている。

ローソンでは牛乳や豆腐など生活必需品約70品目を「ローソンベーシック」としてなるべく価格を上げない商品群に設定している。ローソンの竹増社長は「値下げしないといけない局面もあるだろう。家賃などを踏まえ地域によって価格を変える可能性もある」と全国一律価格というコンビニの常識からの脱却も検討している。

ファミマでは22年10月末からトイレットペーパーや洗剤など日用品10品目を11～184円値下げした。値上げが広がる中、差異化が難しいメーカー品の価格をスーパーやドラッグストア並みに引き下げることでスーパーなどに対抗したい考えだ。

再値上げのワナにご注意

2回目値上げのワナにも注意が必要だ。22年はあらゆる商品が値上げする中で、消費者も「受け入れざるを得ない」という空気が広がっているが、24年2月期以降も同じ状況が続く保証はない。23年2月期と同じ感覚で値上げをすると、思わぬ客離れを招く危険がある。

実はコンビニの仕入れスケジュールの関係で、一連の原料高の影響が本格化するのは24

年2月期以降というのが各社の共通認識だ。2回目以降の値上げは避けられない公算が大きい。業種は違うが過去にはファーストリテイリングが為替変動などを背景に「ユニクロ」で14年に5％、15年に10％と2年連続の値上げを実施。結果として客足が遠のき値下げを余儀なくされたこともある。

日本に先んじて経済が正常化に近づいた欧米では、リセッション（景気後退）の懸念から米アマゾン・ドット・コムなどが人員削減に動いている。「日本も今後、同じような局面になる可能性は高い」（市場関係者）という声がある中、値上げは今後も受け入れられるのか。コンビニ大手各社の舵取りが注目される。

（2022年12月4日掲載）

第8章

エネルギーが足りない

NIKKEI montage/iStock

ガス危機凍りつく世界
石炭争奪・電力逼迫…終わらぬ連鎖

「ガスのセントラルヒーターが使えなくなるかもしれない。今のうちに電気ファンヒーターを買ったほうがいいよ」

ドイツの首都ベルリンに住むイー・ツァオさんは、職場の同僚からこんなアドバイスを受けた。同僚が3日前に75ユーロで購入したという商品はすでに99ユーロに値上げ済みで、さらに数日後には売り切れた。冬ではなく、夏真っ盛りの8月の出来事だ。

使えぬガス暖房

ドイツで2022年1～8月に販売された電気ストーブは約100万台と、前年同期より8割も増えた。輸入量の5割以上を頼っていたロシア産天然ガスは、ウクライナ侵攻後に供給が大幅に減少。ドイツと結ぶ主力パイプライン「ノルドストリーム」経由の供給は8月末に止まった。冬にガス暖房を使えなくなるリスクを考えると、電気代が高騰する中でも電気ストーブを使わざるを得ないわけだ。

欧州全体にとってもロシア産ガスは消費量の3～4割を占めていたため、供給減少は深刻な問題だ。各国は対策として液化天然ガス（LNG）を世界中から代替的にかき集め、地下在庫を貯蔵能力の9割超まで回復させた。冬中に在庫が枯渇しかねないとの警戒感は後退し、欧州の天然ガスの指標価格は22年10月にピーク時の4分の1程度まで下落する場面もあった。

ただ潤沢な在庫は「最近の欧州の気温が暖かく、自然にガス消費量が減っている効果も大きい」（石油天然ガス・金属鉱物資源機構の白川裕氏）。冬本番に一転して厳しい寒さとなれば楽観論は一気にしぼみかねない。枯渇を避けられた場合でも、冬中に在庫が大きく減ってしまえば、次の冬に不足するリスクは一段と高まる。

欧州が危機を回避する決定打はいまだにみえない。ドイツのショルツ首相は国内にある全原発3基の運転延長を23年4月中旬まで認める方針を決めたが、同国の電力供給に占める原発の比率は6％にすぎない。欧州連合（EU）は発電用ガス価格の上限規制などで合意したものの「ガス消費が抑制されにくくなる」（日本エネルギー経済研究所の小山堅氏）。すでに化学品大手の独BASFなどが操業の一部縮小に追いやられており、冬以降にガスが不足すれば産業界への悪影響はさらに深刻になる。

発展途上国で停電頻発

エネルギーの危機は欧州だけにとどまらず、世界に広がる。欧州の需要拡大でLNG価格が高騰した結果、購買力が乏しいバングラデシュやパキスタンは必要量を調達するのが難しくなり、停電が頻発。アジアで多く使われている石炭も、欧州がガスからの代替需要を膨らませた影響で、取引価格が高騰したままだ。国際エネルギー機関（IEA）のファティ・ビロル事務局長は、エネルギー危機を巡り「先進国と途上国の間に分断が生じつつある」と危機感をにじませる。

世界有数のエネルギー生産国である米国も、こうした状況を解決できそうにない。天然ガスをLNGにして輸出するのに必要な液化プラントの能力に限界があり、拡張にも時間がかかる。シェールオイルの増産も鈍いままで、原因の一つとされる資材などのコスト高は簡単には収まりそうにない。米連邦準備理事会（FRB）が22年11月1～2日の米連邦公開市場委員会（FOMC）で0・75％の大幅利上げを継続する中、増産投資のための借り入れコスト増もシェール企業の重荷になりかねない。

危機は日本にも伝播《でんぱ》している。コスト増で東京電力ホールディングスなど電力会社の業績が悪化しているほか、日本製紙は石炭高が響き、23年3月期に初の営業赤字に転落する見込みだ。ガスや石炭の急激な価格変動に翻弄される企業は多く、株価も不安定さを増しかねない。

国際通貨基金（ＩＭＦ）は22年10月公表の世界経済見通しで、世界経済の3分の1を占める国が23年までにマイナス成長に陥ると予測。さらなる下振れリスクとして「エネルギー危機の深刻化」を挙げた。収束時期が読めなくなった危機の震度を探る。

欧州、綱渡りの脱ロシア　ＬＮＧ輸入に限界

価格抑制策で財政悪化も

「『彼ら』は我々の市場からの退出を望んでいるが、結局のところ損失を抱えて去っていく」。インタファクス通信によると、ロシアのプーチン大統領は２０２２年10月下旬、エネルギーを巡る欧米諸国の脱ロシアの動きをこう皮肉った。

ウクライナ侵攻後も欧州はロシア産ガスの輸入を続ける一方、早期に「輸入をすべてなくしたい」（ドイツのリントナー財務相）との方針を掲げる。ただ実態は好むと好まざるとにかかわらず、ロシアから供給を絞られているのが実態だ。ロシアは欧州に揺さぶりをか

ける狙いからか、侵攻当初は保っていた欧州向け輸出を夏以降に大きく削減。リフィニティブによると、22年10月にロシアが主要パイプライン経由で欧州に輸出した天然ガスは60万トン程度で、1年前と比べて9割ほど少ない。

本当の危機は23年冬

ガス不足の影響は企業業績に及び、欧州化学最大手の独BASFは22年7〜9月期の純利益が前年同期に比べて27%減った。ロシア産に代わる天然ガスを割高なスポット市場で調達せざるを得なくなり、1〜9月に欧州で費やした金額は前年よりも22億ユーロ増えたという。マーティン・ブルーダーミュラー会長は「コスト構造を可能な限り早く恒久的に変える必要がある」と危機感を募らせる。

樹脂大手の独コベストロも22年12月期決算のEBITDA(利払い・税引き・償却前利益)が前期比4割減る見通しだ。樹脂の製造過程に必要な蒸気を石油で代替しているが、原料としてのガスは置き換えがきかず「ガスの削減状況によっては工場を完全停止する恐れもある」(マーカス・スタイレマン最高経営責任者)。ガス不足はノルウェーのエクイノールなど生産者には追い風になるが、欧州の産業全体にとってはマイナスだ。

欧州諸国は対策として米国などから液化天然ガス(LNG)の輸入を拡大しており、22

欧州のLNG輸入は高水準だが
ロシアからの供給減を補いきれない

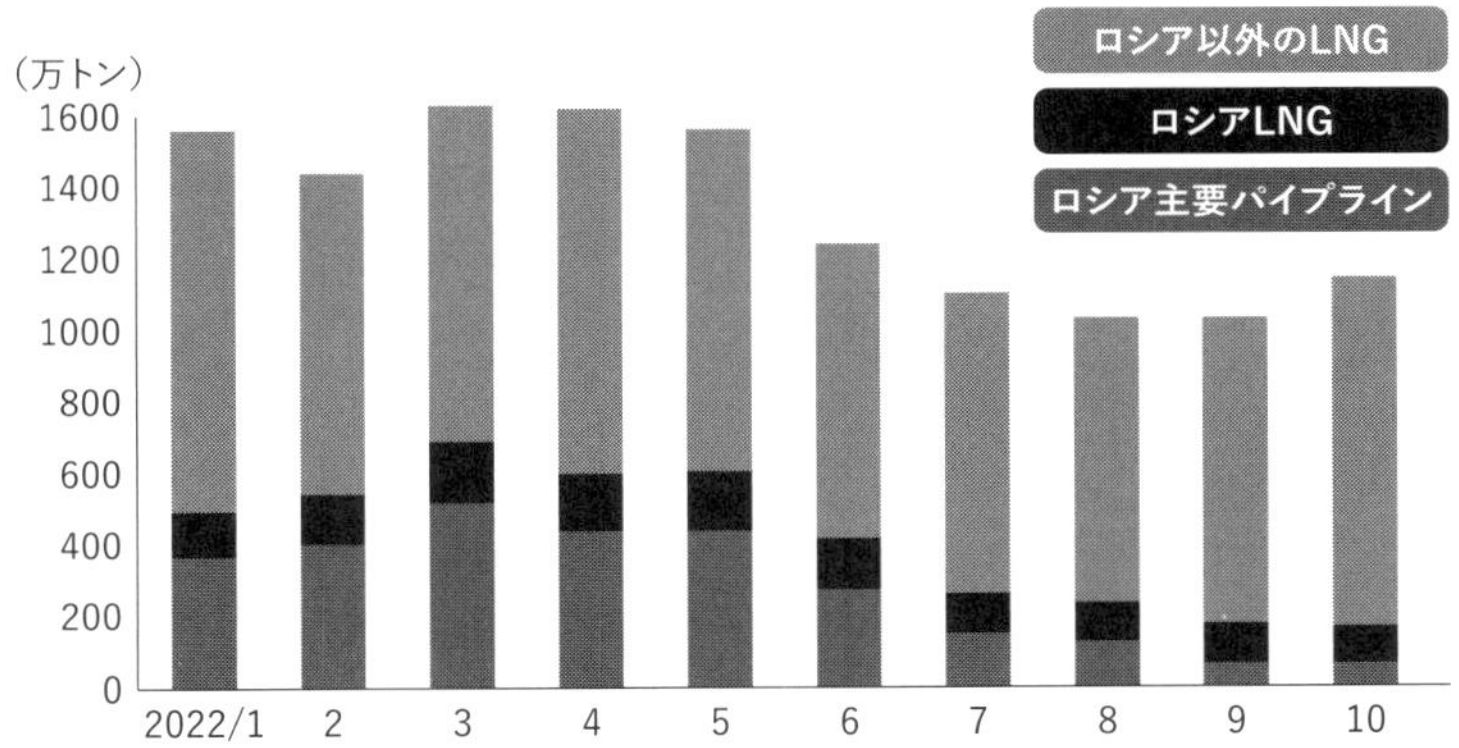

リフィニティブのデータから作成

ドイツは天然ガス在庫の枯渇リスクが特に大きい

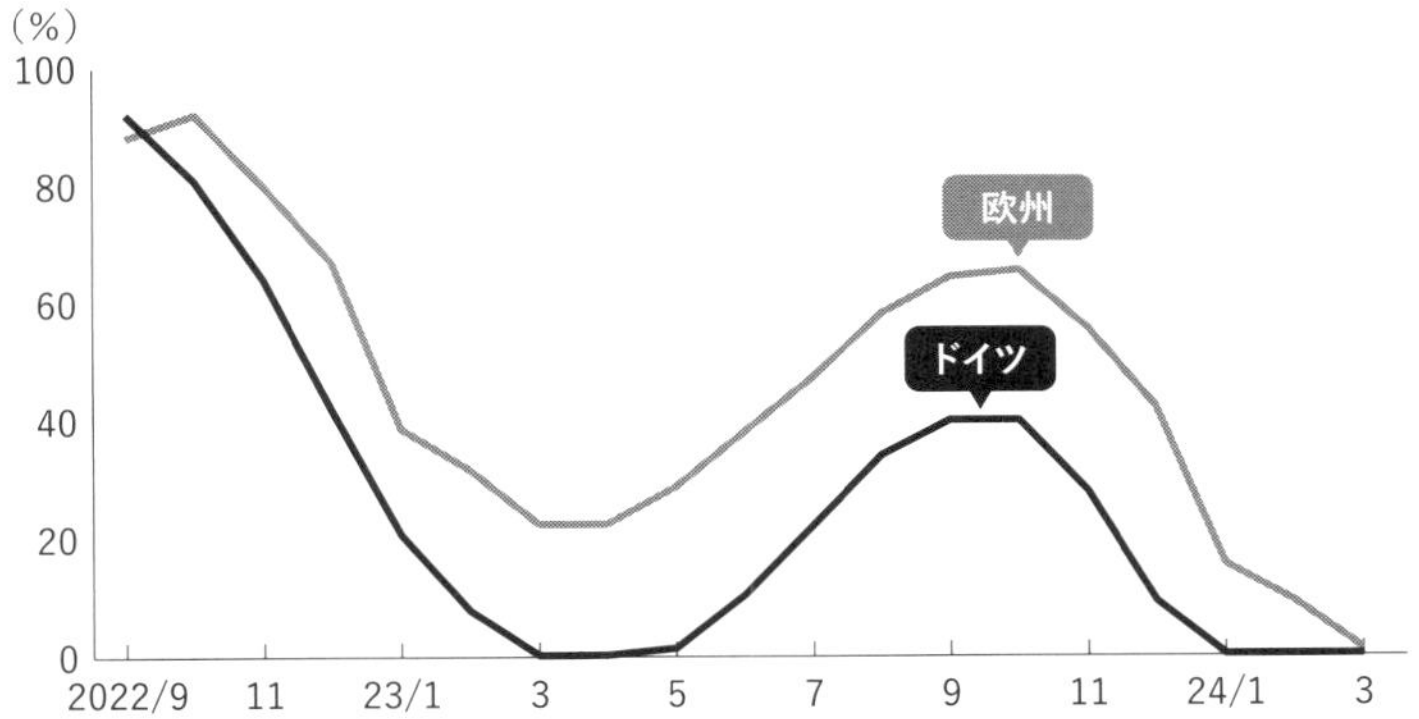

欧州はJOGMEC、ドイツはドイツ銀行の推計。使用量をそれぞれ7%、10%削減した場合

欧州はここ数年で一気にLNG受け入れ基地を拡張する

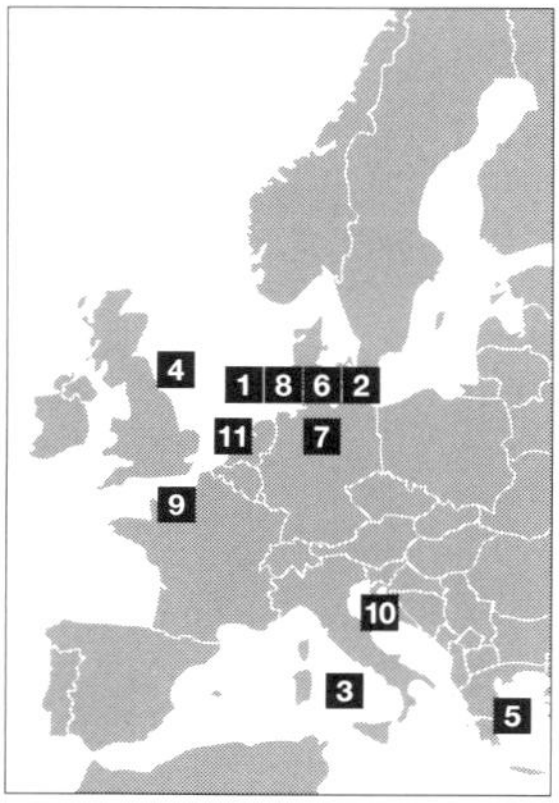

運用開始	国	整備場所
2022年	オランダ	1 エームスハーフェン
	ドイツ	2 ルブミン
2023年	イタリア	3 ティレニア海
	英国	4 ティーズサイド
	ギリシャ	5 ボロス
	ドイツ	2 6 ブルンスビュッテル、7 シュターデ、8 ウィルヘルムスハーフェン
2024年	フランス	9 ルアーブル
	イタリア	10 アドリア海
	オランダ	11 ロッテルダム

表はライスタッドエナジーなどの資料から石油天然ガス・金属鉱物資源機構が作成。稼働済みの設備も含む

年1～10月は欧州全体で前年同期から6割増加。その成果もあり、欧州のガス在庫は10月末時点で貯蔵能力の9割を超える。ただ、22年在庫の積み上げがうまく進んだのは、当初はロシアからの供給が続いていた影響も大きい。23年は最初からロシア産の大部分抜きで、冬の需要をまかなえるだけのガス在庫を確保する必要があり、越冬の難度は22年よりも高い。

ＬＮＧ輸入は受け入れ能力の上限とされる月１０００万トン規模にすでに達している。輸入を一段と増やすため、ドイツはこれまでなかった受け入れ基地を新設し、他の欧州主要国も能力の拡張を推進する。特に桟橋や港に係留して使う浮体式ＬＮＧ貯蔵・再ガス化設備（ＦＳＲＵ）は、陸上施設より工期が短いなどの利点から計画が目白押しで、23年はドイツだけで複数の運用開始が予定される。

それでも23年の欧州全体のＬＮＧ受け入れ能力は、現実的な稼働率を考慮すると１８００万トン程度の増加にとどまる。ロシア産ガスはもともと1億トンを超える輸入量があり、その大部分が途絶する状況をカバーする力はない。ＦＳＲＵを短期間でさらに増設するのは難しく、陸上施設の建設には時間がかかる。

必要なガスを確保できないのであれば、欧州は使用量を削減するしかない。欧州連合（ＥＵ）は22年8月から23年3月までの天然ガスの消費を過去5年平均比で15％減らす目標を掲げる。すでにドイツでは22年9月に産業界が前年同月比で消費を2割減らしていたとの調査結果も出ており、ＢＡＳＦもガスを原料に使うアンモニアの生産拠点の操業を縮小している。

高止まるガス価格

ただ、節ガスの度合いは天候やガス価格に左右されやすく、今後順調に進むかは不透明だ。石油天然ガス・金属鉱物資源機構（ＪＯＧＭＥＣ）の白川裕氏は、ガス使用量の削減が7％にとどまった場合、ＥＵのガス在庫は「24年3月にはほぼゼロになる」と分析。ロシア産ガスへの依存度が特に高かったドイツはさらに厳しく、10％の節ガスを進めても在庫が持たないという推計もある。

在庫リスクが消えないだけに、欧州の天然ガス価格の先安観は乏しい。指標価格であるオランダＴＴＦの先物をみると、23年1月物は10月末時点で1メガワット時当たり１３０ユーロ程度。本来は不需要期の夏場にあたる23年7月物や、次の冬季である24年1月物も同程度で、期近の22年12月物（１２０ユーロ程度）より高い水準だ。足元のＴＴＦは1年前と比べて6～7割高いが、冬を乗り切ったとしても高値は解消されず、欧州企業や消費者を圧迫し続ける可能性は高い。

ＥＵは経済への打撃を緩和するため、22年10月にエネルギー価格高騰への緊急対策で合意。スペインやポルトガルで導入している発電用ガス価格の上限規制をＥＵ全体に広げる計画のほか、ＴＴＦの値動きの抑制策も検討している。もっとも、抑制策が成功した場合、ガス消費が促進されやすくなり、今度は在庫枯渇の可能性が高まるリスクが頭をもたげてくる。

価格抑制策は欧州各国の財政悪化にもつながる。ドイツは対策に２０００億ユーロ（約29兆円）を投入する計画で、問題が長期化すれば追加での財政出動が必要になる可能性も否定できない。欧州中央銀行（ＥＣＢ）が大幅な利上げを続けていることもあり、財政余力の大きいドイツとはいえ「財政規律が緩めば市場の信認が揺らぎかねない」（ＢＮＰパリバ証券の中空麻奈氏）。欧州全体にとっても大きな不安材料となり、金融市場全体の混乱を招きかねない。

アジアもＬＮＧ高、石炭に不安

バングラ・インドで停電、スリランカは燃油配給制度

アジアでもＬＮＧの価格高騰が長期化するとの見方が強まっている。ロシアからのパイプラインガスの供給回復が見込めず、限られたＬＮＧを欧州とアジアで奪い合う恐れが生じているためだ。外貨が不足する新興国では燃料輸入に支障が出て、電力不足や物価高などの深刻なしわ寄せも顕在化し始めた。

アジア向けのＬＮＧのスポット価格は、足元で１００万ＢＴＵ（英国熱量単位）当たり30ドル前後で推移する。２０２２年8月のピーク時に比べると大きく下がったものの、過去5年の平均価格に比べるとなお3倍超の高値だ。

欧州の天然ガス高はアジアに波及

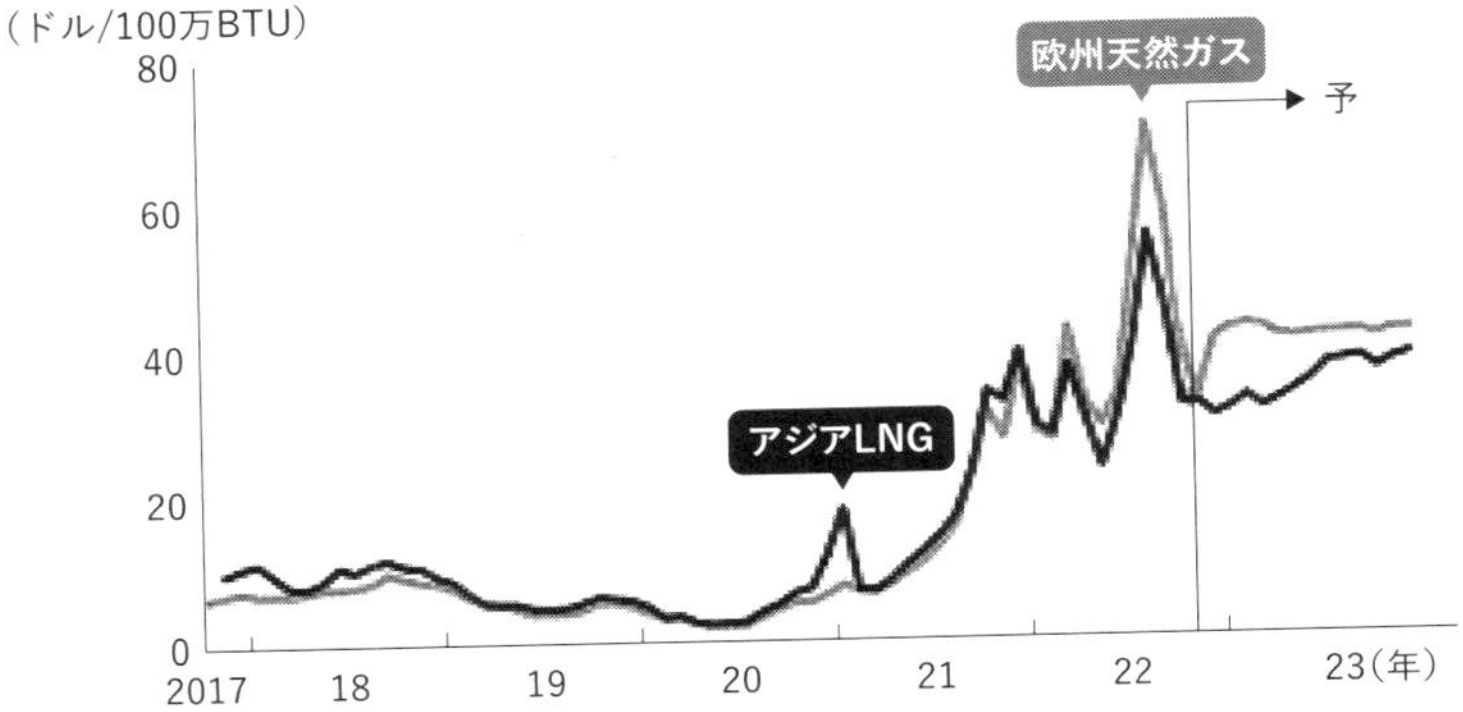

出所：リフィニティブ、2022年11月以降は先物曲線による予測

先行きも下げは見通せない。先物市場では1年先（23年11月）の価格が37ドル前後と足元の水準を上回る。欧州と競う形でアジアも必要量の調達のために買値を引き上げざるを得ない。アジア相場が欧州の相場に連動する傾向は今後も続くと見込まれる。

価格高騰で消費量が多い日本や韓国は発電コストが膨らみかねない。ただ、より深刻な影響を被るのは新興国だ。

調査会社ケプラーのデータによると、パキスタンの22年1～9月のLNG輸入量は510万トンと前年同期から20％減少。インドも同16％減、バングラデシュも同8％減となった。

「燃料に使える外貨を考えると、我が国はLNGを買う余裕はない」。パキスタンのシヤバズ・シャリフ首相は22年7月初旬、エネルギー事情に関する会議の中でこう打ち明けている。バングラデシュでも外貨準備高が9月時点で364億ドルと、直近のピークである21年8月と比べて24%減った。「将来の支払い能力への懸念から供給業者が販売をためらっている」（LNGトレーダー）との声もある。

バングラデシュのある薬局では2022年10月4日の停電の際にローソクをつけて営業を続けた（ロイター／アフロ）

国際エネルギー機関（IEA）によると19年時点でパキスタンの発電に占めるガスの割合は46%、バングラデシュでは81%に及ぶ。石炭の割合が多いインドを除き、ガスの輸入減は電力危機に直結する。国民生活への影響は甚大だ。バングラデシュでは22年10月に送電網のトラブルも加わり、国土の8割以上で停電が発生した日もあったという。

「電力不足によって冷蔵設備が使えなくなり、商品の販売を停止せざるを得なかった」。スリランカの食品関連会社の担当者は苦渋の表情を浮かべる。同国では新型コロナウイルス禍の観光業低迷で外貨準備高が急減しているところに燃料などの市況高騰が重なり、停電や記録的な物価上昇が続く。

主な指標であるコロンボ消費者物価指数の上昇率は、22年9月に前年比69・8％に上昇した。7月にはガソリンやディーゼル燃料を求めて給油所に長蛇の列が発生。「5日間並んでいる」と話す住民もいた。スリランカ政府は8月、1週間の給油上限を定めた配給制度を導入するなどして対応にあたるが、根本の供給不足を解消するのは難しく、市民生活の混乱が続いている。

ガス不足と価格高騰は、相対的に安価な石炭の需要を膨らませる結果も生んでいる。IEAによると、もともと発電の大半を石炭火力に頼るインドでは、発電用ガス消費量が22年1〜8月期に30％近く減少。生じたギャップの多くを石炭火力発電所が埋め合わせたもようだ。パキスタンでは22年に石炭火力発電が5倍に増えたという。

苦肉の策として依存度を高めた石炭も懸念はゼロではない。インドでは21年9月、電力会社の石炭確保などが追いつかず石炭の在庫が数日分にまで低下する発電所が相次いだ。22年5月にも猛暑による電力需要増によって一部地域で停電が発生するなど、在庫不足を繰り返す。

中国では環境対策に伴う石炭の生産抑制が21年秋に電力危機を引き起こした。中国政府は22年、安定供給を重視し国産の石炭やガスの増産に転じた。23年以降、22年は低調だった中国での需要が回復すれば、購買力に劣るアジアの新興国の燃料調達はますます厳しさを増すことになりかねない。

米国、ガソリン高が消費を冷やす

シェール業界、株主還元優先し設備投資抑制

世界最大の産油国でありながら世界最大の石油消費国でもある米国では、高止まりするガソリン価格が消費を冷やしかねないとの懸念が広がっている。

全米自動車協会（AAA）によると、2022年10月末のレギュラーガソリンの価格は1ガロン（約3・8リットル）当たり3・76ドルだった。ウクライナ危機で6月に過去最高の5ドル強を記録しており、足元では上昇圧力に一服感があるものの1年前に比べるとまだ約1割高い。22年10月8日に中間選挙を控えるバイデン政権も相場動向に神経をとがらせている。

米国では消費とガソリンの逆相関が明確に

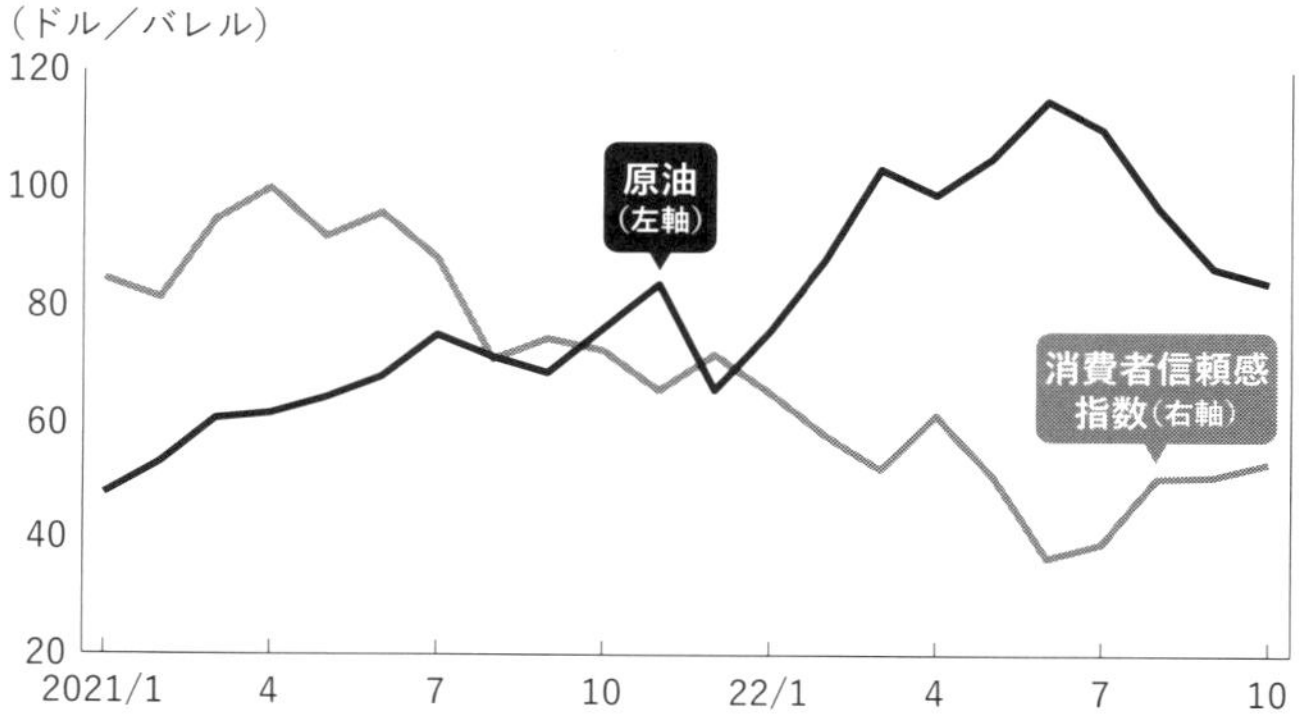

出所：ミシガン大など

「消費者は生鮮食品よりも安い缶詰を買うようになった」。22年10月公表の米連邦準備理事会（FRB）の地区連銀経済報告（ベージュブック）では、食品とガソリンの価格上昇が、顧客の財布のひもを固くしているとの小売業者の嘆きの声が紹介された。ミシガン大学の10月の消費者信頼感指数は59・9。前年同月（71・7）に比べると低く、ガソリン価格に直結する原油相場と逆相関を描く。

22年7〜9月期の国内総生産（GDP）統計の速報値では利上げもあり内需の弱さが確認された。個人消費は1・4%増で、4〜6月の2%増から減速。インフレ率は約40年ぶりの高水準に達しており、物価の伸びに賃上げが追いついていない。

一方、米国の原油は増産の勢いが鈍い。シ

エールオイルは開発から生産まで数カ月と期間が短く、10年代には原油価格が上昇するとすぐに増産し、上値を重くする役割を果たしてきた。シェール革命が始まった00年代後半から金融機関はシェール業界に潤沢な資金を貸し出し、業界はすぐに開発に投じて資金繰りは自転車操業のような状態に陥っていた。

シェールへの開発投資は鈍い

金融機関の業界に対する甘い貸出態度は脱炭素の流れなどを受けて20年ごろから厳しくなった。ウォール街の投資家の圧力もあり、シェール開発企業は増産投資よりも配当や自社株買いを優先するようになった。

この傾向は、コロナ禍から持ち直した原油相場を受けても変わらない。22年10月28日に7～9月期決算を発表したシェール大手パイオニア・ナチュラル・リソーシズは約19億ドルを同期間の株主還元にあてたと明らかにした。同社のフリーキャッシュフローは17億ドルで、これを上回る水準。7～9月期に自社株買い5億ドルも実施した。スコット・シェフィールド最高経営責任者（CEO）は同日のアナリスト向け説明会で「配当利回りは10％に達する。通年で75億ドルを株主に還元する」と話した。

シェール業界は過去最高のキャッシュフロー（純現金収支）を生み、株主還元も過去最高だ。一方で、各社の設備投資は増えていない。米エネルギー情報局（EIA）によると22年の米国の原油生産量は日量1170万バレルで、19年（同1200万バレル強）の過去最高を更新するのは23年（同1240万バレル）になるとみている。

日本企業、逆風も追い風も荒れ模様

東京製鉄は電気代2倍、信越化学2期連続最高益

日本企業にとって欧州発のガス危機は、エネルギー高騰・資源高という課題が拡散した形で押し寄せる。特に業績への下押し圧力が強くはたらくのは、もともとの需要が減りつつあり、販売価格への転嫁を進められない製造業で、再編や撤退を選択する企業も増えてきた。

デンカは2022年10月25日、25年をメドにセメント事業から撤退すると発表した。セメントは、石灰石などを熱する燃料として石炭を大量に使うため、石炭高の影響を大きく受ける。国内需要も低迷していることから、発表翌日の東京株式市場では撤退が好感され株価は一時9%高を付けた。

UBE(旧宇部興産)と三菱マテリアルが折半出資しているUBE三菱セメントは、石炭高と需要低迷を受けて、23年3月末をメドに青森工場(青森県東通村)を閉鎖する。同社の生産能力の約12%を持っていたが、21年度の生産量は能力の10%程度の稼働まで落ちていた。

製紙業界も石炭高の影響を受ける。もともと製紙は価格が安く、利益率が低い。日本製紙は石炭や原料のパルプ高を受けて、同社の洋紙生産能力の3%を占める秋田工場(秋田市)での洋紙生産からの撤退を検討している。

一方、エネルギー高の中でも対応に取り組み、相対的に市場からの評価を高めているメーカーもある。

化学メーカーは、原油高が大きく影響するナフサの代わりに、より安値に調達できる天然ガス由来の「エタン」を調達できるかどうかで差が開いた。

野村証券の岡嵜茂樹アナリストは「信越化学工業は塩ビ樹脂の主産地である米国で、足元でも安価なエタンやエチレンを調達できている」と指摘する。エチレンなどの内製化も進み、23年3月期の連結純利益は前期比36％増の6800億円と、2期連続で最高益を更新する見通し。住友化学も、サウジアラビアの石油化学事業会社ペトロ・ラービグに出資しており、欧州やアジアの塩ビ樹脂メーカーとのコスト競争力が高いという。

電力業界では、発電会社がコスト増に苦戦している。東京電力ホールディングスと中部電力が共同出資する火力発電会社のJERAは22年4〜9月期、夏場の電力需要に対応するべくLNGを割高のスポットで調達したことで利益が849億円削られ、最終損益は1315億円の赤字（前年同期は438億円の黒字）になった。

火力発電と対照的に評価が高まっているのは再生可能エネルギーだ。アセットマネジメントOneの「新光日本小型株ファンド」は、22年9月末時点でイーレックスを最も多く組み入れている。「火力発電の発電コストが上昇したことで、再エネが相対的に価格競争力を持ち始めた」（運用を担当する岡田直人氏）ためだ。

イーレックスは、市場取引ではなく相対取引が多く、調達コストを抑えられていることも評価されている。電力の卸売り業界では、多くの新電力の会社が発電設備を持たない。そのため、電力調達価格が販売価格よりも高い逆ざやに陥り、多くが休止や撤退を余儀なくされた。

エネルギー高は日本企業にどう影響するか

	社名		騰落率（%）	PER（倍）
追い風の側面も	信越化学	石化製品原料でナフサより安価なエタンを米国で調達 コスト競争力が上昇	▲22.1	約9.2
	住友化学	サウジアラビアでエタンを調達	▲13.7	7.2
	イーレックス	火力発電のコスト上昇で主力の再エネの価格競争力が高まる	21.4	18.3
	東レ	電力不足による再エネ需要の高まりで、風力発電向けの炭素繊維が好調	5.8	11.5
	INPEX	原油・ガス開発の需要が高まる	58.7	6.1
	三井物産	石炭や原油、LNG価格上昇で売り上げ増	31.4	5.7
逆風が顕在化	デンカ	石炭価格上昇 セメント事業を売却	▲7.1	16.2
	日本製紙	石炭価格高騰で23年3月期は上場来初の営業赤字 秋田工場のボイラー停止	▲18.5	—
	三菱マテリアル	UBEと折半出資のセメント会社が石炭高で青森工場を閉鎖	▲0.3	12.8
	東京製鉄	22年度下期電力購入単価が21年度通期と比べ2倍以上	▲4.9	4.6

騰落率は2021年末と22年11月2日の株価を比較。PERは22年11月2日時点。▲はマイナス、ーは赤字で算出できず

同じく再エネである風力発電への期待が高まっていることで、間接的に炭素繊維の需要も拡大し、東レや帝人などの高シェアの企業に注目が集まっている。

電力高騰は、鉄鋼業界の電炉化の流れにも影響する。岡嵜アナリストは「短期的には電炉よりも高炉の需要が相対的に底堅いだろう」と話す。

電炉は電気代が製造コストの1割を占める。東京製鉄によると、23年3月期下期の電力購入単価は22年3月期通期と比べ2倍以上になるという。原料のスクラップ価格は中国の景気減速で下落しているが、高騰した電力価格が響くのはこれからで先行き不透明感は強い。

電炉に使う黒鉛電極を生産する昭和電工や東海カーボンも、海外の鋼材市況が弱まる中で先が見通せない状況が続く。

コラム

長期LNG調達戦略、政府も前に

足元で起きている天然ガスの争奪戦は一過性ではない。国際エネルギー機関（IEA）のビロル事務局長は「2023年の冬も厳しい」と語った。それどころか国際エネルギー市場からロシアを排除する限り、逼迫は10年単位で続くとの見方が強まっている。

エネルギー危機が浮き彫りにしたのは化石燃料排除の理想と、これに依存する現実の溝だ。脱炭素までの移行期間のエネルギーとして、石炭や石油に比べ温暖化ガス排出量が少ない天然ガスは重みを増している。一方、世界がカーボンゼロの目標とする50年が近づくほど投資のハードルは上がる。

液化天然ガス（LNG）プロジェクトは1兆円単位の投資が必要とされる。産ガス国や生産事業者は巨額投資を回収するために、できるだけ買い手と長期・大量の契約を交わしたい。

翻って日本の電力・ガス会社の経営者は「LNGの長期契約は資産そのものだ」と言う。脱炭素が進めば長期契約は価値を生まない「座礁資産」になるかもしれない。

いつでも転売できる、柔軟性を持った短期・少量の契約が望ましい。

企業経営としては当然の判断だが、エネルギー安全保障の観点からはそうはいかない。長期で売りたい産ガス国・事業者と、短期で買いたい需要家のせめぎ合いのはざまで、日本が買い負けることになりかねないからだ。

日本エネルギー経済研究所の橋本裕ガスグループマネージャーは「22年はＬＮＧの最終投資決定（ＦＩＤ）イヤーになる」と指摘する。渦の中心は米国だ。９月までに新規プロジェクトを含め、４６００万トン分の米国産ＬＮＧの長期（ターム）契約が結ばれた。

契約期間は15〜20年が中心だが、中には25年の契約もある。このうち、中国が１１００万トン程度を占める一方、日本企業が交わした契約はない。

建設費用やファイナンスコストの上昇により、すべて生産開始にこぎつけられるかどうかには懐疑的な見方もある。しかし、中国の長期契約志向は米国にとどまらない。カタールやロシアとの間でも契約を重ねている。

中国が交わした長期契約を積み上げると1億トンを超える。中国の長期契約シフトについて、石油天然ガス・金属鉱物資源機構（ＪＯＧＭＥＣ）の竹原美佳調査部長は「需要の増大に備え、割高なスポット契約の比重を下げて調達を最適化する狙いがある」とみる。

長期契約に動くもう一つのプレーヤーがいる。米欧のメジャー（国際石油資本）だ。米エクソンモービルや英シェル、仏トタルエナジーズなどは脱炭素の潮流の下で、自らは油田・ガス田投資を抑える一方、米国の新興ＬＮＧ生産会社や中東の国営エネルギー会社と長期契約の獲得に動いている。

米エネルギー企業の関係者は「メジャーは20年後もＬＮＧを売り切ることができるとみて、長期契約に及び腰の日欧の電力・ガス会社の間に立って需要を埋めている」と指摘する。

争奪戦の先に待つのは中国やメジャーの支配力が強まる市場の姿だ。日本はこの近未来にどう備えるのか。

企業が長期引き取りのリスクを負いきれないなら、政府が補完せざるを得ない。電力・ガス会社の小口契約を１つにまとめ、政府機関が窓口となって契約を交わすなどの方策を探っている。安定供給策は移行期こそ重要性を増す。この調達戦略を万全にしない限り、脱炭素の実現もおぼつかない。

（２０２２年11月６日掲載）

米シェールオイル増産、資材不足が壁
労働者も確保難航

「調整弁」の役割果たせず

米国でシェールオイルの生産が資材や労働力の「供給制約」によって伸び悩んでいる。シェールオイルは本来、掘削から生産開始までの期間が数カ月と短く、比較的容易に増産に動くことができた。ところが、足元では地下から原油を吸い出す油井管といった資材が足りない上、労働者の確保もままならず、増産のペースは鈍いままだ。

全米有数の油田地帯があるテキサス州。中心都市ヒューストンを通る高速道路「I10」では、油井管を満載した大型トラックが頻繁に往来している。

ヒューストン中心部から車で約30分。米鉄鋼大手USスチールの油井管の加工工場では、鋼管にネジの切れ目を入れる作業が急ピッチで行われていた。パイプのつなぎ目の強度などがシェールオイル生産の効率を左右するため、重要な作業だ。

現場の担当者によると、原油需要が2021年半ばから盛り返したため、油井管の工場もフル稼働状態だ。油井管の価格は跳ね上がっており、鉄鋼メーカーと卸売・問屋は潤っている。外側を覆うケーシング用のパイプは前年同期に比べ7割高くなった場合もあるという。米国の卸売市場では日系企業の販売シェアが半分以上もあり、業績に追い風が吹く。

USスチールの油井管の加工工場（米テキサス州ヒューストン）

「パイプが全く足りない」。一方、シェール掘削の現場からは悲鳴が上がっている。ある開発会社の幹部はダラス連銀の調査に「この1年間で最もコストが上がったのは油井管だ」と回答した。在庫は払底し、納期は長期化している。「（原油を）素早く増産することが難しくなった」と嘆く。

ロシアのウクライナ侵攻も資材の不足に拍車をかける。21年に米国が輸入した油井管の1割以上はロシアとウクライナが占め、制裁や戦災による影響は不可避。新型コロナウイルス禍からの景気回復で、国内外の物流も滞りがち。シェール層を掘り進むフラッキング（水圧破砕）に使う砂も不足している。

足りないのは資材だけでない。ヒューストンの幹

米国の油井管の価格

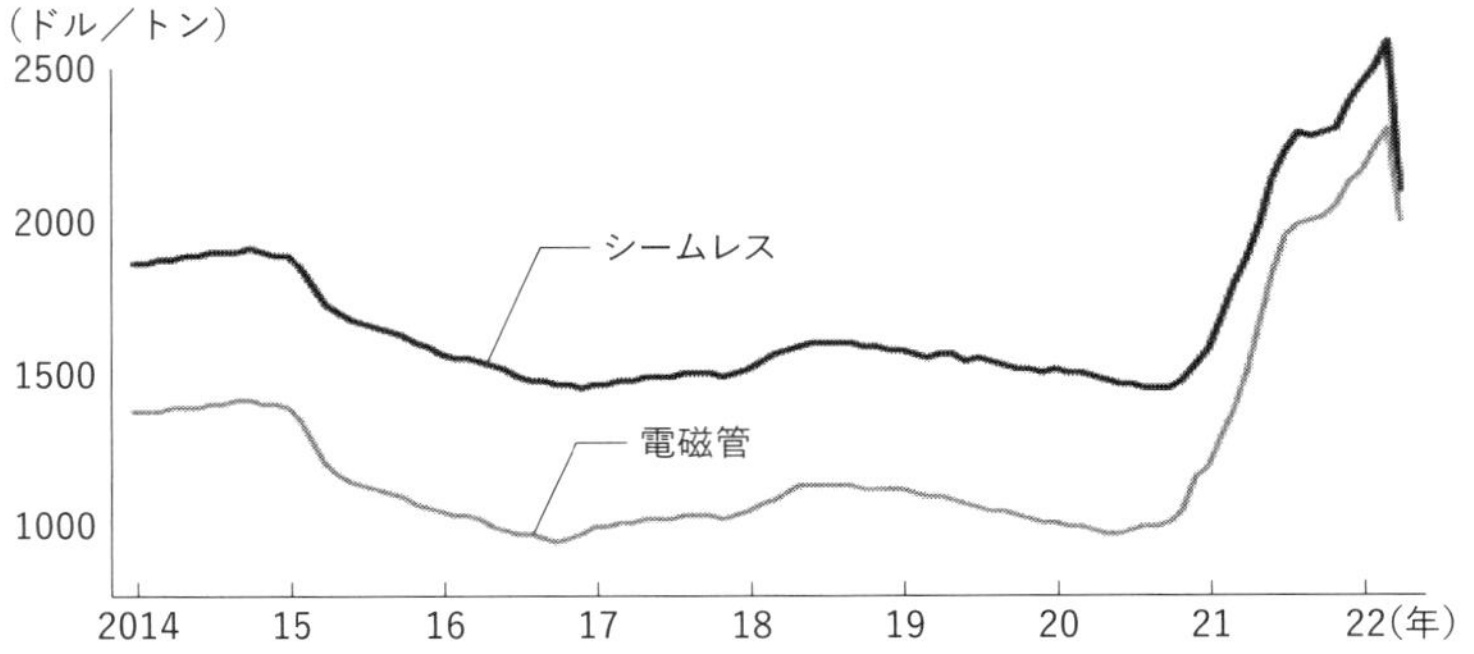

出所：プレストン・パイプ&チューブ・リポート

線道路沿いの大手コンビニチェーン「バッキーズ」では従業員を時給16～33ドル（約2200～4600円）で募集している。年間で3週間の有給休暇もある。それぐらい優遇しないと、労働力を確保できないのだ。

シェール開発の現場はへき地にあり、体力的にもきつい。人手不足はコンビニの比ではない。石油会社の関係者は「とにかく人を集めるのが大変」とこぼす。新型コロナ禍による減産でいったん業界から離れた「ミレニアル世代」は別の業界に転じてしまい、戻ってこないケースが多いという。

インフレの抑制に躍起となっているバイデン米大統領は、中東などの産油国に増産を求めている。ただ、大型油田では10年単位の開発期間が必要だ。従来なら小回りのきく米国国内のシェールオイルが調整弁の役割を果たすことができたが、資材と人手の不足で「機動力」を失ってしまった格好だ。

米エネルギー情報局（ＥＩＡ）によると、米国の原油生産量は19年に過去最高の日量約１２００万バレル強に達した後、20年〜21年は新型コロナ禍で落ち込んだ。22年になって需要は急回復しつつあるが、生産は約１１９０万バレルまでしか回復しない見通しだ。

（２０２２年９月４日掲載）

ＣＯＰ27、脱化石燃料への道遠く

合意文書に「低排出エネ」　天然ガス温存の思惑

ロシアのウクライナ侵攻の影が覆う中、エジプトのリゾート地、シャルムエルシェイクで開かれた第27回国連気候変動枠組み条約締約国会議（ＣＯＰ27）。現実と理念の両面からまざまざと見せつけられたのは化石燃料依存からの脱却の難しさだった。

会期中、シャルムエルシェイクの気温は約30度で頭上には抜けるような青空が広がっていた。ダイビングで知られる土地でもあり、街を歩くと潮風を感じる。会場内はエアコンの効きすぎで夕方になると寒かったが、交渉は熱を帯びていた。

閉幕したのは予定を2日ほど過ぎた2022年11月20日午前。妥協の末の合意文書には、「低排出エネルギー」という見慣れぬ表現が入っていた。いつのまにか最終案に潜り込んだため、気づかない交渉官も少なくなかった。

それゆえ、その言葉の解釈は明確ではないが、あえて前例の乏しい表現を使ったのは、低排出エネルギーに天然ガスを含めるためだと理解されている。ガスは石炭などよりも温暖化ガスの排出が少ないが、排出することには変わりない。

ある欧州の交渉官が交渉の経緯についてヒントをくれた。「産油国や企業のロビー活動が影響したのかもしれない」。確かに会場にはサウジアラビアなど産油国の巨大な展示施設が目立った。

そして21年10～11月に英グラスゴーで開かれたCOP26と異なり、COP27では石油メジャーの幹部らが続々と会場に入った。関係者によると、600人以上で各国を説得に回ったという。エネルギー企業は足元で再生可能エネルギーへのシフトを急いでいるものの、できるだけ化石燃料を温存したいのが本音でもある。

23年のCOP28を開くアラブ首長国連邦（UAE）のムハンマド大統領はCOP27の冒

COP27での主な動き

異常気象の「損失と被害」で途上国支援の基金設立
化石燃料利用の停止・減少に向けた目立った合意なし
米中の気候変動に関する対話再開
世界銀行など国際金融機関を、気候変動対策に資金が流れやすくなるよう改革
南アフリカやインドネシアへの脱炭素支援など2カ国間・複数国間の動きが活発化

頭で「世界が石油とガスを必要としている限り、役割を果たし続ける」と言い切った。アフリカ諸国からは「ガス開発をする権利がある」との声が目立っていた。

これを気候変動対策の後退と単純に切り捨てるわけにはいかない。ロシアのウクライナ侵攻以降、世界各国、とりわけ欧州は自らがいかに化石燃料に依存しているかを目の当たりにしたからだ。この冬、そして次の冬もガスがなければ市民生活や経済活動に大きな支障が生じ、寒さで死者が出るかもしれない。脱化石燃料は目指すべき道だとしても、足元の日々の生活には化石燃料は欠かせない。

だがCOP27では光明も見えた。世界最大級の森林を持つブラジルの大統領選では、気候変動懐疑派のボルソナロ氏が敗北。勝利した対策推進派のルラ氏は会場に姿を現し、25年に開催予定のCOP30の誘致に意欲を示した。ペロシ米下院議長の台湾訪問後に冷え込んでいた米中関係は改善の兆しを見せ、二大排出国の対話は再開された。

地政学的な緊張に関心が向かいがちだが、前向きな動きもある。こうした変化を捉え、脱化石燃料への勢いを再び取り戻すしかない。

（2022年11月27日掲載）

第9章

物価動乱、終息遠く

インフレは終わるのか
労働者不足・東西分断…遠い「2%目標」

「インフレ率全体が低下している明確な証拠はまだ見つからない」。米ボストン連銀のコリンズ総裁は2022年11月18日、CNBCのインタビューで警鐘を鳴らした。

11月10日発表の10月の米消費者物価指数（CPI）は前年同月比7・7%上昇。11月15日発表の米卸売物価指数（PPI）も同8・0%上がったが、ともに伸び率は前月から鈍化し、市場予想も下回った。市場ではインフレがピークアウトし、米連邦準備理事会（FRB）の利上げペースも減速するとの期待が強まった。

ここにきて米国のインフレ率が鈍化した要因は「モノ」だ。新型コロナウイルス禍に伴い生じた半導体などの供給制約はひとまず緩和に向かい、原油や穀物の価格もロシアのウクライナ侵攻後のピークから大幅に低下。国際商品全体の値動きを示すリフィニティブ・コアコモディティーCRB指数は22年6月の高値に比べ2割近く下がった。

移民の流入減響く

ただ、物価の上昇率鈍化はインフレの収束を必ずしも意味しない。米ミシガン大学が22年11月23日に公表した調査によると、消費者が予想する1年後のインフレ率は4・9%。FRBが長期的なゴールとして政策目標に掲げる2%にはほど遠い高水準だ。23日に公表された1～2日の米連邦公開市場委員会（FOMC）の議事要旨によると、参加者の多くが高インフレについて「収束する兆しがほとんどない」との認識を示した。

インフレを長期化させかねない要因の一つが労働者不足だ。米国では少子高齢化が進み、トランプ前政権の規制強化やコロナ禍の影響で移民労働者の流入も減少。21年7月までの1年間の人口増加率は0・1%と過去最低を記録した。

ニューヨーク市ブルックリンのスーパーは、店員の確保に悪戦苦闘する。採用担当者は「学歴も経験もいらない。誠実そうな若者なら喜んで雇うけれど、応募者が全然いない」と嘆く。

移民流入を嫌い欧州連合（EU）を離脱した英国も同様の問題を抱え、イングランド銀行（中央銀行）で政策委員を務めたマイケル・ソーンダース氏は「労働力の伸びが持続的に低下する可能性が高い」と警告する。

労働者不足は企業の賃金コストを膨らませる。米国ではサービス業の深刻な人手不足が価格にも波及。22年10月のＣＰＩでは外食全体が前年同月比８・６％上昇と高い伸び率をみせた。

価格上昇が鈍化してきた「モノ」についても、このまま下落に転じるかは不透明だ。ウクライナ紛争や米中対立の激化による世界経済の東西分断で、天然ガスや半導体などの世界的な流通が停滞。「企業に供給網の再構築を迫り、コストを押し上げてインフレ圧力を高める」（三菱総合研究所の田中嵩大氏）。

特にロシアと地理的に近い欧州はガス価格の高騰という形で対ロ制裁の〝返り血〟を浴び、22年10月のユーロ圏の消費者物価指数は伸び率が６カ月連続で最高を更新した。ロシアに依存しない再生可能エネルギーの普及を加速した結果、逆にリチウムなど関連資源の価格が上昇する「グリーンフレーション」という皮肉な現象も起きている。

日本も襲う物価高

米欧の中銀は大幅な利上げを進めてきたが、それでも政策金利はインフレ率に届かず、「実質的には金融緩和が続いている状態」（フィデリティ投信の重見吉徳氏）。この状況で景気指標の悪化にひるんで中銀が利上げの手を緩めれば「インフレはさらに悪化する」（著名投資家のジム・ロジャーズ氏）。

長らくデフレにあえいでいた日本も急速な円安で輸入品の価格が上昇し、22年10月のCPI上昇率は3・6％と40年ぶりの高水準に達した。東京大学の渡辺努教授は「デフレが続くという考えは変わった」と指摘する。

労働者不足や東西分断といった構造問題を抱えた世界経済。インフレとの闘いは終わりが見え始めたのか、それとも長期戦に突入するのか。

「粘着性」増す消費者物価

人手不足が押し上げ

米東部ペンシルベニア州フィラデルフィアに住む大学生は、地元のすしレストランのウエーターの求人に応募したところ「たった5分のズームでの面接で採用された」。時給は20ドル（約2800円）で、友人を紹介したら1人につき250ドルの報奨金も支払われるという。

米国では物価上昇率の伸びが鈍化してきたものの、賃金はいまだに上昇圧力が強い。米労働省が賃金などから算出する雇用コスト指数は、2022年7~9月期に前年同期比で5・0%上昇。4~6月も同5・1%上がり01年以降で最も高い伸び率を記録している。

特にサービス業で雇用コストが膨らみ、7~9月期はレジャー・ホスピタリティー（宿泊など）と小売りがそろって7・2%上昇。連動する形で米消費者物価指数（CPI）のサービス価格も急速に押し上げられてきた。サービス価格はいったん上昇すると下がりにくい「粘着性」があるとされる。

背景にあるのが深刻な人手不足だ。米労働省の22年9月の雇用動態調査（JOLTS）によると、非農業部門の求人数は1071万7000件。新型コロナウイルス禍からの経済正常化を背景に、21年後半から1000万件を超える高水準の求人が続いている。三菱UFJリサーチ&コンサルティングの細尾忠生氏は「全米で500万人規模の労働者が不足している」と推計する。

人手不足の本当の原因

なぜここまで人手が足りないのか。経済正常化でサービス業などの求人が増える一方、労働者の就業意欲が低下しているのが一因だ。米国では株価や住宅価格が上昇し「年金資産がコロナ禍前よりも増えた」（米国野村証券の雨宮愛知氏）影響もあり、コロナ禍を契機

米国では求人増加が雇用コストを上昇させ
サービス価格を押し上げてきた

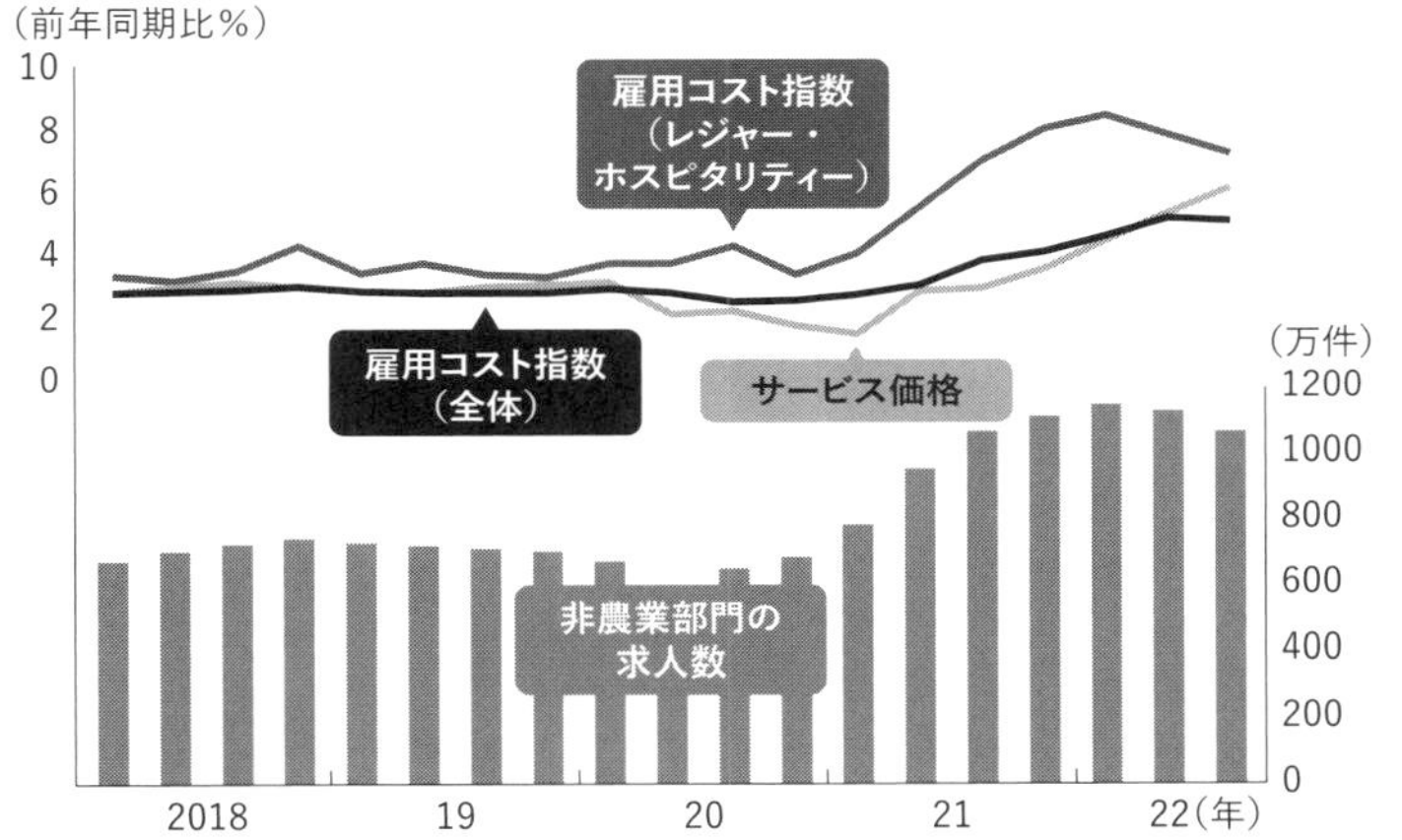

サービス価格はCPI（除くエネルギーサービス）、非農業部門の求人数はJOLTSの四半期平均

に早期退職したまま職探しをしない中高年の労働者が増加。労働参加率はコロナ前水準をいまだに下回っている。

移民の流入減少も労働者不足に拍車をかける。米カンザスシティー連銀によると、米国への流入増が続いていた移民は17年以降、一転して減少に転じた。同年に大統領に就任したトランプ氏が移民規制を強化した上、直近ではコロナ禍も重なり、21年の純流入量は16年の4分の1以下に縮小。従来の増加トレンドが継続していた場合と比べ、21年の流入は１００万人以上少ない計算になるという。

移民流入の減少が米国の労働力不足に拍車をかける

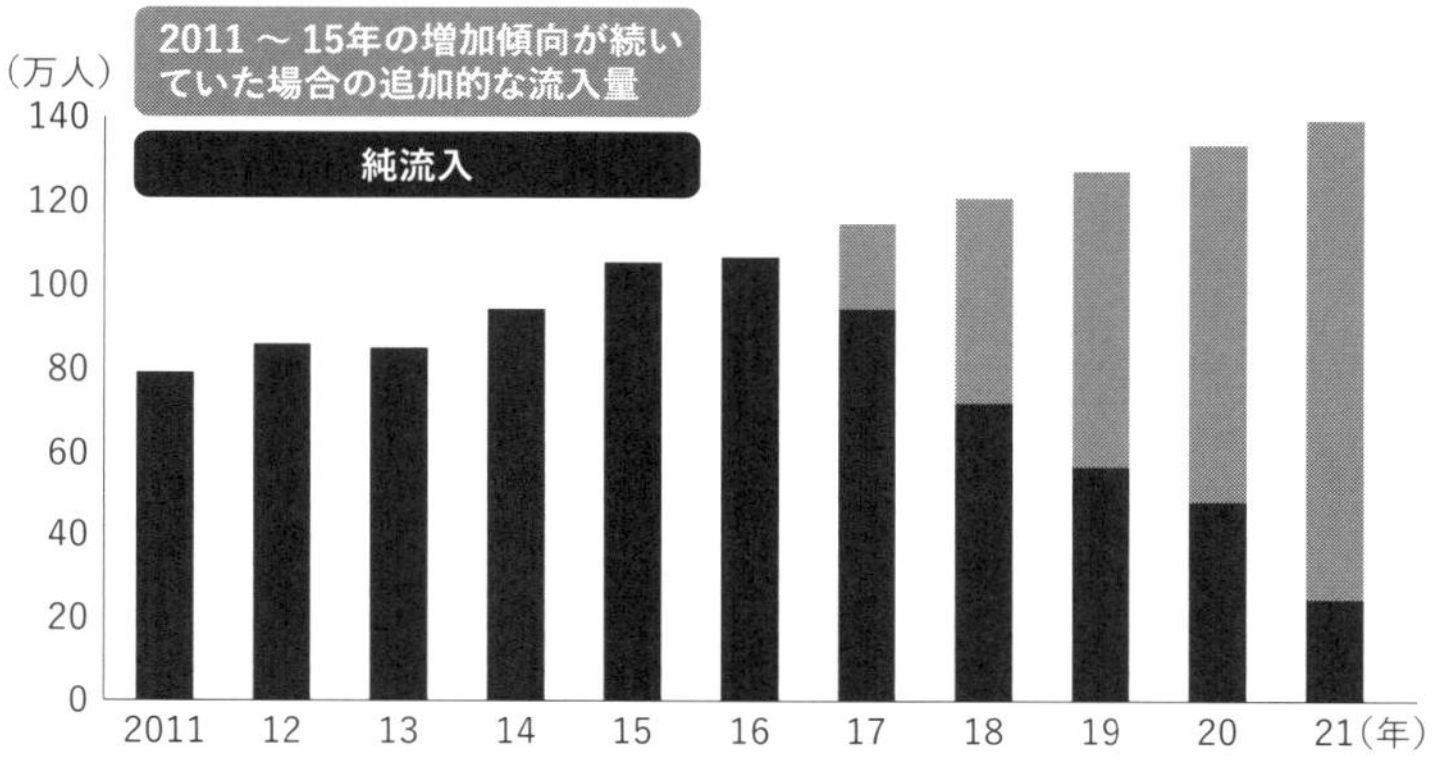

出所：カンザスシティー連銀

同連銀は米国国外で生まれた労働者の比率が高い業種は人手不足が深刻だと分析する。その多くはレジャーや美容院といったサービス業だ。米連邦準備理事会（FRB）の大幅利上げで景気後退の懸念が強まり、ハイテク産業ではレイオフ（一時解雇）の波も押し寄せつつあるが、その対象はホワイトカラーだ。移民政策が大きく変わらなければ、サービス業での人手不足は解消されそうにない。

労働者不足と並び、米国でインフレ圧力を強めてきたのが家賃だ。フロリダ州から仕事のためニューヨーク市に引っ越してきた女性は「家賃が高すぎて、自分の手に届く部屋を借りるまでに1カ月半かかった」と話す。米不動産情報ザンパーによると、

22年11月19日時点のマンハッタンのワンベッドルームの家賃は3900ドル（中間値）で、前年の同時期に比べ10％高い。

米連邦住宅貸付抵当公社（フレディマック）によると、30年固定の住宅ローン金利（週平均）は11月に一時7％超まで上昇。その影響で家賃相場を押し上げてきた住宅価格の高騰に歯止めがかかりつつある。ただ、ローン金利の上昇は消費者の住宅購入意欲を低下させ、賃貸住宅の需要増加を通じて賃料を高止まりさせかねない。家賃相場が下がった場合でも、賃貸契約更新のタイミングの問題で「インフレ率の低下に結びつくには1年半ほどかかる」（フィデリティ投信の重見吉徳氏）との指摘もある。

スタグフレーション懸念9割

高インフレを最初にけん引した「モノ」は価格の騰勢が一服してきたとはいえ、需給の逼迫が続く品目が多く、先行きは不透明だ。原油も22年3月のピーク時に比べると4割安いが、コロナ前水準との比較では3割高い。足元ではサウジアラビアなど石油輸出国機構（OPEC）加盟国の増産観測を巡って売買が交錯し、方向感に乏しい。

半導体も供給量が回復してきた一方、米国が先端半導体技術の対中輸出規制を強化した点が懸念材料だ。米半導体産業協会とボストン・コンサルティング・グループの推計では、

欧州はインフレ率の上昇に歯止めがかかっていない（前年同月比上昇率）

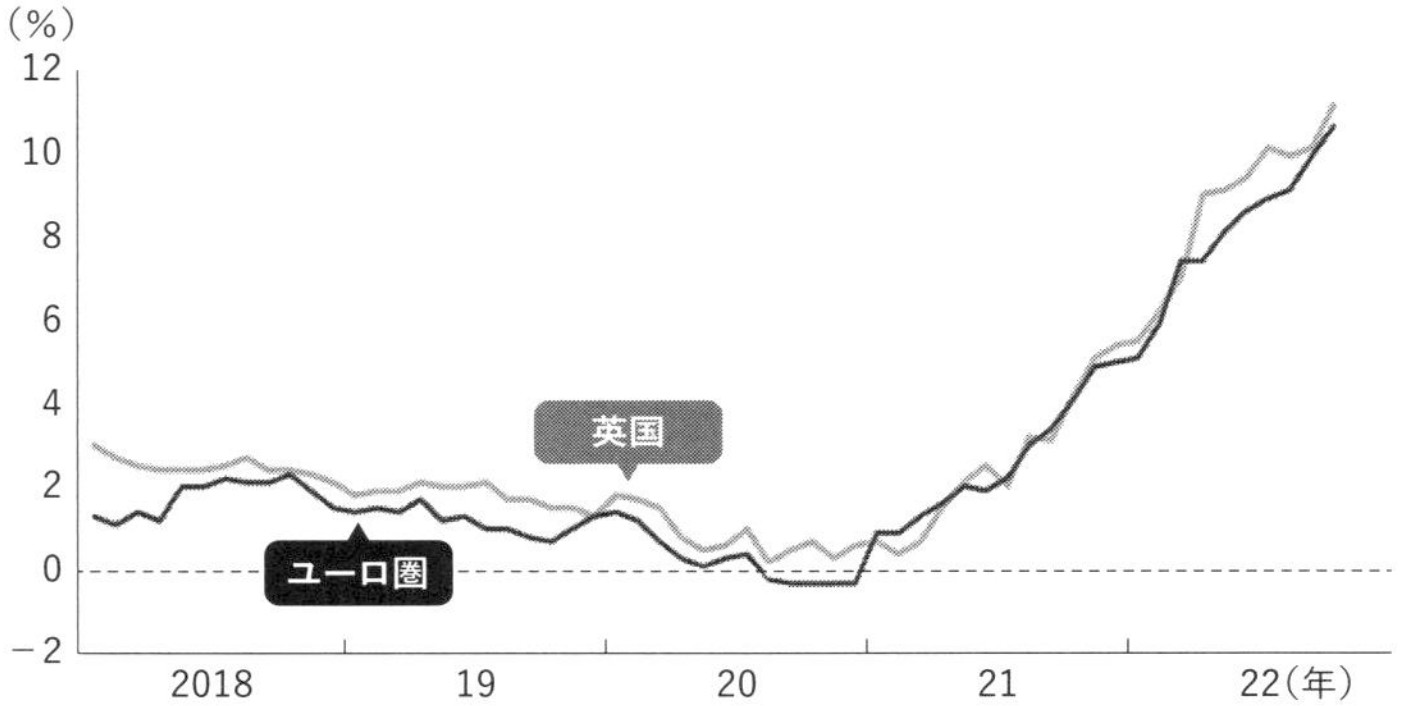

英国はCPI、ユーロ圏はHICP

各地域で半導体を完全に自給自足した場合、半導体価格は35〜65％上昇するという。

高インフレが続きそうなのは対ロ制裁の反動でエネルギー危機に直面している欧州も同様だ。三菱総合研究所の推計では、最近の欧州の消費者物価上昇のおよそ3分の1は天然ガスなどの資源高が原因という。

英国でも22年10月の消費者物価上昇率が前年同月比11・1％と、およそ41年ぶりの高水準となった。光熱費の上昇に加え、米国同様に労働需給の逼迫も物価を押し上げる。20年に欧州連合（ＥＵ）から離脱した結果、ＥＵ市民の就労にビザが必要になった点が足かせになっている。

熱心なＥＵ離脱支持者として知られるテ

ィム・マーティン氏が経営する英パブチェーン「ＪＤウェザースプーン」。人手不足からロンドンなど30店舗の売却を迫られる皮肉な事態に陥った。

米バンク・オブ・アメリカの22年11月の機関投資家調査では、23年に世界経済が高インフレと低成長が並行する「スタグフレーション」に陥るとの回答は９割を超えた。移民減少や世界経済の分断といった構造問題が高インフレの「粘着性」を増しているだけに、機関投資家の懸念は現実のものとなりかねない。

世界のセントラルバンカー苦悩 物価と景気、どちらを優先？

利上げの到達点高く

主要各国のセントラルバンカーたちが金融政策の舵取りに頭を悩ませている。これまで米連邦準備理事会（ＦＲＢ）を筆頭に「インフレ退治」を最優先に利上げを急いできたものの、景気の後退懸念も強まってきた。根強いインフレ圧力も残る中で、物価と景気のどちらを優先して政策運営すべきかというジレンマが深まっている。

「5~5・25%(までの利上げ)は最低水準だ」。米セントルイス連銀のブラード総裁は2022年11月17日の講演でこう語った。

FRBは11月1~2日の連邦公開市場委員会(FOMC)で、4会合連続で通常の3倍となる0・75%の利上げを決めた。それでも現在の政策金利の誘導目標は3・75~4%にとどまり、現時点ではインフレを抑え込むのに「十分に引き締め的」な水準には達していない――。ブラード総裁はこんな認識を示した。

22年11月10日に発表された10月の米消費者物価指数(CPI)は前年同月比7・7%の上昇と市場予想を下回り、FRBが急ピッチの利上げ姿勢を転換するとの楽観論が広がった。米債券市場では、これまで5%を超えると予想してきた政策金利の到達点(ターミナルレート)が4・8%近辺で天井を打つとの見方が一時増加。株式市場では金利上昇に弱い住宅やハイテク銘柄などに買い戻しが入った。

しかし、FOMCのメンバーでもあるブラード総裁は講演で市場に冷水を浴びせた。米サンフランシスコ連銀のデイリー総裁も、22年10月のCPIが予想ほど上昇しなかったのは「朗報」だが、単月の結果ではインフレとの戦いに「勝利したとはいえない」と市場にクギを刺した。

主要中銀は2021年末から利上げ姿勢を強めてきた（英米欧中銀の政策金利）

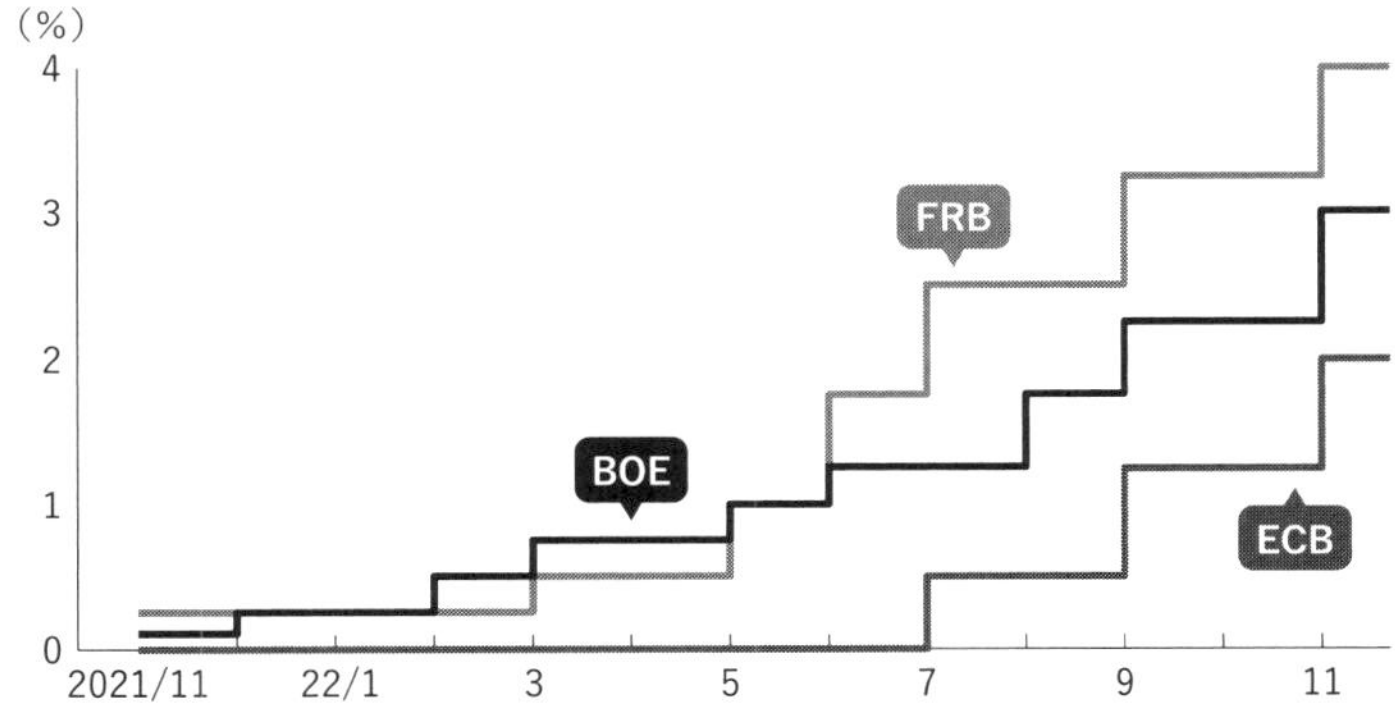

米金融市場では景気後退入りのサインが点灯

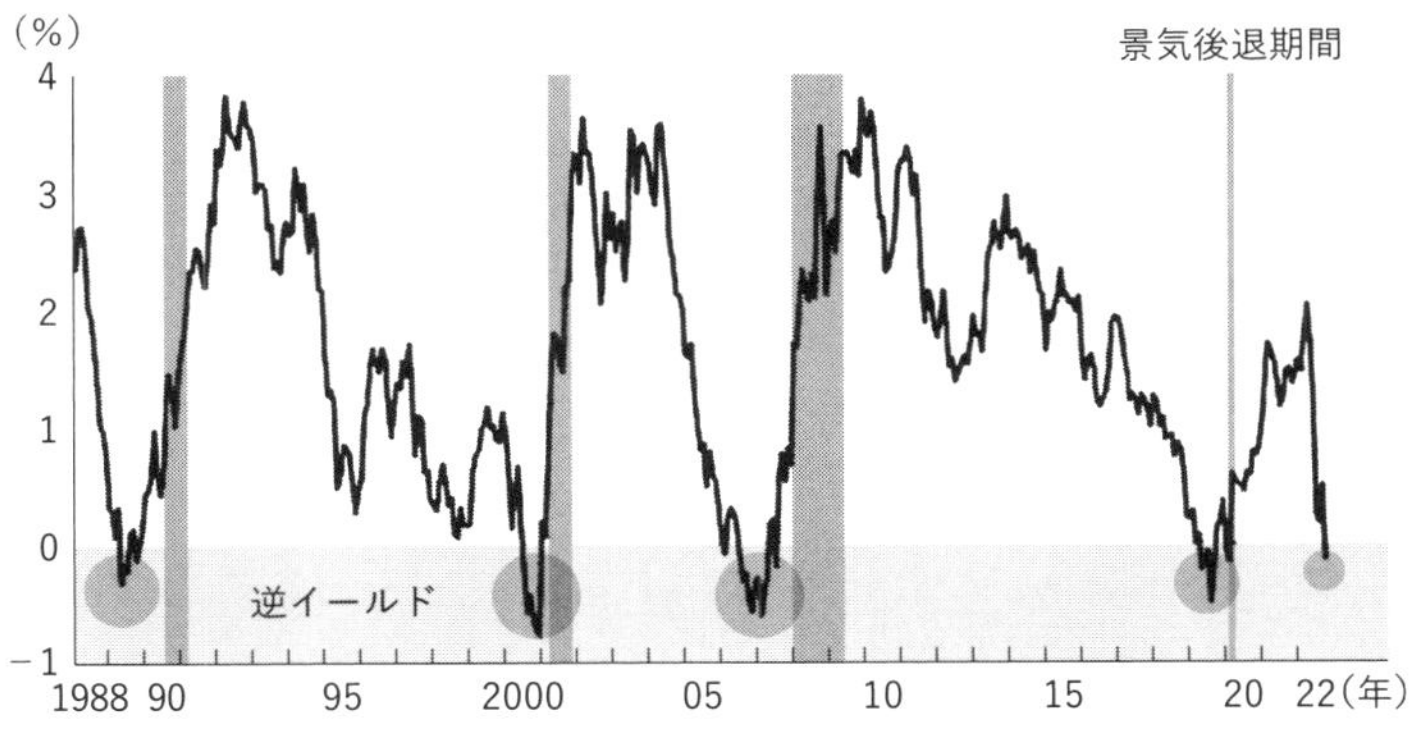

出所：セントルイス連銀。米10年金利から3カ月物の金利を引いた値

ようやくピークアウトの兆しが現れてきたとはいえ、物価の基調を示す刈込平均値（クリーブランド連銀が価格変動の大きい上下8％の品目を除いて算出）はほぼ7％と、FRBが目標とする2％をはるかに上回る。BNPパリバの河野龍太郎チーフエコノミストは「今の状況で引き締めを早期に停止すれば、消費者や企業が抱く中長期のインフレ期待が大きく上昇しかねない」と指摘する。高インフレの長期化を招いた1970年代の金融政策の失敗を繰り返すことにもなりかねない。

もっとも、中央銀行ができるのは基本的に利上げで需要を抑え込むことだけだ。東京大学の渡辺努教授は「今回のインフレの本質は需要増でなく、新型コロナウイルス禍の後遺症で生じた供給不足」と指摘する。インフレの根源要因が解消しない限り、利上げを続けても物価はなかなか下がらない恐れもある。

やっかいなのは、根強いインフレと対峙する間に、景気の後退局面入りが近づいていることだ。米金融市場で3カ月物の利回りが10年物を上回る「逆イールド」はその前兆とされ、2022年10月末から2年半ぶりに発生している。景気が失速するなら急ピッチの利上げは続けられない。FRBが22年11月23日に公表した11月1～2日のFOMCの議事要旨によると、大多数の参加者が「近いうちに利上げペースを減速することが適切になる可能性が高い」と主張した。

ロシア産ガス供給寸断に伴う景気へのダメージが大きい欧州は、すでにインフレへの対峙姿勢を変化させつつある。「FRBと足並みをそろえて行動することはできない」。欧州中央銀行（ECB）のラガルド総裁は11月3日、米国と同じペースで政策金利を引き上げるのは難しいとの認識を示した。英イングランド銀行（BOE）のベイリー総裁も、利上げの到達点は「市場が考える（5%程度）より低い」と発言した。欧州の足元のインフレ率は米国より高いにもかかわらず、物価より景気を優先する姿勢が目立ち始めている。

景気の悪化が鮮明になるにつれ、利上げの減速や停止に踏み切る中銀は増えそうだ。ただ、景気への配慮を優先しすぎると、今度はインフレの沈静化が難しくなり、引き締め局面が長期化して逆に利上げの到達点を押し上げかねない。

デフレの日本を襲う「円安インフレ」

値上げの裾野広がる　賃上げが不可避に

慢性的なデフレに苦しんできた日本にもインフレの波は押し寄せる。総務省が2022

年11月18日に発表した22月10月の消費者物価指数（ＣＰＩ、生鮮食品を除く総合）は前年同月比３・６％上昇し、40年ぶりの高水準となった。「かなりの上昇になっていることは事実」。同日、衆院財務金融委員会に立った日銀の黒田東彦総裁はこう述べた。

それでも海外に比べれば伸び率は限定的だ。総合ベースで10月のインフレ率を比較すると、英国は11・１％、ユーロ圏は10・６％、米国は７・７％に達するのに対し、日本はまだ３・７％。経済協力開発機構（ＯＥＣＤ）に加盟する38カ国で比較しても日本は最も低い。

だが、円安進行に伴う物価上昇圧力は今後も続く。今までは内容量を減らすなどの〝ステルス値上げ〟で乗り切ってきた食品メーカー各社も、小売価格の改定に踏み切り始めた。江崎グリコは22年11月21日、「ポッキー」などの菓子や食品などについて３～16％の値上げを発表した。スーパーのＰＯＳ（販売時点情報管理）データから算出する日経ナウキャスト日次物価指数は11月に６％台まで上昇する。

品目別に分析すると、値上げの裾野は広がっている。22年１月時点では、調査対象となる２１７品目のうち67％がマイナス１％以上プラス１％未満とゼロ近傍の値動きで、３％以上価格が上がっていたのは６％にとどまった。11月上旬は３％以上の上昇が54％に達し、マイナス１％～プラス１％の品目数は13％に減った。山は動きつつある。

価格横ばい圏の品目が減少（前年比）

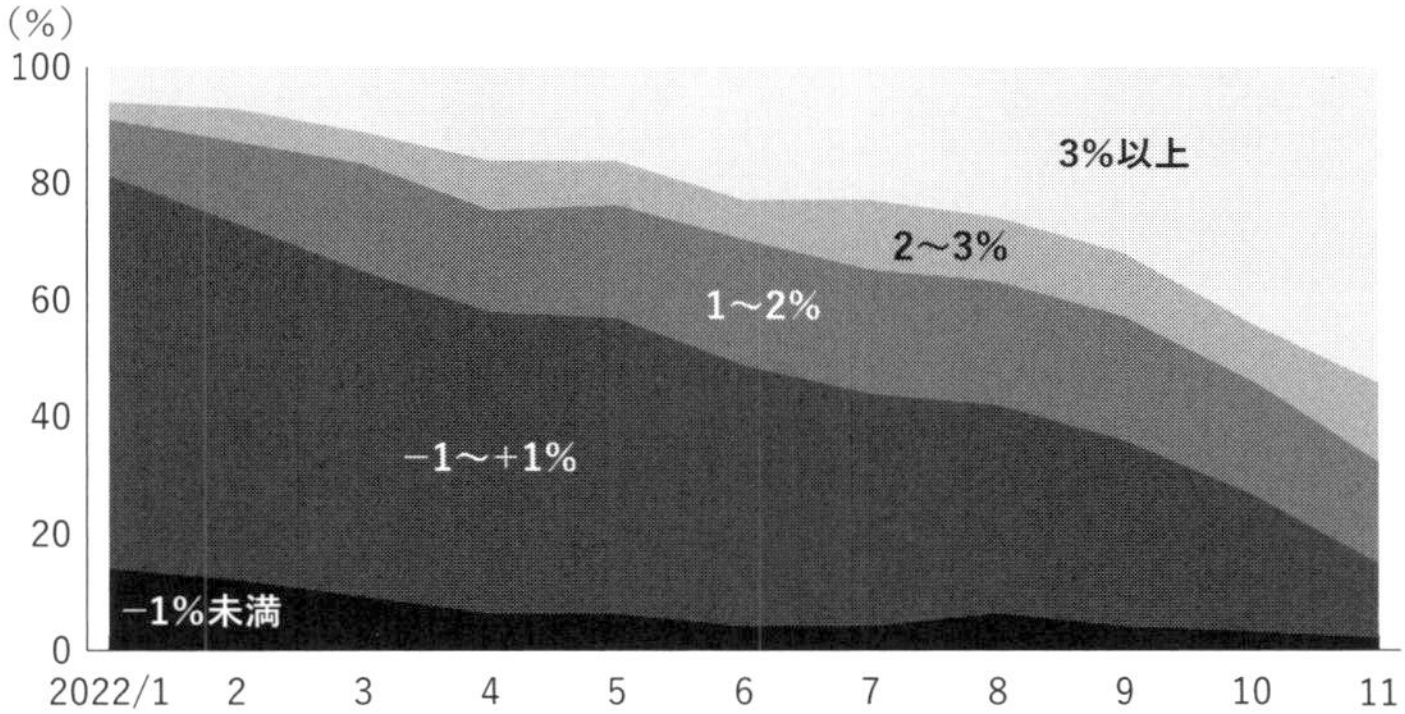

日経ナウキャスト日次物価指数より作成。2022年11月は上旬平均

ゼロ近傍に縛りつけられていた日本の期待インフレ率も、変化が生じる可能性がある。そうなれば日本はついに30年来苦しんできたデフレからの本格脱却となる。もっとも、米欧のように賃上げが伴わなければ購買力の低迷から再びデフレの沼に戻る。

「来春（23年）の賃金交渉に向けた賃金引き上げについては、その成果に、成長と分配の好循環の実現が懸かっている」。岸田文雄首相は22年11月10日の新しい資本主義実現会議で語り、労使に物価上昇に負けない賃上げを呼びかけた。次の春季労使交渉（春闘）は日本経済全体にとっても真の正念場となる。

インタビュー

商品価格、調整後に再上昇／米利上げの効果は不十分

ジム・ロジャーズ氏◆著名投資家

――原油など一部の商品価格は上昇が一服しました。

「インフレは終わっていない。むしろ今後、もっと悪化するとみている。インフレの主因は、ロシアのウクライナ侵攻による供給網の分断や新型コロナウイルス禍の影響だ。電気自動車への移行で銅やリチウムの需要が高まるなど、時代の変化もある。現在の商品価格は調整局面に入ったにすぎず、調整を終えれば再び上げに転じる」

――米連邦準備理事会（ＦＲＢ）の相次ぐ利上げの効果で、米消費者物価指数の上昇ペースはやや減速しました。

「利上げはまだまだ足りない。１９７０年代に激しいインフレが米国を襲った際、ボルカーＦＲＢ議長は政策金利を20％まで上げ、インフレを鎮圧した。当時の水準まで利上げする必要があるといっているわけではないが、今の政策金利はインフレを抑えるのに十分な水準ではない」

「だが、ボルカー氏が大幅利上げを断行できたのは、当時のカーター米大統領がインフレ

対策を最優先に万策を尽くすよう求めたからだ。バイデン大統領は再選されることしか頭になく、不人気の利上げには及び腰だ。2023年にかけて、FRBは利上げのペースを減速するとみられている。人々は歓迎するだろうが、インフレの再来を招くことになる」

——インフレ下にとるべき投資戦略は。

「債券価格は前代未聞の高水準で、バブルを引き起こしている。不動産も多くの国でバブルの様相だ。将来値上がり益が期待できるとすれば、商品しかない。銀や砂糖は最高値よりはかなり下げており、検討に値する。インフレ局面の株式投資といえば、銅鉱山や油田など商品を生み出す資産を持つ企業の株が買いとされる」

——1970～80年代の高インフレ期を投資家としてどのように乗り切ったのでしょうか。

「原油価格が高騰する中、我々は原油と石油関連企業の株式に投資した。思い切って資金を借り入れ、割安だった商品を買った。一方、実態を上回る高値だった銀行株や、英ポンドを空売りした。見立てが正しかったから利益を出せたが、誤っていたら投資家として終わっていただろう」

——中国経済への関心が高いようですが、米中の対立、不動産不況やゼロコロナ政策などで環境は大きく変化しました。

「中国が21世紀に最も重要で成功する国になるという考えは全く変わっていない。超大国

ジム・ロジャーズ氏

となる国が、その成長の途上で問題に直面するのは当たり前だ。米国もその道をたどったし、中国も多くの困難が待っているだろう。その一つが不動産バブルだ。長期間で大きく膨らみ、まさに今、破裂している。難局はしばらく続くだろう。しかし危機こそ投資のチャンスだということを忘れてはならない」

「政治家は国内の状況が悪化すると、外国に責任をなすりつけるものだ。トランプ前大統領の中国たたきを、バイデン大統領もほぼ踏襲し、それに中国が対抗している。米中関係は当面悪化したままだろう」

――日本はインフレが進む中で金融緩和を継続し、円安が進みました。

「今まで円安にならなかったことのほうが驚きだ。日銀は無制限の国債購入などの金融緩和を長期間継続しており、通貨が下がるのは当たり前だ。日銀総裁はこれが日本の競争力にプラスと考えているようだが、輸入品のインフレで生活は苦しくなる。すぐに金融緩和をやめ、金利を上げるべきだ。日本の今の金利水準はばかげている。国債の価格もいずれ急落するだろう」

Jim Rogers
米国出身。1970年ごろにジョージ・ソロス氏とヘッジファンドの先駆け、クォンタム・ファンドを設立。世界を旅しながら投資する「冒険投資家」としても知られる。2007年からシンガポールに居住。

インタビュー
経済構造、コロナで変質／日本、慢性デフレから脱却も
渡辺努氏◆東京大学教授

――インフレは今後も続くのでしょうか。

「世界的なインフレは終わらないだろう。ロシアのウクライナ侵攻と資源高は本質ではない。2022年2月の侵攻より前からすでに米欧でインフレが進んでいた。その本質は新型コロナウイルスのパンデミック（世界的大流行）の後遺症だ。これは(1)感染拡大で職場

から離れた労働者が戻ってこない、(2)消費がサービスからモノにシフトした、(3)グローバル化の反転――という3つの側面がある」

「後遺症はしばらく続く。(1)と(2)はすでに起きている。働かない人が今後も増え続けたり、需要のモノへの移行が進み続けたりするわけではない。ただ、労働供給の減少や消費者の嗜好の変化で生じた新たな価格体系に、実際の値段はゆっくり追いついていく。その間はインフレが続く。そして今後顕在化するのは、(3)のグローバル化の反転だ。地政学的問題もあるし、複雑化したサプライチェーン(供給網)への反省もあろう。需要に応じてタイムリーに生産するには近場でないといけないという考え方は一段と広まる」

――後遺症はいつまで続くのでしょうか。

「約100年前にまん延したスペインかぜなど過去の疫病を調べた研究では、経済の正常化に10年以上かかった。新型コロナはスペインかぜほどの死者数ではないが、あと数カ月で終わるとはいえない。今後数年は経済に後遺症が残る。世界各国の中央銀行が掲げている2%のインフレ目標も見直しを余儀なくされる。賃金上昇を伴うインフレが起きているなら、4~5%のインフレを前提に社会を回すしかない」

――日本のインフレ率は欧米に比べれば低いままです。

「デフレが続くという考えは変わったと思う。日本人のインフレ予想は上昇している。これは様々なデータから確認できる。アベノミクスでは政府も日銀も手を変え品を変えインフレ予想を変えようとしたが変わらなかった。だが新型コロナのパンデミックは確実に日本人のインフレ予想を引き上げた」

渡辺努氏

——国内では賃上げが焦点になっています。

「ここ最近、労働組合の関係者と議論する機会が増えた。講演すると、多くの質問や意見が来る。『総菜を買うにも夕方の値引きを毎日待っている』という非正規労働者の切実な話も聞く。連合は5％の賃上げ目標を掲げている。冷ややかに見る人もいるかもしれないが、私は本気だと感じている。問題は多くの就業者が働く中小企業だ。原料高でさえ製品価格に十分に転嫁できていない。政府も間に立ち、資源高だけでなく人件費の上昇分も製品価格に転嫁できるようにしなければならない。一部の大企業だけの賃上げでは社会は変わらない」

「賃上げには生産性向上が不可欠で、それには構造改革が必要だといわれる。確かにそうした面があるかもしれないが、イタリアなど欧州の多くの国では単純に賃金が上がり、物価が上がっている。生産性と賃上げは切り離して考えたほうがよい。賃金が上がらなければ生活が成り立たないような切実な状況に陥っており、まずは物価と賃金が同時に上がる経済を目指すべきだ。海外要因で生じた急性インフレをきっかけに日本は慢性デフレから本格的に脱却できる。ピンチをチャンスに転じることができるはずだ。そうなるべきと考えている人も着実に増えていると感じている」

わたなべ・つとむ
日本における物価理論と実証研究の第一人者。ハーバード大博士。東大経済学部卒、日銀、一橋大教授を経て現職。『物価とは何か』で2022年度日経・経済図書文化賞。近著に『世界インフレの謎』。

（2022年11月27日掲載）

ＦＲＢと市場、インフレ見通しで溝

ＦＯＭＣで利上げ幅圧縮も、なお引き締め継続

米連邦準備理事会（ＦＲＢ）は２０２２年12月13～14日の米連邦公開市場委員会（ＦＯＭＣ）で、「インフレ退治」に向けて積極的な金融引き締めを続ける方針を改めて示した。米景気の後退やそれに伴う物価高の鎮静化を見据え始めた金融市場のシナリオとは、明らかに大きな乖離《かいり》が生じている。金融政策の先行きを巡る不透明感は今後、株式・債券・外国為替相場の波乱要因になりかねない。

12月13、14日に開いた米連邦公開市場委員会（ＦＯＭＣ）で米連邦準備理事会（ＦＲＢ）は０・５％の利上げを決め、政策金利とするフェデラルファンド（ＦＦ）金利の誘導目標を４・25～４・50％とした。市場の予想通り利上げ幅は前回のＦＯＭＣまで４回続いた０・７５％から小さくなったとはいえ、ＦＲＢが発信した内容からはタカ派色がにじんだ。

「今後も利上げを続けることが適切だ」。ＦＲＢのパウエル議長は記者会見でインフレ圧力をそぐために引き締めを継続する重要性を強調し、少なくない市場参加者が織り込む23

年中の利下げへの転換については「検討していない」と言い切った。実際、3カ月に1度の頻度で公表しているFOMC参加者の経済予測まとめでは、23年末時点の政策金利（中央値）が5・1％と前回9月の4・6％から引き上げられた。

ただ、市場参加者の目をより引いたのは別の部分だった。米運用大手インベスコのストラテジスト、クリスティーナ・フーパー氏は「政策金利見通しの引き上げよりも、予想インフレ率の高止まりのほうが驚きだった」という。経済予測まとめでは、個人消費支出（PCE）物価指数のコア指数（エネルギーと食品を除くベース）の伸び率が23年10〜12月に3・5％になるとの予測を掲げた。前回9月の3・1％から上方修正した。

足元の指標からインフレ圧力がピークを越えた兆しを読み取り、景気減速による需要減も手伝って物価高は鎮静に向かうとみていた市場参加者は多い。22年12月11日に米労働省が発表した11月の消費者物価指数（CPI）は前年同月比7・1％上昇と、伸びは5カ月連続で鈍化した。エネルギーと食品を除いたベースの伸び率は6・0％で、10月分に続いて市場予想を下回っていた。

それだけにFOMCの予測は物価高への警戒感の強さが際立つ。米国野村証券の雨宮愛知氏は「インフレとの闘いが終わったと市場に受け止められないよう、あえて高めのインフレ予想を提示したのではないか」と解説する。

米モルガン・スタンレーのエレン・ゼントナー氏らは22年12月15日付リポートで「足元の物価の伸び鈍化を踏まえないFOMCのインフレ予想をみた金融市場は、政策金利見通しの引き上げについても眉唾ものだとみている可能性がある」と指摘した。同社がまとめる金融環境を映す指数は、FOMC声明やパウエル議長の会見後も大きな反応がみられなかったという。

利上げ局面が最終コーナーに入ったとみる市場は物価高が続くリスクより、景気後退の深さにおののいている。FOMCから一夜明けた12月15日、ダウ工業株30種平均は大幅続落し、前日比の下げ幅が一時1000ドルに迫った。

11月の小売売上高が前月比0・6%減となり、市場予想を上回る減少率を記録。国内総生産（GDP）の7割を占める個人消費の先行きへの不安感が募り、併せて発表となった生産関連の指標も弱かったためだ。年末のクリスマスシーズンで市場参加者が少なくなり荒い値動きになりやすかった面はあるにせよ、投資家のリスク許容度が低下しているのは間違いない。

インフレ圧力はすでに和らぎ始めたとみる市場と、タカ派姿勢を崩さないFRB。今後は主要な経済指標が出るたびにどちらの見方が正しいのかを点検することになり、株価は当面振れ幅の大きい展開が続く可能性がある。

（2022年12月18日掲載）

ＥＣＢの利上げ長期化へ

解けぬインフレ警戒、23年3月から資産圧縮も

欧州中央銀行（ＥＣＢ）の利上げ局面が長引く見通しとなった。２０２３年にかけてインフレ率の高止まりが懸念されるためだ。ラガルド総裁は「安定したペースで大幅利上げを続ける必要がある」と述べ、当面は０・５％を軸に利上げを継続する姿勢を明確にした。欧州に景気後退が迫る中、市場で浮上する早期の利上げ打ち止め観測を一蹴した形だ。

「我々は政策転換せず、揺らぐこともない」。22年12月15日、理事会後の記者会見でラガルド総裁の答弁は明快だった。仮に米連邦準備理事会（ＦＲＢ）が利上げを止めた後もＥＣＢは利上げを続けるのか。ラガルド総裁は「我々は長期戦に臨む」「ＥＣＢが政策転換したと考える人は間違いだ」と言い切り、市場の思惑にクギを刺した。

今回の理事会では主要政策金利を２・５０％に、銀行が中央銀行に預ける際の金利（中銀預金金利）を２・００％に０・５０％ずつ引き上げる方針を決めた。22年7月の理事会で11年ぶりに利上げを決めて以降、9月、10月に０・７５％と急ピッチで進めてきた利上げペースを０・５０％に縮小した。

世界の中央銀行では利上げ減速の動きが広がる。22年12月14日のＦＲＢに続き、15日には英イングランド銀行やスイス国立銀行も利上げ幅を前回の０・７５％から０・５０％に縮小した。ウクライナ危機に伴うインフレがピークを迎える中、表向きはＥＣＢも各国中銀と足並みをそろえた形だ。

ところが、市場の想定は甘かった。ＥＣＢの利上げ縮小は事前の予想通りだが、誤算だったのは今後の利上げペースだ。ラガルド総裁はデータ次第としつつも、当面３回ほどは０・５０％の利上げ継続を示唆した。

ラガルド総裁の会見を受け、最終的な中銀預金金利の水準に関して米ゴールドマン・サックスは３・２５％まで引き上げられると予測する。次回23年２月と３月に０・５０％ずつ、５月に０・２５％という見立てだ。利下げは「24年10〜12月期までない」（ヤリ・ステーン氏）として、金融引き締めの長期化を見込む。

問題は、なぜＥＣＢと市場で見解がズレるのかだ。理由の一つが欧州景気をめぐる認識にある。ＥＣＢを突き動かすのは景気後退を経てもインフレが鎮火しないリスクだ。

実際、ＥＣＢは最新の経済・物価見通しで、23年のユーロ圏の実質成長率をプラス０・５％と前回９月時点から０・４ポイント下方修正した。一方、インフレ率は６・３％と０・８ポイントの上方修正だ。さらに24年は３・４％、25年も２・３％と、ＥＣＢが目指す2％の物価安定目標を達成するには時間を要するシナリオを描く。

今後は量的引き締め（QT）の行方にも焦点が移る。23年3月から量的緩和政策（APP）で膨張した保有資産を順次減らす方針を決め、4～6月期までは月150億ユーロ（約2兆1000億円）のペースで削減に動く。

次回2月の理事会で詳細を詰める方針だが、利上げとも重なればイタリアなど債務不安の根強い南欧諸国の国債には金利上昇圧力がさらに高まる。QTの過程で一転して国債の買い支えを迫られる皮肉な事態にならないか。金融引き締めが長引けば長引くほど慎重な手綱さばきが必要になる。


（2022年12月25日掲載）

あとがき

総務省が２０２３年1月20日に発表した22年12月の消費者物価指数（ＣＰＩ）は、前年同月比で４・０％上昇し、第２次石油危機の影響で物価が上がっていた１９８１年12月（４・０％）以来、実に41年ぶりの上昇率を記録しました。米国などでは物価上昇のペースが鈍ってきましたが、日本は円安・ドル安の影響が尾を引き、上昇にブレーキがかかりません。

４・０％という上昇率は、日銀の物価目標（２％）の２倍の水準です。日銀は22年12月に金融緩和を修正し、事実上の利上げに踏み切りました。この結果、外国為替相場は円高・ドル安に進みましたが、遅きに失した印象は否めません。物価の抑制に効果が出てくるまでには、かなりの時間がかかりそうです。

物価が上がる一方、賃金が横ばいで推移すれば、国民の生活は圧迫されるだけです。岸田文雄首相は23年1月23日の施政方針演説で「物価上昇を超える賃上げが必要だ」と訴えました。雇用主である企業もようやく重い腰を上げ、賃上げの動きは徐々に広がり始めました。物価と賃金の両面で「安いニッポン」は、終わりを迎えつつあります。

次に変化を迫られるのは、資産運用でしょう。日銀の緩和修正で僅かに上がったのは長期国債の利回りで、銀行の普通預金の金利はほぼゼロ％で微動だにしていません。このまま物価上昇が続けば、銀行や郵便局に預けている預貯金は目減りするばかりです。ただ、株式や外貨預金などでの運用には当然、リスクが伴います。政府や金融機関は「貯蓄から投資へ」の旗を振っていますが、「言うは易く、行うは難し」なのが投資です。

ただ、自らしっかりと情報を収集し、それを分析し、冷静に判断すれば、リスクを下げることはできます。リスクは忌み嫌うものではなく、コントロールするものです。そして、投資家のこうした行動は市場の「見えざる手」となり、中長期的に経済を正しい方向に導きます。

週刊投資金融情報紙の日経ヴェリタスは今後も、投資の判断に資する記事を掲載していきます。ご期待下さい。

日経ヴェリタス

2023年1月

「物価動乱」取材班
（肩書や所属は執筆当時）

編集者

藤田剛 ／ 小野嘉伸 ／ 成瀬美和 ／
石塚史人 ／ 稲葉俊亮

編集委員・専門エディター

浜美佐 ／ 松尾洋平 ／ 高坂哲郎 ／ 松尾博文

国内記者

蛭田和也 ／ 川路洋助 ／ 堀尾宗正 ／
学頭貴子 ／ 吉田貴 ／ 福井環 ／ 斎藤正弘 ／
松本桃香 ／ 越智小夏 ／ 舟木彩賀 ／
本脇賢尚 ／ 張耀宇 ／ 吉田啓悟 ／
山本裕二 ／ 犬嶋瑛 ／ 佐藤日菜子 ／
熊谷有佳 ／ 蛭田祥子 ／ 荒川信一 ／
黒瀬幸葉 ／ 平嶋健人 ／ 湯沢維久 ／
関口桜至朗 ／ 篠原英樹 ／ 八木悠介

海外記者

南毅郎 ／ 花房良祐 ／ 宮本岳則 ／ 花田亮輔 ／
羽田野主 ／ 竹内康雄 ／ 竹内弘文 ／
宮本英威 ／ 川手伊織 ／ 谷繭子 ／
林英樹 ／ 佐竹実 ／ 伴百江 ／ 佐藤璃子

物価動乱
ウクライナ侵攻「2・24後」の世界

2023年2月17日　1版1刷

編　者　日経ヴェリタス　
発行者　國分正哉
発　行　株式会社日経BP
日本経済新聞出版
発　売　株式会社日経BPマーケティング
〒105-8308 東京都港区虎ノ門4-3-12

カバーデザイン　梅田敏典デザイン事務所
本文デザイン　野田明果
DTP　マーリンクレイン
印刷・製本　三松堂株式会社

ISBN 978-4-296-11721-5
Printed in Japan